GUANGDONGSHENG QUYU JINGJI FAZHAN BAOGAO

广东省区域经济发展报告 2020

广东省发展和改革委员会 编

暨南大學出版社
JINAN UNIVERSITY PRESS

中国·广州

图书在版编目（CIP）数据

广东省区域经济发展报告．2020/广东省发展和改革委员会编．—广州：暨南大学出版社，2021.12
ISBN 978-7-5668-3309-9

Ⅰ.①广…　Ⅱ.①广…　Ⅲ.①区域经济发展—研究报告—广东—2020　Ⅳ.①F127.65

中国版本图书馆 CIP 数据核字（2021）第 251692 号

广东省区域经济发展报告（2020）
GUANGDONGSHENG QUYU JINGJI FAZHAN BAOGAO（2020）
编　者：广东省发展和改革委员会

出 版 人： 张晋升
责任编辑： 黄文科
责任校对： 张学颖　刘小雯
责任印制： 周一丹　郑玉婷

出版发行： 暨南大学出版社（510630）
电　　话： 总编室（8620）85221601
营销部（8620）85225284　85228291　85228292　85226712
传　　真：（8620）85221583（办公室）　85223774（营销部）
网　　址： http：//www.jnupress.com
排　　版： 广州尚文数码科技有限公司
印　　刷： 佛山市浩文彩色印刷有限公司
开　　本： 787mm×1092mm　1/16
印　　张： 14.5
字　　数： 235 千
版　　次： 2021 年 12 月第 1 版
印　　次： 2021 年 12 月第 1 次
定　　价： 58.00 元

前言

为全面系统反映广东全省区域发展情况，促进区域协调发展，为各级党委、政府决策作参考，根据省领导的指示，广东省发展改革委从 2008 年开始，每年组织编写出版年度《广东省区域经济发展报告》，至今已出版十二期。

为保持延续性，便于分析对比，《广东省区域经济发展报告（2020）》沿用了上一期的篇章结构，分综合篇、区域篇、专项篇三个篇章和附录，以翔实的资料全面反映 2020 年及“十三五”时期广东省推进区域经济发展的情况。综合篇介绍了广东省经济社会发展总体情况、四大区域发展分析、2020 年区域发展主要工作及 2021 年工作思路，并对广东在全国发展中的地位及与沿海发达省（市）的比较进行了分析；区域篇介绍了珠三角、粤东、粤西、粤北四大区域发展情况，并对 21 个地级以上市区域发展和合作情况、县域经济发展情况、重大区域发展平台规划建设情况等进行了重点阐述；专项篇详细介绍了区域发展九项主要工作情况。本书的附录收录了 2020 年出台的《国家发展改革委关于加快开展县城城镇化补短板强弱项工作的通知》《中共广东省委关于制定广东省国民经济和社会发展第十四个五年规划和二〇三五年远景目标的建议》等三份文件和

“2020年广东区域经济发展大事记”。

本书在编写过程中，得到了中共广东省委台办、广东省工业和信息化厅、省财政厅、省自然资源厅、省农业农村厅、省商务厅、省统计局、省港澳办等省有关部门和各地级以上市发展改革局（委）的大力支持，在此表示衷心的感谢！由于水平有限，如有错漏之处，敬请批评指正。

编　者

2021年11月

目录

Contents

区域篇

专项篇

附　录

综合篇

一、经济社会发展概要

“十三五”时期，广东省坚定不移贯彻新发展理念，扎实落实“1+1+9”工作部署，有力有序有效应对新冠肺炎疫情等严重冲击，全省经济实力、科技实力、综合实力跃上新台阶，决胜全面建成小康社会取得决定性成就。2020年，全省地区生产总值110 760.94亿元，增长2.3%，年均增长6.0%。[①] 人均地区生产总值88 210元，增长1.1%，年均增长4.3%。地方一般公共预算收入12 923.85亿元，增长2.1%，年均增长6.6%。全体居民人均可支配收入41 029元，增长5.2%，年均增长8.0%。三次产业结构由2015年的4.3：45.4：50.3调整为2020年的4.3：39.2：56.5。

（一）产业发展

深入推进供给侧结构性改革，产业继续向中高端水平迈进，初步形成以先进制造业为支撑、现代服务业为主导的现代产业体系。2020年，先进制造业增加值占规模以上工业增加值比重提高至55.6%，现代服务业增加值占服务业增加值比重提高至64.7%。支柱产业不断壮大，形成电子信息、绿色石化、智能家电等7个万亿级产业集群。开展“广东强芯”行动，广州粤芯实现量产，一批半导体设备、元器件等项目加快落户。湛江中科炼化、中海油流花油田等一批重大项目建成投产，深圳华星光电11代线、湛江钢铁3号高炉等加快建设。战略性新兴产业发展迅猛，5G产业、数字经济规模均居全国首位，谋划推进10个战略性新兴产业集群建设，推动1.5万家企业运用工业

① 本书主要数据来源于《广东统计年鉴2021》，所述的“增长”“年均增长”，除特别注明外，分别指代的是“比上年增长”“‘十三五’期间年均增长”。

互联网实现数字化转型。现代物流业、电子商务业、健康服务业快速发展，新兴服务产业和跨境电商、市场采购贸易等新业态新模式蓬勃发展，新经济增加值占地区生产总值比重提高至25.2%。

（二）创新发展

区域创新综合能力连续四年居全国首位，初步形成以广州、深圳为龙头，珠三角地区7市国家高新技术产业开发区为支撑，辐射带动粤东、粤西、粤北地区协同发展的创新格局。2020年，全省研发经费支出占地区生产总值比重提高到3.14%；每万人发明专利拥有量增至28.04件；科技进步贡献率达60%，基本达到创新型地区水平。基础与应用基础研究能力显著提升，"十三五"期间，中国（东莞）散裂中子源正式运行，未来网络试验设施、江门中微子实验站、惠州加速器驱动嬗变系统和强流重离子加速器装置等一批国家重大科技基础设施加快建设，大湾区综合性国家科学中心获批建设。截至2020年底，国家重点实验室、省重点实验室总数分别达30、396家；国家级高新技术企业总量达5.3万家；省级新型研发机构达251个。科技产业创新平台建设成效显著，"十三五"期间累计获国家批复建设国家级创新中心3个、国家工程研究中心（工程实验室）22个、国家地方联合工程研究中心45个。

（三）基础设施

加快推动高铁网、高速公路网、机场群、港口群、内河高等级航道、水资源配置、新基建等现代化基础设施建设。交通基础设施互联互通水平显著提升，截至2020年底，全省高铁运营里程达2 065公里，城际铁路运营里程达476公里；高速公路通车里程达10 488公里；民航机场旅客年吞吐能力达1.5亿人次；港口集装箱吞吐量6 730万标箱。"十三五"时期，港珠澳大桥、南沙大桥、广深港高铁建成通车，广州至湛江高铁、广州经汕尾至汕头铁路、深中通道、广州白云机场三期、深圳机场扩建、湛江机场迁建工程等项目开工建设。通江达海、干支衔接的航道网络基本建成，沿海主要港口航线通达全球100多个国家和地区。多元清洁能源供应体系基本形成，“十三五”时期，中海油粤东LNG（液化天然气）接收站、阳江核电、台山核电建成投产，新增建成油气管道约2 085公里，全省油气管道总里程约6 280公里，实现市市通管道天然气。水利基础设施网络更加完善，珠三角水资源配置工程开工建设，韩江高陂水利枢纽主体工程基本完成。信息基础设施建设加快推进，2020年全省固定宽带家庭普及率、移动宽带用户普及率分别提高到116.5%、120.1%；5G基站数累计超过12万座，居全国第一。

（四）体制机制

“放管服”和营商环境改革持续深化。深入实施市场负面清单管理，新取消206项行政审批和执法项目，率先实现“证照分离”改革全覆盖。深入推进商事登记确认制、要素市场化配置等改革，加快推进数字政府改革建设，推动政务服务标准化和“一网通办”，一体化政务服务能力排名保持全国第一。省级权责清单事项压减至1 069项，工程建设项目审批、不动产登记和企业开办时间大幅压缩。数字政府改革建设走在全国前列，网上政务服务能力稳居全国首位。加大财政、社保、国企等改革力度，全面推行省市县预算编制执行监督管理改革，率先实现企业职工养老保险省级统筹，部分省属国有企业实现战略性重组、专业化整合。自贸试验区制度深化创新，“十三五”期间累计形成527项制度创新成果。

（五）区域发展

区域协调发展战略深入实施，“一核一带一区”区域发展格局[①]渐次成

① 一核：珠三角地区，包括广州、深圳、珠海、佛山、惠州、东莞、中山、江门、肇庆9市；一带：沿海经济带，包括珠三角地区沿海7市和粤东、粤西地区7市；一区：北部生态发展区，包括粤北地区韶关、梅州、清远、河源、云浮5市。

形，区域基础设施互联互通和基本公共服务均等化水平不断提升。珠三角地区核心引领作用进一步增强，深圳建设中国特色社会主义先行示范区，广州实现老城市新活力和“四个出新出彩”全面推进，广州、深圳“双城”联动态势初步形成，深汕特别合作区打造“飞地经济”区域协调发展创新范例。沿海经济带产业支撑强化，“十三五”时期，660 多个投资超 10 亿元的产业项目密集落地，引进巴斯夫、埃克森美孚、中海壳牌等百亿美元重大项目，沿海重化产业带和海上风电等清洁能源产业集群逐步形成。北部生态发展区绿色发展优势凸显，初步构建以生态农业、绿色工业、生态旅游业为主体的生态产业体系，梅州、韶关在“十三五”期间获批国家生态文明示范区。加大对粤东、粤西、粤北公共资源支持力度，一批高等院校和高水平医院在粤东、粤西、粤北地区布局建设，“数字政府”服务能力与珠三角实现同步提升。出台支持老区苏区和民族地区发展的政策措施，均衡性转移支付覆盖全部 86 个财力困难县（市、区）。

（六）资源环境

污染防治攻坚成效显著，生态环境质量持续改善。2020 年空气质量优良天数比例达 95.5%，PM2.5 年均浓度下降至 22 微克/立方米，空气质量六项指标五年均全面达标；茅洲河、练江水质显著好转，劣 V 类国考断面全面清零，基本消除地级以上市城市建成区黑臭水体；深入实施重点林业生态工程建设，全省森林覆盖率 58.66%，建成国家海洋生态文明建设示范区 5 个，海洋类型自然保护地数量、面积均居全国前列。资源节约利用水平提高，2020 年，广东万元工业增加值用水量比 2015 年下降 39.2%；规模以上工业企业重复用水率从 2015 年的 71.2% 提高到 2020 年的 82.4%；核能、风力、太阳能等新能源发电量占比提高至 28.6%。2020 年，广东非金属矿物制品业，电力、热力生产和供应业综合能源消费量占规模以上工业综合能源消费量的比重分别比 2015 年回落 1.0 和 2.2 个百分点。

（七）对外经贸

外贸格局持续优化，一般贸易进出口超过加工贸易，占全省进出口总额比重由2015年的42.1%提升至2020年的51.2%，民营企业出口占全省出口总额比重由2015年的39%提升至2020年的55.1%，成为第一大贸易主体；推进服务贸易创新发展，积极培育外贸新业态，2020年新增7个跨境电商综合试验区，全年市场采购出口增长23%；外贸进出口规模和市场份额保持稳定，东盟成为广东省第一大贸易伙伴。参与“一带一路”建设成果丰硕，“十三五”时期，全省对“一带一路”沿线国家进出口总额累计达7.9万亿元，年均增长7.5%，2020年对沿线国家进出口总额占全省比重达24.8%；中欧班列共发运1 069列，发送集装箱10万标箱，货值52.1亿美元；缔结友好城市关系累计203对，基本实现沿线主要国家全覆盖。利用外资提质增效取得新突破，2020年新设外商直接投资项目1.3万个，其中超1亿美元项目43个；全年实际利用外资1 620.29亿元，“十三五”期间累计实际利用外资7 277.10亿元。

（八）社会民生

人民生活质量明显改善。坚持就业优先，实施“粤菜师傅”“广东技工”“南粤家政”等惠民工程，“十三五”时期城镇新增就业人数累计突破700万人，城镇登记失业率控制在3.5%以内。不断提升社会保障水平，全省城乡居民基本养老保险基础养老金最低标准提高到每人每月180元，居民医保财政补助标准提高到每人每年520元，养老、医疗保险基本实现全覆盖。全面提升教育发展水平，公办幼儿园和普惠性民办幼儿园在园幼儿占比提高到86%，职业院校在校生规模居全国首位，高等教育毛入学率从33%提高到52%。启动建设30家高水平医院，分级诊疗和医联体建设取得积极进展。扎实推进文化强省建设，基本实现全省五级公共文化基础设施全覆盖。城镇棚户区住房改造稳步推进，五年累计新开工各类棚户区改造住房 20.2 万套。新冠肺炎疫情防控取得重大战略成果。

表 1　广东省 2020 年宏观经济主要指标

	2020 年		2019 年	
	绝对数	比上年增长（%）	绝对数	比上年增长（%）
一、地区生产总值（亿元）	110 760. 94	2. 3	107 986. 92	6. 2
第一产业	4 769. 99	3. 8	4 350. 61	3. 8
第二产业	43 450. 17	1. 8	43 368. 21	4. 2
第三产业	62 540. 78	2. 5	60 268. 10	7. 9
二、人均地区生产总值（元）	88 210	1. 1	86 956	4. 7
三、固定资产投资（亿元）	—	7. 2	—	11. 1
四、社会消费品零售总额（亿元）	40 207. 85	-6. 4	42 951. 75	8. 0
五、外贸进出口总额（亿元）	70 862. 64	-0. 9	71 484. 39	-0. 2
出口总额	43 493. 07	0. 2	43 416. 04	1. 6
进口总额	27 369. 58	-2. 5	28 068. 35	-2. 9
六、实际利用外商直接投资（亿元）	1 620. 29	6. 5	1 522. 00	4. 9
七、城镇常住居民人均可支配收入（元）	50 257. 0	4. 4	48 117. 6	8. 5
农村常住居民人均可支配收入（元）	20 143. 4	7. 0	18 818. 4	9. 6
八、居民消费价格指数（%）	102. 6	2. 6	103. 4	3. 4
九、地方一般公共预算收入（亿元）	12 923. 85	2. 1	12 654. 53	4. 5
地方一般公共预算支出（亿元）	17 430. 79	0. 8	17 297. 85	10. 0
十、金融机构信贷收支（亿元）				
银行业金融机构本外币存款余额	267 638. 26	15. 1	232 458. 64	11. 7
银行业金融机构本外币贷款余额	195 680. 62	16. 5	167 994. 58	15. 7

二、区域经济发展综述

(一) 四大区域发展分析

广东全省划分为珠江三角洲、粤东、粤西、粤北四个区域。珠江三角洲地区包括广州、深圳、珠海、佛山、江门、东莞、中山、惠州、肇庆9市；粤东地区包括汕头、潮州、揭阳、汕尾4市；粤西地区包括湛江、茂名、阳江3市；粤北地区包括韶关、河源、梅州、清远、云浮5市。截至2020年底，全省常住人口共计12 624.00万人，其中珠三角占61.97%，粤东、粤西、粤北分别占12.93%、12.49%、12.61%。珠三角、粤东、粤西、粤北的人口城镇化率分别为87.24%、60.60%、46.15%、51.62%。与2015年底相比，全省常住人口增长8.1%，其中珠三角地区增长13.9%，成为广东“十三五”期间常住人口增速最快的区域。“十三五”期间，广东省城镇化进程稳步推进，全省常住人口城镇化率提高了4.64个百分点，其中粤西地区提高幅度最大，达6.53个百分点，珠三角、粤东、粤北地区则分别较2015年提高2.83、2.19、5.65个百分点。

表2　2020年广东省四大区域基本情况

区域	面积及占全省比重		年末常住人口及占全省比重		城镇化率(%)
	面积(万平方公里)	占比(%)	人口(万人)	占比(%)	
全省	17.97	—	12 624.00	—	74.15
珠三角	5.48	30.49	7 823.54	61.97	87.24
粤东	1.55	8.63	1 631.84	12.93	60.60

（续上表）

区域	面积及占全省比重		年末常住人口及占全省比重		城镇化率（%）
	面积（万平方公里）	占比（%）	人口（万人）	占比（%）	
粤西	3.26	18.14	1 576.66	12.49	46.15
粤北	7.68	42.74	1 591.96	12.61	51.62

1. 经济实力持续增强。一是经济总量不断扩大。“十三五”时期，珠三角地区继续发挥全省发展的核心和主引擎作用，2020 年实现地区生产总值 89 523.93亿元，年均增长 6.3%，快于全省同期水平 0.3 个百分点。沿海经济带产业支撑得以强化，2020 年，粤东、粤西两地区分别实现地区生产总值 7 053.51亿元、7 739.97 亿元，年均分别增长 5.5%、5.3%。粤北地区后发优势逐步显现，2020 年实现地区生产总值 6 443.54 亿元，同比增速（2.8%）为四大区域最高，快于全省平均水平 0.5 个百分点。二是区域间经济差距渐趋收窄。四大区域中，2020 年人均地区生产总值最高（珠三角地区）与最低（粤北地区）之比为 2.86∶1，较 2015 年相应的比值水平（3.19∶1）有所缩小；粤东、粤西、粤北地区“十三五”期间人均地区生产总值平均增速分别快于珠三角地区 2.6、1.5、2.1 个百分点。三是财政实力日益增强。2020 年，珠三角地区地方一般公共预算收入 8 496.03 亿元，占全省比重为 88.3%，比 2015 年提高 2.0 个百分点。粤东、粤西、粤北地区地方一般公共预算收入分别为 312.09 亿元、346.15 亿元、462.62 亿元，年均增长速度分别为 1.9%、2.7%、1.8%。四是居民收入稳步提升。2020 年，珠三角地区全体居民人均可支配收入 54 810 元，年均增长 8.4%，高于全省平均水平 0.4 个百分点；粤东地区全体居民人均可支配收入 24 576 元，年均增长 7.3%；粤西、粤北地区全体居民人均可支配收入 25 087 元、24 505 元，年均增长速度分别为 8.2%、8.4%，分别高于全省平均水平 0.2、0.4 个百分点。

表 3　2015—2020 年广东四大区域地区生产总值情况

（单位：亿元）

区域	2015 年	2016 年	2017 年	2018 年	2019 年	2020 年	2016—2020 年年均增速（%）
全省	74 732. 44	82 163. 22	91 648. 73	99 945. 22	107 986. 92	110 760. 94	6. 0
珠三角	62 541. 37	68 196. 86	74 953. 26	80 440. 72	87 213. 05	89 523. 93	6. 3
粤东	5 191. 89	5 693. 82	6 076. 09	6 514. 48	6 946. 39	7 053. 51	5. 5
粤西	5 867. 34	6 223. 19	6 768. 29	7 207. 33	7 595. 68	7 739. 97	5. 3
粤北	4 662. 99	5 081. 21	5 467. 48	5 782. 69	6 231. 80	6 443. 54	5. 1

表 4　2015—2020 年广东四大区域人均地区生产总值情况

（单位：元）

区域	2015 年	2016 年	2017 年	2018 年	2019 年	2020 年	2016—2020 年年均增速（%）
全省	64 516	69 671	76 218	81 625	86 956	88 210	4. 3
珠三角	92 510	97 721	103 863	108 094	114 120	115 459	3. 4
粤东	31 020	34 190	36 677	39 560	42 375	43 118	6. 0
粤西	38 027	40 284	43 684	46 290	48 607	49 202	4. 9
粤北	29 028	31 676	34 132	36 165	38 870	40 428	5. 3

表 5　2015—2020 年广东四大区域地方一般公共预算收入情况

（单位：亿元）

区域	2015 年	2016 年	2017 年	2018 年	2019 年	2020 年	2016—2020 年年均增速（%）
全省	9 366. 78	10 390. 35	11 320. 35	12 105. 26	12 654. 53	12 923. 85	6. 6
珠三角	6 391. 70	6 923. 98	7 455. 96	7 915. 51	8 277. 11	8 496. 03	5. 9
粤东	284. 69	285. 92	304. 25	300. 07	301. 73	312. 09	1. 9

（续上表）

区域	2015 年	2016 年	2017 年	2018 年	2019 年	2020 年	2016—2020 年年均增速（%）
粤西	303. 71	292. 35	325. 79	320. 59	335. 46	346. 15	2. 7
粤北	423. 38	412. 47	429. 01	438. 28	449. 14	462. 62	1. 8

表 6　2015—2020 年广东四大区域全体居民人均可支配收入情况

（单位：元）

区域	2015 年	2016 年	2017 年	2018 年	2019 年	2020 年	2016—2020 年年均增速（%）
全省	27 859	30 296	33 003	35 810	39 014	41 029	8. 0
珠三角	36 662	40 109	43 840	47 911	52 214	54 810	8. 4
粤东	17 275	18 745	20 167	21 754	23 484	24 576	7. 3
粤西	16 896	18 365	20 016	21 691	23 551	25 087	8. 2
粤北	16 345	17 968	19 657	21 288	23 120	24 505	8. 4

2. 产业结构优化升级。“十三五”期间，广东产业结构合理化和高级化程度不断加深，四大区域产业体系均已调整为“三二一”结构。在第一产业占比方面，2020 年，珠三角地区第一产业增加值占本区域地区生产总值的比重（1. 8%）最低，粤西地区第一产业占比（19. 8%）最高，粤东、粤西地区相应的比重分别为 8. 4%、16. 6%，其中粤东、粤西、粤北地区第一产业占比分别高于全省水平 4. 1、15. 5、12. 3 个百分点；相较于 2015 年，四大区域第一产业占比稳中有升，珠三角地区略有上升，提高 0. 1 个百分点，粤东、粤西、粤北地区上升趋势相对更为明显，分别提高 0. 5、2. 5、1. 2 个百分点。在第二产业占比方面，2020 年，粤东地区第二产业增加值占本区域地区生产总值的比重（42. 6%）最高，珠三角地区（40. 0%）次之，分别高于全省水平 3. 4、0. 8 个百分点，粤西、粤北地区第二产业占比分别为 33. 2%、32. 7%，分别低于全省水平 6. 0、6. 5 个百分点；相较于 2015 年，珠三角、粤

东、粤西、粤北四大区域第二产业占比呈现出明显的下降趋势，分别降低4.9、7.5、6.3、5.2个百分点。在第三产业占比方面，2020年，珠三角地区第三产业增加值占本区域地区生产总值的比重（58.3%）最高，高于全省水平1.8个百分点，粤东、粤西、粤北地区第三产业占比分别为49.0%、47.0%、50.7%，分别低于全省水平7.5、9.5、5.8个百分点；相较于2015年，四大区域第三产业占比呈现快速上升的趋势，其中粤东地区占比提升幅度（7.0%）最高，珠三角、粤西、粤北地区相应的占比分别提高4.9、3.8、4.1个百分点。

表7　2015—2020年广东四大区域三大产业占比情况

（单位：%）

	年份	全省	珠三角	粤东	粤西	粤北
第一产业占比	2015年	4.3	1.7	7.9	17.3	15.4
	2016年	4.3	1.7	7.8	18.0	15.3
	2017年	3.9	1.6	7.5	17.3	14.6
	2018年	3.8	1.6	7.5	17.2	14.6
	2019年	4.0	1.6	8.0	18.6	15.3
	2020年	4.3	1.8	8.4	19.8	16.6
第二产业占比	2015年	45.4	44.9	50.1	39.5	37.9
	2016年	43.2	43.6	47.7	38.4	36.2
	2017年	42.1	42.7	45.2	36.5	34.0
	2018年	41.4	42.3	44.5	35.1	33.4
	2019年	40.2	41.0	43.2	33.8	32.9
	2020年	39.2	40.0	42.6	33.2	32.7
第三产业占比	2015年	50.3	53.4	42.0	43.2	46.6
	2016年	52.5	54.7	44.5	43.6	48.5
	2017年	54.0	55.7	47.3	46.2	51.4

（续上表）

	年份	全省	珠三角	粤东	粤西	粤北
第三产业占比	2018 年	54.8	56.1	48.1	47.7	52.0
	2019 年	55.8	57.4	48.8	47.6	51.8
	2020 年	56.5	58.3	49.0	47.0	50.7

3. 农业生产稳步增长。“十三五”时期，广东推进农业供给侧结构性改革，加快发展现代农业，农业大省地位更加稳固。2020 年，珠三角地区农林牧渔业总产值 2 710.51 亿元，年均增长 3.7%，增速快于全省平均水平 0.1 个百分点；其中渔业产值占全省比重（48.7%）较 2015 年提高 4.3 个百分点，保持第一产区地位。粤东地区农林牧渔业总产值 999.95 亿元，年均增速（3.9%）快于全省平均水平 0.3 个百分点；其中林业年均增长速度（6.4%）为四大区域中最高，农业、林业产值占全省比重（13.3%、10.3%）分别较 2015 年提高 0.1、0.6 个百分点。粤西地区农林牧渔业总产值 2 455.32 亿元，年均增长 3.0%；其中农业占全省比重（31.1%）较 2015 年提高 1.3 个百分点；牧业依然是全省最大产区，产值占全省比重（34.4%）进一步提高 2.6 个百分点。粤北地区农林牧渔业总产值 1736.14 亿元，年均增长速度（3.9%）快于全省 0.3 个百分点，其中农业年均增长速度（5.2%）为四大区域中最高，林业占全省比重（40.8%）比 2015 年提高 0.9 个百分点，第一产区地位继续巩固。

表 8　2015—2020 年广东四大区域农林牧渔业产值情况

（单位：亿元）

区域	2015 年	2016 年	2017 年	2018 年	2019 年	2020 年	2016—2020 年年均增速（%）
全省	5 303.63	5 817.55	5 969.87	6 318.12	7 175.89	7 901.92	3.6
珠三角	1 850.52	1 986.86	2 035.45	2 162.07	2 445.32	2 710.51	3.7

（续上表）

区域	2015 年	2016 年	2017 年	2018 年	2019 年	2020 年	2016—2020 年年均增速(%)
粤东	682.74	747.87	759.30	812.62	930.32	999.95	3.9
粤西	1 644.27	1 809.21	1 880.72	1 980.09	2 255.86	2 455.32	3.0
粤北	1 170.32	1 273.61	1 294.43	1 363.34	1 544.39	1 736.14	3.9

4. 工业集聚效应加强。“十三五”时期，珠三角地区初步形成珠江东岸电子信息产业、珠江西岸装备制造业、广佛汽车产业等多个特色鲜明、市场竞争力较强的产业集聚区。2020 年，珠三角地区规模以上工业增加值 27 973.15亿元，占全省比重86.1%，比2015 年提高5.7 个百分点；年均增长5.6%，增速快于全省平均水平0.3 个百分点。粤东、粤西地区逐步形成沿海重化产业带和海上风电等清洁能源产业集群，规模以上工业增加值分别达1 568.36亿元、1 416.01 亿元，年均增长速度分别为3.9%、5.3%。粤北地区规模以上工业增加值1 542.65 亿元，年均增长4.6%。

表9　2015—2020 年广东四大区域规模以上工业增加值情况

（单位：亿元）

区域	2015 年	2016 年	2017 年	2018 年	2019 年	2020 年	2016—2020 年年均增速（%）
全省	29 446.21	31 330.24	31 349.47	31 557.09	32 493.98	32 500.17	5.3
珠三角	23 680.10	25 229.60	25 768.21	26 649.33	27 962.44	27 973.15	5.6
粤东	2 346.69	2 471.32	2 314.82	1 871.05	1 656.07	1 568.36	3.9
粤西	1 930.57	2 047.02	1 958.16	1 651.22	1 437.10	1 416.01	5.3
粤北	1 488.84	1 582.30	1 308.28	1 385.48	1 438.37	1 542.65	4.6

5. 高端产业逐步壮大。“十三五”期间，广东得益于科技创新能力的不断增强，以先进制造业、高技术制造业为主体的现代产业逐步发展壮大。在

先进制造业方面，2020 年，珠三角地区先进制造业增加值 16 357.94 亿元，占规模以上工业增加值比重达 58.5%，增加值绝对规模和相对占比均稳居全省四大区域首位，粤东、粤西、粤北地区先进制造业增加值分别为 544.61 亿元、675.46 亿元、497.58 亿元，相应的比重分别为 34.7%、47.7%、32.3%；相较于 2015 年，四大区域先进制造业增加值占规模以上工业增加值比重呈现出不同程度的上升态势，其中粤东地区提高幅度（18.5 个百分点）最大，粤西地区（8.2 个百分点）次之，均快于全省“十三五”期间相应的提高幅度（7.7 个百分点），珠三角和粤北地区的提高幅度均为 5.5 个百分点。在高技术制造业方面，2020 年，珠三角地区高技术制造业增加值 9 976.02亿元，占规模以上工业增加值比重达 35.7%，增加值绝对规模和相对占比以压倒性优势稳居全省四大区域首位，粤东、粤西、粤北地区高技术制造业增加值分别为 117.19 亿元、23.69 亿元、233.16 亿元，相应的比重分别仅为 7.5%、1.7%、15.1%；相较于 2015 年，四大区域高技术制造业增加值占规模以上工业增加值比重有涨有跌，其中珠三角和粤北地区占比水平出现上升趋势，分别提高 5.6 和 3.5 个百分点，而粤东和粤西地区略有降低，分别下降 1.1 和 0.7 个百分点。

表 10　2015—2020 年广东四大区域高端产业占比情况

（单位:%）

	年份	全省	珠三角	粤东	粤西	粤北
先进制造业增加值占规模以上工业增加值比重	2015 年	47.9	53.0	16.2	39.5	26.8
	2016 年	48.7	53.8	15.8	41.1	28.4
	2017 年	55.0	58.6	34.0	46.7	34.1
	2018 年	56.4	59.4	32.6	49.7	33.8
	2019 年	54.9	57.9	34.4	43.9	31.7
	2020 年	55.6	58.5	34.7	47.7	32.3

（续上表）

	年份	全省	珠三角	粤东	粤西	粤北
高技术制造业增加值占规模以上工业增加值比重	2015 年	25.6	30.1	8.6	2.4	11.6
	2016 年	27.1	31.8	9.0	2.1	12.1
	2017 年	30.3	35.1	9.2	2.1	15.3
	2018 年	31.5	35.8	10.9	1.1	15.4
	2019 年	31.5	35.2	9.2	1.5	13.8
	2020 年	31.8	35.7	7.5	1.7	15.1

6. 服务业蓬勃发展。“十三五”时期，广东推动生产性服务业向专业化和价值链高端延伸，生活性服务业向精细和高品质转变，服务业蓬勃发展，珠三角、粤东、粤西、粤北地区服务业增加值年均增速分别快于其地区生产总值增速0.6、1.9、1.1和1.3个百分点。2020年，四大区域服务业增加值占其地区生产总值比重均比2015年有所提高，其中粤东地区（49.0%）提高幅度最大，为6.9个百分点，珠三角地区（58.3%）、粤西地区（47.0%）、粤北地区（50.7%）比重分别提高4.9、3.8、4.1个百分点。此外，规模以上服务业企业主体活力持续迸发，2020年，珠三角地区规模以上服务业企业数比2015年增长77.7%，增速快于全省平均水平1.7个百分点；营业收入年均增长12.7%，增速快于全省平均水平0.3个百分点。粤东地区规模以上服务业企业数比2015年增长127.9%，增速快于全省51.9个百分点，占全省企业数比重比2015年提高0.5个百分点；营业收入年均增长6.7%。粤西、粤北地区规模以上服务业企业数分别增长18.1%、57.0%，营业收入年均增长速度分别为7.4%、5.9%。

表 11　2015—2020 年广东四大区域服务业增加值情况

（单位：亿元）

区域	2015 年	2016 年	2017 年	2018 年	2019 年	2020 年	2016—2020 年年均增速（%）
全省	40 260.42	45 013.62	50 575.78	54 709.39	60 268.10	62 540.78	7.2
珠三角	33 370.33	37 301.15	41 766.82	45 137.18	50 033.69	52 183.04	6.9
粤东	2 182.71	2 533.73	2 874.74	3 131.79	3 389.59	3 454.12	7.4
粤西	2 533.46	2 715.15	3 123.70	3 435.34	3 619.23	3 636.31	6.4
粤北	2 173.92	2 463.60	2 810.52	3 005.09	3 225.59	3 267.30	6.4

7. 三大需求稳中向好。一是投资规模稳步攀升。“十三五”时期，广东持续优化投资环境，2020 年，珠三角地区固定资产投资占全省比重 74.7%，比 2015 年提高 8.0 个百分点；年均增长 11.5%，增速高于全省平均水平 1.0 个百分点。粤东地区年均增长 12.0%，增速高于全省 1.5 个百分点。粤东、粤西地区年均增长速度分别为 4.0%、6.5%。珠三角地区深入推进工业转型升级，工业投资年均增长 6.7%，快于全省 1.9 个百分点。粤东西北地区加大基础设施补短板力度，粤东、粤西、粤北地区基础设施投资占本区域固定资产投资比重分别为 41.1%、37.6%、33.5%，高于全省比重 12.5、9.0、4.9 个百分点。二是消费潜力不断释放。“十三五”时期，广东深挖消费潜力，2020 年，珠三角、粤西地区社会消费品零售总额分别达 31 212.06 亿元、3 446.43亿元，占全省社会消费品零售总额比重比 2015 年提高 0.4、0.1 个百分点；年均增速均为 5.9%，高于全省平均水平 0.1 个百分点；粤东、粤北地区社会消费品零售总额分别为 3 252.74 亿元、2 298.21 亿元，年均增长速度均为 5.1%。三是外贸区域发展协调性有所增强。“十三五”期间，粤东西北地区主动承接珠三角产业转移，对外开放步伐不断加快，2020 年，粤西、粤北地区外贸进出口总额分别为 835.65 亿元、1 112.67 亿元，占全省进出口总额比重为 1.2%、1.6%，分别比 2015 年提高 0.3、0.1 个百分点；年均分别增长 6.9%、3.4%，高于全省增速 4.7、1.2 个百分点。珠三角地区重点发展

技术和资本密集型产业，稳步提高加工贸易增值水平，外贸进出口可持续发展能力增强。2020 年，珠三角地区外贸进出口总额 67 676.8 亿元，占全省进出口比重 95.5%，比 2015 年提高 0.2 个百分点，年均增长 2.2%。

表 12　2015—2020 年广东四大区域固定资产投资增速

（单位：%）

区域	2015 年	2016 年	2017 年	2018 年	2019 年	2020 年	2016—2020 年年均增速
全省	15.8	10.0	13.5	10.7	11.1	7.2	10.5
珠三角	14.3	11.3	13.7	10.9	12.3	9.4	11.5
粤东	24.2	15.5	18.4	15.3	12.7	-1.0	12.0
粤西	23.2	5.7	9.1	7.4	-1.3	-0.5	4.0
粤北	10.4	0.1	11.1	7.0	10.2	4.5	6.5

表 13　2015—2020 年广东四大区域社会消费品零售总额情况

单位：亿元

区域	2015 年	2016 年	2017 年	2018 年	2019 年	2020 年	2016—2020 年年均增速（%）
全省	30 326.76	33 303.21	36 598.59	39 767.12	42 951.75	40 207.85	5.8
珠三角	23 411.58	25 748.56	28 335.47	30 796.88	33 237.60	31 212.06	5.9
粤东	2 538.30	2 788.97	3 058.06	3 303.78	3 565.60	3 252.74	5.1
粤西	2 585.55	2 809.16	3 076.69	3 362.92	3 660.20	3 446.43	5.9
粤北	1 791.33	1 956.52	2 128.38	2 303.53	2 488.35	2 298.21	5.1

表 14　2015—2020 年广东四大区域外贸进出口总额情况

单位：亿元

区域	2015 年	2016 年	2017 年	2018 年	2019 年	2020 年	2016—2020 年年均增速（%）
全省	63 559. 70	63 099. 68	68 168. 86	71 645. 73	71 484. 39	70 862. 64	2. 2
珠三角	60 601. 68	60 119. 76	65 090. 33	68 613. 78	68 281. 91	67 676. 83	2. 2
粤东	1 407. 33	1 441. 11	1 431. 07	1 281. 06	1 308. 38	1 227. 50	－2. 7
粤西	599. 47	547. 86	623. 91	668. 63	762. 04	835. 65	6. 9
粤北	951. 19	990. 96	1 023. 55	1 082. 25	1 132. 06	1 122. 67	3. 4

（二）区域发展主要工作

——全面推进粤港澳大湾区建设。积极贯彻落实中央支持粤港澳大湾区金融创新、城际铁路建设、基础设施互联互通、高等教育合作、中医药高地建设等政策措施。大力推动规则衔接、机制对接，实施境外高端紧缺人才个人所得税优惠、科研资金跨境使用、与港澳共建青年创新创业基地等政策措施，“湾区通”工程取得明显成效。加快打造大湾区国际科创中心，综合性国家科学中心先行启动区获批建设，新组建 10 家粤港澳联合实验室。推进建设“数字湾区”，黄茅海跨海通道、深圳至江门铁路等项目开工建设，新横琴口岸、莲塘/香园围口岸正式开通，深交所创业板改革并试点注册制正式启动，广州期货交易所获批筹建，港澳企业商事登记实现“一网通办”，港澳青年创新创业“1＋12”示范性基地已开业 11 家、孵化港澳项目 698 个。广州南沙、深圳前海、珠海横琴等重大合作平台加快建设，新注册港资企业 1. 3 万家、澳资企业 3 280 家。

——大力推动珠三角优化发展。扎实推进深圳先行示范区建设，支持广州实现老城市新活力和“四个出新出彩”，广州、深圳辐射带动作用显著增强。珠三角城际轨道运营总里程超过400公里，珠江口东西两岸融合互动发展水平进一步提升。隆重举行深圳经济特区建立40周年系列活动，持续推进深圳先行示范区25条重大措施和中央支持深圳综合改革试点的27项改革举措及40项首批授权事项落地落实，加快推进河套深港科技创新合作区建设。进一步健全广州深圳“双城”联动合作机制，首批27个重点合作项目推进顺利。加快建设中新广州知识城、人工智能与数字经济试验区，启动建设南沙粤港深度合作园、香港科技大学（广州）等重大项目。积极推动珠江口东西两岸融合互动发展。

——积极推动粤东西北振兴发展。省委、省政府出台《关于加大有效投资力度 加快构建“一核一带一区”区域发展格局的意见》，以重大基础设施建设拓展发展空间、提升发展动能，加快构建“一核一带一区”区域发展格局。推动沿海经济带石化、钢铁等重化产业和核电、海上风电等清洁能源产业发展。落地建设35个超10亿元的制造业项目，开工建设汕头大唐勒门I海上风电、揭阳中委石化、茂名烷烃资源综合利用等重大项目，建成投产湛江中科炼化一体化项目。积极谋划建设汕头、湛江省域副中心，省政府印发《关于支持汕头华侨经济文化合作试验区高质量发展的若干意见》。推动北部生态发展区“农业+”“旅游+”等生态产业发展，打造对接大湾区的“大农场”“后花园”“康养地”。省财政两年新增投入超过300亿元，扶持老区苏区、民族地区振兴发展。实施县城城镇化补短板强弱项，新兴等10个县（市）成功列入国家县城新型城镇化示范县。稳步推进国家城乡融合发展试验区广清接合片区建设。

——深入推进区域合作发展。全面完成第二轮省内对口帮扶，扎实推进珠三角与粤东粤西粤北产业共建，引进产业共建项目2 389个、完成投资2 453亿元。省委办公厅、省政府办公厅印发《关于完善珠三角地区与粤东粤西粤北地区对口帮扶协作机制的意见》，全面启动新一轮省内对口帮扶。不断深化泛珠三角跨区域多领域合作。加强跨省区域科技创新协同发展，广东省科技厅与江西省科技厅签署科技合作框架协议。成功举办第十三届泛珠三角区域合作与发展论坛暨经贸洽谈会。加强区域生态环境保护，泛珠内地9省区共同签订污染联防联治合作框架协议。加强泛珠各省区之间疫情防控信息共享。深入推动珠江—西江经济带、粤桂黔滇高铁经济带等跨区域平台建设。完成援藏援疆援川各项工作，2020年安排援建资金43.68亿元，实施项目278个。“十三五”期间，受援地生活条件明显改善，自我发展能力持续增强，协助受援地引进产业项目900多个。

（三）2021年区域发展主要工作思路

——深入推进粤港澳大湾区建设。推进三地规则衔接、机制对接和设施联通。优化实施“湾区通”工程，推进“数字湾区”建设。推进大湾区干线铁路、城际铁路、市域（郊）铁路、城市轨道交通“四网融合”，推动珠三角地铁互联互通，努力实现主要城市间1小时通达。深化民生领域合作，推进港澳青年创新创业基地建设，促进青少年交往交流交融。加快前海深港现代服务业合作区、横琴粤澳深度合作区、南沙粤港澳全面合作示范区建设，强化制度集成创新和规则衔接示范。

——持续提升珠三角核心区发展能级。增强广州、深圳核心引擎和中心城市功能，以实施综合改革试点为引领加快深圳先行示范区建设，以支持深圳同等力度支持广州实现老城市新活力和“四个出新出彩”。深入推进广州、深圳“双城”联动，建设广深“半小时交通圈”。完善珠三角现代化综合交通运输体系，抓好跨江跨海通道建设。推进珠三角5G宽带城市群建设，提升广佛全域同城化、广清一体化和深汕特别合作区建设水平。推动珠江口东西两岸产业转型升级和融合互动发展，打造珠三角世界级先进制造业集群。

——强化沿海经济带产业支撑。统筹抓好东西两翼基础设施建设，推动重大产业项目和科技创新资源优化布局，做大做强绿色石化、清洁能源、装备制造等产业集群。出台省委、省政府支持汕头经济特区、湛江省域副中心城市建设政策文件。支持汕头经济特区加快发展，建设汕头华侨经济文化合作试验区，支持湛江积极参与国家西部陆海新通道建设、对接海南自由贸易港，推进琼州海峡港航一体化。推进广州与湛江、深圳与汕头深度协作。强化汕尾、阳江重要支点功能。

——支持北部生态发展区大力发展绿色经济。谋划推进横贯北部的重大交通设施，加快南岭旅游公路和华南教育历史研学基地建设。做大做强果蔬、花卉、南药等特色优质农产品，建设大湾区农产品生产供应基地。建立以生态农业、绿色工业、生态旅游为主体的生态产业体系，提升生态产品供给能力。建立健全转移支付、生态补偿等机制，强化对生态发展区的政策支持。推进南岭国家公园创建工作，推进全域旅游。

——加强区域合作发展。编制《珠三角地区与粤东粤西粤北地区对口帮扶协作“十四五”发展规划》，进一步加强产业合作共建和民生帮扶，推动省内对口帮扶高质量发展。深化泛珠三角区域合作，充分发挥粤港澳大湾区的龙头带动作用和珠江—西江经济带的腹地支撑作用，深化与港澳及周边省区的经济联系，进一步推动广东与周边省区协同发展，促进泛珠三角区域率先实现内循环。编制实施“十四五”对口支援规划，持续做好对口支援新疆、西藏工作，继续抓好民生项目、产业援建、人才智力支援等工作。加强与黑龙江对口合作，强化优势互补，深化提升产业合作和科技创新合作水平。

三、区域经济发展比较

（一）广东在全国区域发展中的地位

经济实力进一步增强。2020 年，广东地区生产总值 110 760. 94 亿元，占全国的 10. 9%，增长 2. 3%，增速与全国持平，经济总量连续 32 年稳居全国第一位。广东人均地区生产总值 88 210 元，是全国的 1. 23 倍。财政总体实力不断扩大，财政收入保持较高增速，地方一般公共预算收入 12 923.85 亿元，占全国的 12.9%，增速为 2.1%，高出全国水平 3.0 个百分点，总量连续 30 年居全国第一位。

对内对外开放稳中提质。2020 年，广东外贸进出口总额达 70 862.64 亿元，占全国的 22.0%。其中，出口额 43 493.07 亿元，占全国的 24.3%；进口额 27 369.58 亿元，占全国的 19.2%。全年实际使用外商直接投资金额 1 620.29 亿元，占全国的 16.2%。

产业结构持续优化。2020 年，广东省三次产业结构为 4.3：39.2：56.5。其中，第一产业增加值 4 769.99 亿元，第二产业增加值 43 450.17 亿元，第三产业增加值 62 540.78 亿元，分别占全国的 6.1%、11.3%、11.3%。

自主创新能力进一步提升。2020 年，全省研究与试验发展经费 3 479.88 亿元，占地区生产总值比重提高到 3.14%。有效发明专利量、PCT 国际专利申请量分别达 35.05 万件、2.81 万件。全省高新技术企业超 5.3 万家；高新技术产品产值 7.8 万亿元，增长 3.6%。拥有国家重点实验室 30 家、国家工程实验室 15 家、国家工程技术研究中心 23 家、省级工程技术研究中心 5 944 家、国家—地方联合工程研究中心 45 家、国家认定企业技术中心 87 家、省工程实验室 108 家、省级企业技术中心 1 434 家。

生态文明建设走在全国前列。2020 年，广东省 21 个城市空气质量优良天数比例平均为 95.5%，增长 5.8%。全省平均灰霾天气日数 13.3 天，比上年少 8.7 天；全年日照时数 1 766.5 小时，接近正常年份的 1 755.1 小时。全省城市（县城）新增建成污水处理设施 48 座，污水日处理能力达 2 798 万吨，增长 16.1%；城市生活垃圾无害化处理率 99.9% 以上。全省森林覆盖率达 58.7%。

（二）广东与山东、江苏、浙江、上海四省（市）比较

1. 从总体经济看，广东经济总量居首，但增速落后于浙江。2020 年，广

东地区生产总值110 760.94亿元，总量仍居全国首位。其中，第一产业增加值4 769.99亿元，增长3.8%，对地区生产总值增长的贡献率为6.4%；第二产业增加值43 450.17亿元，增长1.8%，对地区生产总值增长的贡献率为33.7%；第三产业增加值62 540.78亿元，增长2.5%，对地区生产总值增长的贡献率为59.9%。2020年，江苏地区生产总值为102 718.98亿元，仅次于广东，规模位居第二。从增速上看，2020年江苏地区生产总值增速在四省一市中位居首位，为3.7%；其次为山东和浙江，增速均为3.6%，比广东、上海分别高1.3、1.9个百分点。

表15　2020年广东与沿海四省（市）经济发展总体比较

省（市）	地区生产总值		人均地区生产总值		三次产业结构
	绝对数（亿元）	增长（%）	绝对数（元）	增长（%）	
广东	110 760.94	2.3	88 210	1.1	4.3∶39.2∶56.5
山东	73 129.00	3.6	72 151	3.1	7.4∶39.1∶53.5
江苏	102 718.98	3.7	121 231	3.5	4.4∶43.1∶52.5
浙江	64 613.34	3.6	100 620	2.0	3.3∶40.9∶55.8
上海	38 700.58	1.7	155 768	1.4	0.3∶26.6∶73.1

2. 从三大需求看，广东固定资产投资增速高于浙江、山东、江苏，社会消费品零售总额增速、进出口总量增速均落后于其他三省一市。2020年，广东固定资产投资增长7.2%，增速仅次于上海。

广东社会消费品零售总额40 207.85亿元，下降6.4%，落后上海6.9个百分点。广东外贸进出口规模仍遥遥领先，2020年外贸进出口总额为70 862.64亿元，规模约是江苏（位居第二）的1.6倍，但相对于其他三省一市，广东外向型经济优势有所缩窄。

表 16　2020 年广东与沿海四省（市）三大需求比较

省（市）	固定资产投资		社会消费品零售总额		进出口	
	总量（亿元）	增速（%）	总量（亿元）	增速（%）	总量（亿元）	增速（%）
广东	—	7.2	40 207.85	-6.4	70 862.64	-0.9
山东	—	3.6	29 248.05	0.0	22 009.35	7.5
江苏	—	0.3	37 086.06	-1.6	44 500.47	2.6
浙江	—	5.4	26 629.81	-2.6	33 807.99	9.6
上海	—	10.3	15 932.50	0.5	34 828.47	2.3

3. 从创新能力来看，广东稳步提升。从研发投入强度看，2020 年广东研究与试验发展经费支出占地区生产总值比重达到 3.14%，比上海低 1.03 个百分点。从发明专利授权量看，2020 年广东授权量为 7.1 万件，居四省一市中首位。从万人发明专利拥有量看，广东为 28.0 件，位居第四，分别比上海、江苏、浙江低 32.2、8.1、6.1 件。在有效发明专利和 PCT 国际专利方面，广东有效发明专利为 35.1 万件，PCT 国际专利申请量为 2.81 万件，处于领先地位，说明仍有充分的创新潜力。

表 17　2020 年广东与沿海四省（市）创新主要指标比较

省（市）	研发经费支出占地区生产总值比重（%）	发明专利授权量（万件）	有效发明专利（万件）	万人发明专利拥有量（件）	PCT 国际专利申请量（万件）	区域创新能力排名
广东	3.14	7.1	35.1	28.0	2.81	1
山东	2.30	2.7	12.5	12.4	0.30	6
江苏	2.93	4.6	29.2	36.1	0.96	3
浙江	2.88	5.0	19.9	34.1	0.43	5
上海	4.17	2.4	14.6	60.2	0.36	4

区域篇

一、珠江三角洲地区

（一）发展概述

2020 年，珠三角地区生产总值 89 523.93 亿元，占全省的 80.8%，增长 2.4%；人均地区生产总值 115 459 元，增长 0.5%；地方一般公共预算收入 8 496.03 亿元，增长 2.6%；全体居民人均可支配收入达 54 810 元，增长 5.0%；城镇化率达 87.2%。

——创新能力明显增强。2020 年，珠三角九市发明专利授权量 6.9 万件，有效发明专利拥有量 33.9 万件，均占全省的 97%；PCT 国际专利申请量 2.8 万件，占全省的 99%；商标有效注册量 455.5 万件，占全省的 84%。广州市国家、省重点实验室达 21、241 家，分别占全省的 70%、61%；专利、发明专利授权量比 2015 年分别增长 2.9 倍、1.3 倍；技术合同成交额突破 2 000 亿元，是 2015 年的 8 倍。深圳市国家级高新技术企业达 1.86 万家，比“十二五”末增长 237%；“十三五”期间新设立 12 家基础研究机构，新增肿瘤化学基因组学国家重点实验室和首批国家应用数学中心。珠海市 2020 年新建国家级博士后科研工作站 2 家，高新区“十三五”期间获评全国大众创业万众创新示范基地。佛山市人才资源总量增至 170 万人，每万人发明专利拥有量比“十二五”末增长 2.6 倍。惠州市国家高新技术企业达 1 628 家，比 2015 年增加1 373家。东莞市省创新科研团队增至 38 个，国家级孵化器、省级新型研发机构分别是 2015 年的 2.9 倍、1.5 倍。中山市主营业务收入 5 亿元以上的工业企业实现研发机构全覆盖，翠亨新区“十三五”期间获批省级“双创”示范基地。江门市 2020 年新认定国家高新技术企业 403 家，存量超 1 800家，是“十二五”末的 9 倍。肇庆市新型研发机构总数增至 26 家，“十三五”期间成功创建省级高新区 2 个，省实验室实现零的突破。

——改革开放稳步推进。2020 年，珠三角外贸进出口总额达 67 676.83 亿元，占全省的 95.5%；实际利用外资 1 551.42 亿元，占全省的 95.7%。广州市完善普惠贷款风险补偿机制、市场化转贷服务机制，为 2.8 万多家小微企业和个体工商户提供信贷 200 多亿元；南沙自贸试验区制度创新成果已有 43 项在全国、112 项在全省复制推广。深圳市打造“秒批”“秒报”“无感申办”等系列品牌，“i 深圳”实名注册用户数突破 1 400 万；前海发展生机勃勃，出口总额实现全国“二十八连冠”。珠海市横琴自贸片区新落地 60 项改革创新成果，23 项入选广东省第四批制度创新案例。佛山市在全国首创“人工智能 + 双随机”监管模式，市场主体增至 94 万户。东莞市创新推出 2 878 项“不见面审批”事项、198 项“延期后补”事项等服务。中山市一般贸易出口占比提升至 62%，国际贸易“单一窗口”主要应用覆盖率达 100%。惠州市、江门市积极引导企业参与“一带一路”建设，获国务院批准设立跨境电商综合试验区。肇庆市持续深化营商环境综合改革，市场主体数量比“十二五”末增长 52%。

——重点项目进展顺利。珠三角固定资产投资增长 9.4%。广州、深圳、珠海、佛山、惠州、东莞、中山、江门和肇庆市固定资产投资分别增长 10.0%、8.2%、13.1%、0.8%、16.0%、13.0%、21.5%、6.9% 和 12.1%。珠三角地区省重点项目完成投资 5 613.1 亿元，占全省完成投资的 60.6%，为年度计划投资的 134%。新开工建设黄茅海跨海通道、南沙至中山高速公路、广清城际广州白云至广州北站段、埃克森美孚惠州乙烯项目等。珠三角城际轨道运营里程超过 400 公里，广州白云国际机场三期扩建、深中通道等重大项目加快建设，珠三角核心区发展能级进一步提升。

——生态环境持续改善。广州市“十三五”期间新建污水管网 1.89 万公里，比“十二五”期间增长 13.4 倍；新（扩）建污水处理厂 32 座，污水日处理能力居全国第二；新建生态景观林带 728 公里，新增森林公园 19 个、湿地公园 13 个。深圳市“十三五”期间在全国率先实现全市域消除黑臭水体，PM2.5 年均浓度达到国际先进水平；入选国家“无废城市”建设试点，获评生态文明建设示范市。珠海市“十三五”期间空气质量保持在全国前列，国考断面水质稳定达标，17条城市黑臭水体全部实现“不黑不臭”。佛山市“十三五”期间新增造林4 714公顷、绿化11.3万亩，创建成为国家森林城市。惠州市“十三五”期间空气质量优良率稳居全国168个重点监测城市前10位，城镇生活垃圾无害化处理率达100%。东莞市“十三五”期间投入超700亿元用于治水攻坚战，建成区22条黑臭水体基本消除黑臭。中山市“十三五”期间成功创建国家森林城市，成为全省首个获得中国气候宜居市的地级市。江门市“十三五”期间PM2.5年均浓度降至21微克/立方米，危险废物处置能力超过每年55万吨。肇庆市“十三五”期间空气质量从排名全省倒数到改善幅度居全省首位，成功创建国家森林城市。

——人民生活水平稳步提高。珠三角全体居民人均可支配收入54 810元，城乡居民收入差距缩小至2.21∶1。广州市“十三五”期间地方一般公共预算民生支出占比约七成，支出总额比“十二五”期间增长79%；新增城镇就业161.53万人，城镇登记失业率稳定在3.5%以下，广州生源应届高校毕业生就业率连续5年超九成。深圳市“十三五”期间基础教育学位数量增长近30%，高校数量增至15所；新增病床位2.5万张，三甲医院增至22家；新增养老床位4 781张。珠海市“十三五”期间累计投入1 936亿元用于民生支出，养老保险、医疗保险基本实现全覆盖。佛山市“十三五”期间新改扩建幼儿园163所、义务教育阶段学校176所，分别新增学位6.3万、18.9万个。惠州市“十三五”期间建成社区体育公园160个，公共文体设施实现村居全覆盖。东莞市“十三五”期间新增义务教育阶段公办学位12.5万个、病床位6千张、养老床位4千张。中山市“十三五”期间民生支出占比保持在70%以上，全体居民人均可支配收入年均增长6.2%。江门市“十三五”期间累计实现城镇新增就业23.76万人，促进城镇失业人员再就业16.20万人。肇庆市“十三五”期间新增义务教育学位7.2万多个，各县（市、区）实现图书馆、博物馆、文化馆全覆盖。

表 18　2020 年广东省珠三角九市主要经济指标

	地区生产总值		人均地区生产总值		第三产业增加值		地方一般公共预算收入	
	绝对数（亿元）	增长率（%）	绝对数（元）	增长率（%）	绝对数（亿元）	增长率（%）	绝对数（亿元）	增长率（%）
珠三角	89 523.93	2.4	115 459	0.5	52 183.04	2.9	8 496.03	2.6
广州	25 019.11	2.7	135 047	0.6	18 140.64	2.3	1 722.79	1.4
深圳	27 670.24	3.1	159 309	0.2	17 190.44	3.9	3 857.46	2.2
珠海	3 481.94	3.0	145 645	-2.2	1 911.06	4.1	379.13	10.1
佛山	10 816.47	1.6	114 157	0.2	4 557.05	2.0	753.56	3.0
惠州	4 221.79	1.5	70 191	-0.3	1 868.33	1.2	412.25	2.8
东莞	9 650.19	1.1	92 176	0.9	4 426.83	3.5	694.75	3.2
中山	3 151.59	1.5	71 478	-0.1	1 523.25	1.1	287.57	1.5
江门	3 200.95	2.2	66 984	1.1	1 593.24	1.9	264.00	2.8
肇庆	2 311.65	3.0	56 318	2.3	972.19	2.6	124.51	9.0

（二）广州市

1. 概况。

2020 年，广州市地区生产总值 25 019.11 亿元，增长 2.7%。人均地区生产总值 135 047 元，增长 0.6%。三次产业结构调整为 1.2：26.3：72.5。社会消费品零售总额 9 218.66 亿元，下降 3.5%。地方一般公共预算收入 1 722.79亿元，增长 1.4%。外贸进出口总额 9 531.92 亿元，下降 4.7%。规模以上工业增加值 4 544.60 亿元，增长 2.5%。全体居民人均可支配收入 63 289元，增长 5.4%。

2. 优化发展情况。

——动能转换显著加快。高新技术企业增至 1.2 万家，国家科技型中小企业备案入库数连续三年居全国第一。全市研究与试验发展经费投入年均增长15.6%，占地区生产总值比重提高到3.10%；专利、发明专利授权量比2015年分别增长2.9倍、1.3倍。实施广州制造“八大提质工程”，培育发展新一代信息技术、人工智能、生物医药、新能源、新材料等战略性新兴产业。人工智能与数字经济试验区集聚项目240多个，总投资超5 800亿元。“十三五”期间，工业投资年均增长10.2%，比“十二五”期间高3.2个百分点。先进制造业、高技术制造业增加值占规模以上工业增加值比重分别提高到58.2%、15.7%。

——营商环境改革持续推进。2020年，实有市场主体269.67万户，其中企业158.43万户，比2015年分别增长1.03倍、2.01倍。获评2020年全国营商环境标杆城市，政务服务指标排名全国首位，营商环境综合评价居全国城市前列。首创“一窗式”集成服务改革，市级事项“一窗”进驻率超95%，市本级行政许可事项办理时限压缩近九成。市级依申请事项全部实现“最多跑一次”、98%实现“零跑动”。打造“穗好办”政务服务品牌，提供高频服务事项超1 200项。

——对外开放步伐全面提速。“十三五”期间，实际利用外资328.3亿美元，比“十二五”期间增长35.8%。积极参与共建“一带一路”，成功举办《财富》全球论坛、世界航线大会、世界港口大会、海丝博览会、从都国际论坛、“读懂中国”国际会议、中国法治国际论坛等高端国际会议，中国创新创业成果交易会、中国生物产业大会、国际金融论坛等永久落户。白云机场国际旅客中转率25.5%，比2015年提高7.5个百分点。新增驻穗总领馆13家、国际友城25个、国际友好港23个，总数分别达66家、87个、53个。会展业展览场次、展览面积比“十二五”期间分别增长46.1%、5.7%，稳居全国第二，新业态新模式快速发展。

——国际综合交通枢纽地位持续提升。打造国际航空枢纽，白云国际机场第二航站楼、商务航空服务基地建成投入使用，白云国际机场旅客吞吐量居全球第一，港口货物、集装箱吞吐量分别居全球第四、第五位。建设国际航运中心，南沙港区三期、广州港深水航道拓宽工程、南沙国际邮轮母港等建成启用。推进“五主三辅”铁路客运枢纽建设，广深港高铁、穗莞深城际等建成通车，广州南站客流量居全国铁路枢纽站首位。布局“环形 + 放射线”地铁线网，“十三五”期间新增地铁运营里程 265 公里，总数达 531 公里。加快建设“四环十九射”高快速道路网，“十三五”期间新增高快速路 284 公里，比“十二五”期间增长 1.99 倍；新建成北三环二期、南沙大桥等重大项目。

——生态环境质量显著改善。完成燃煤机组、中小型燃煤锅炉、“黄标车”整治，实现公交车纯电动化。PM2.5 浓度降至 23 微克/立方米，空气质量优良天数比例达 90.4%，保持国家中心城市最优。新建污水管网 1.89 万公里，比“十二五”期间增长 13.4 倍。新（扩）建污水处理厂 32 座，污水日处理能力居全国第二。治水取得历史性成效，获评全国黑臭水体治理示范城市，在国家组织的 2 次督查中均获得督查激励。土壤污染保护和修复持续加强，化肥农药使用减量增效。生活垃圾分类实现城乡全覆盖，城镇生活垃圾无害化处理率达 100%。新建生态景观林带 728 公里，新增森林公园 19 个、湿地公园 13 个。人均公园绿地面积 18 平方米，居国内一线城市首位。

——民生福祉显著改善。“十三五”期间，坚持每年办好十件民生实事，民生支出总额比“十二五”期间增长 79%，占地方一般公共预算支出比重保持在七成左右。基本养老保险参保率提高至 98.3%，获评全国居家和社区养老服务改革试点优秀地区。4.68 万名低保对象、6 300 多名低收入困难家庭成员、8 100 多名特困人员、1.7 万名困境儿童基本生活得到有效保障。累计建成保障性安居工程 10.32 万套，发放租赁补贴 5.98 亿元。新增城镇就业 161.53 万人，累计帮扶就业困难人员再就业 50.01 万人，城镇登记失业率稳定在 3.5% 以下。完成学前教育“5080”任务，华南理工大学广州国际校区一期启用，香港科技大学（广州）获批筹建并开工建设。新时代文明实践中心（所、站）实现全市区、镇街、村居全覆盖，连续四届蝉联全国文明城市，连续三年被评为“中国最具幸福感城市”。

3. 推进粤港澳大湾区建设情况。

——共建国际科技创新中心。全省粤港澳联合实验室 20 家中有 10 家落户广州，23 家粤港澳科技企业孵化载体已孵化创业企业（团队）1 257 家，其中港澳创业企业（团队）228家试行科研人员持因私证件出国（境）开展科研活动管理办法，畅通创新资源跨境流动。加快建设香港科技大学（广州），广州大学与澳门大学签署《教育和科技合作备忘录》。

——推进规则机制联通。对港澳职业资格（工种）认可增至32项，32名港澳人士通过中小学教师资格认定。落户首家粤港澳联营律师事务所，批准56名符合条件的港澳居民以律师身份在穗执业，26名港澳医师来穗注册行医，110名港澳人员参加全国执业师资格考试。定向招录5名内地高校毕业的港澳优秀应届生进入公务员队伍，4名港澳青年入职南沙新区产业园开发建设管理局。落实“港人港税、澳人澳税”相关政策，有效降低境外高端紧缺人才税负。

——构建大湾区1小时生活圈。白云机场三期扩建工程开工建设，广州港深水航道扩宽工程全线建成投产，南沙国际邮轮母港开港运营。广汕（尾）等高铁项目顺利推进，深茂铁路深圳至江门段开工建设，广州至珠海（澳门）高铁启动预可研。开通大湾区城际客运公交化线路12条，累计发送旅客14万人次，50公里以下短途客运班线完成公交化改造。

——拓宽现代产业协同合作领域。共建穗港智造合作区和穗港科技合作园。设立广州期货交易所，筹建粤港澳大湾区国际商业银行，先期启动港澳保险内地服务中心建设。印发构建穗港赛马产业经济圈的指导意见。引入港澳会计、法律、咨询等专业服务业，庆盛枢纽作为广州首个试点香港工程建设管理模式项目，持续吸引香港优秀建筑人才参与南沙自贸区开发建设。

——深化三地民生领域融合发展。健全穗港澳新冠肺炎疫情联防联控工作机制，支持港澳医疗防护物资保障，派出19名检验人员赴港支援核酸检测。编制发布港澳青年来穗创新创业补助申报指南，设立总规模10亿元的港澳青年创业基金，支持创美金谷等3个港澳青年项目获得6 000万元低息政策性贷款。粤港澳青年家园总部投入运营，港澳事项服务专窗和12355港澳青年热线服务水平不断提升。累计缔结穗港澳姊妹学校271对，出台港澳居民子女在穗接受义务教育政策，在11所学校开设25个港澳子弟班，招收港澳籍学生600人。

4. 推进区域合作情况。

——强化广深双城联动。印发实施《广州市贯彻落实〈关于支持深圳建设中国特色社会主义先行示范区的若干重大措施〉的行动方案》。举办首届双城联动论坛，开通广深港高铁和穗莞深城际铁路，共建国家、省实验室和综合性国家科学中心。广深共建智能装备、高端医疗器械、智能网联汽车产业集群。加强金融合作，深圳证券交易所广州服务基地正式挂牌。

——推进广佛全域同城化。编制《广佛全域同城化“十四五”发展规划》，佛山经广州至东莞城际项目纳入《粤港澳大湾区城际铁路建设规划》。高标准共建广佛高质量发展融合试验区，推动成立广佛规划委员会，广佛线延伸至沥滘，在建广佛地铁对接线路 2 条，规划线路 15 条。广佛共建先进装备制造、汽车、新一代信息技术、生物医药与健康四个万亿级产业集群，其中装备制造业产业集群总体规模已达 1.3 万亿。

——深化广清一体化。编制《广清一体化“十四五”发展规划》。广清高速改扩建、广清城际一期先后建成，广清城际二期主体工程完成。高质量推进国家城乡融合发展试验区广清接合片区建设。广清经济特别合作区累计引进项目 365 个，计划总投资 1 228 亿元，累计投试产项目 75 个。广清结对学校总数超 200 所，涵盖幼儿园、义务教育、高中教育和职业教育等阶段。

——引领珠江口东西两岸融合发展。南沙大桥建成通车，莲花山通道、狮子洋通道等跨珠江口通道加快开展前期工作，广州地铁集团承接珠三角城际运营工作。加强港口航运合作，与佛山、中山共同投资的南沙港区四期工程进展顺利。协同推进对珠江、西江、北江、东江以及珠江口海域环境的开发保护，广州北江引水工程加快建设。

——“广佛肇 + 清云韶”经济圈协同发展。印发实施《广佛肇清云韶经济圈发展规划》。广佛肇城际、黄榄干线等互联互通项目建成。研究地铁延伸至清远、韶关等地的可行性。不断完善高快速路网，广佛肇高速广佛段建成通车。依托肇庆（高要）汽车零部件产业园、广梅产业园，打造广州国际汽车零部件产业基地拓展区。广州市粤港澳大湾区“菜篮子”工程在佛山、肇庆、清远、云浮、韶关等地建立多个优质农产品供应基地。

5. 中新广州知识城建设情况。

2020年，中新广州知识城地区生产总值增长16%；固定资产投资583亿元，增长50.5%；税收收入134亿元，增长42.5%；实际利用外资15.79亿美元。《中新广州知识城总体发展规划（2020—2035年）》获国务院批复同意，并已形成具体实施方案。积极推进《广东省中新广州知识城条例（草案）》立法工作。

——推进重大项目建设。百度Apollo、创维智能、广电运通等142个项目签约动工，宝洁新智造中心、中国电信创新孵化基地一期、中新智慧产业园一期、奥飞硅谷中心一期等21个项目竣工；百济神州开启商业化生产，诺诚健华、粤芯芯片一期投试产；小鹏汽车、恒瑞、绿叶等重大项目加快建设；5G通信射频滤波器生产线开始运行。

——创新驱动发展。布局2平方公里科教创新园，引入西安电子科技大学、广州大学、广东外语外贸大学、中国社会科学院大学设立研究院，知识城博士后科研工作站获人社部批准设立。知识产权综改试验深入推进，知识产权服务园建设进度过半，知识产权会议及展览中心提前竣工；全年专利授权量突破1 000件，增长30%；首次联合香港贸易发展局举办亚洲知识产权营商论坛主论坛。

——加强城市建设。建成知识城南、北大门，提升开放大道沿线环境景观，打造22公里最美“黄马”赛道，举办首届知识城迎春花市，打通广河高速至知识大道段。知识城南方医院封顶，新加坡南洋华侨中学、广州实验中学加快建设。建设智慧城市，渣土车智慧管控系统完成应用展示。全年新征地约4 561亩，土地收储5 414亩，完成拆迁签约面积约61.55万平方米，征拆资金支付31亿元。

——深化中新合作。组织召开中新联合实施委员会、粤新合作理事会，引入新加坡能源总部基地等12个中新合作项目，中新国际联合研究院永久办公大楼已封顶，新加坡国立大学广州创新研究院项目加快落地。全年新方政府、企业代表到知识城交流10批次共111人次。

（三）深圳市

1. 概况。

2020 年，深圳市地区生产总值 27 670. 24 亿元，增长 3. 1%。人均地区生产总值 159 309 元，增长 0. 2%。全体居民人均可支配收入 64 878 元，增长 3. 8%。规模以上工业增加值 8 565. 79 亿元，增长 2. 0%。社会消费品零售总额 8 664. 83 亿元，下降 5. 2%。地方一般公共预算收入 3 857. 46 亿元，增长 2. 2%。金融机构本外币存款余额 101 897. 31 亿元，增长 21. 4%；金融机构本外币贷款余额 68 020. 54 亿元，增长 14. 4%。

2. 优化发展情况。

——创新体系实现历史性变革。2020 年，全市研究与试验发展经费占地区生产总值达 5. 46%，PCT 国际专利申请量稳居全国城市首位；国家级高新技术企业增至 1. 86 万家，比 2015 年增长 237%，建立起“基础研究 + 技术攻关 + 成果产业化 + 科技金融 + 人才支撑”的全过程创新生态链。大湾区综合性国家科学中心等国家战略科技力量布局深圳，光明科学城等重大创新平台建设稳步推进，新增肿瘤化学基因组学国家重点实验室和首批国家应用数学中心；获批建设国家新一代人工智能创新发展试验区和高性能医疗器械创新中心，5G、无人机、新能源汽车等领域技术创新能力处于全球前列。优化人才政策体系，五年新引进人才 120 万人，在深全职院士增至 61 人，形成人才加速集聚的良好态势。

——改革开放取得重大突破。“十三五”期间，数字政府改革建设成效显著，全面推广掌上政府、指尖服务、刷脸办事，打造“秒批”“秒报”“无感申办”等系列品牌，“i 深圳”实名注册用户数突破 1 400 万。营商环境改革深入推进，入选国家首批营商环境创新试点城市行列，主动对标世界银行评价指标体系，提升市场主体办事便利化水平，企业开办相关流程大幅压缩。科技供给侧结构性改革、国资国企改革、创业板改革并试点注册制、住房制度改革等领域取得显著成效。开放型经济水平持续提升，一般贸易进出口比重从41%提高到49%，对“一带一路”沿线国家进出口总额增长49%，五年实际利用外资383亿美元；深港澳合作更加紧密，“湾区通”工程深入实施，广深港高铁、莲塘/香园围口岸建成使用。

——现代化城市功能品质大幅提升。“十三五”期间，全市域高质量一体化发展加速推进，“二线关”15个关口全部拆除，深汕特别合作区探索“飞地”发展模式初见成效。深圳湾超级总部基地等重点区域建设全面提速，国际会展中心、平安金融中心等城市新地标拔地而起。现代化交通基础设施更加完善，地铁运营在建总里程达231公里、总里程增至411公里，港口集装箱吞吐量达2 655万标箱，机场旅客吞吐量突破5 000万人次，机场三跑道、深中通道、深汕高铁等重大工程开工建设，穗深城际、坂银通道等项目建成通车。国土空间提质增效取得重大突破，盘活存量低效土地93平方公里。大力推进“厕所革命”和生活垃圾分类，城中村面貌和治理水平显著提升。

——三大攻坚战取得重大成果。“十三五”期间，坚决打赢污染防治攻坚战，PM2.5年均浓度降至19微克/立方米，空气质量优良天数比例达97.0%；获批国家可持续发展议程创新示范区和全国生态文明建设示范市；新建污水管网6 460公里，新增污水日处理能力280万吨、累计达760万吨，率先实现全市域消除黑臭水体，水环境实现历史性好转。积极防范化解重大风险，全部清退在营P2P网贷机构，实施支持民营经济发展“四个千亿”计划，稳妥化解上市公司股权质押风险，政府负债率处于全国最低水平。全面完成对口帮扶任务，助力9省54县（区、市）204万贫困人口全部脱贫，建成广西百色深圳小镇、喀什大学新校区等一大批项目。

——民生社会事业显著进步。“十三五”期间，九大类民生支出占一般公共预算支出比重达68%。就业形势总体稳定，实施创业带动就业系列政策，五年新增就业64.6万人。教育事业超常规发展，五年新增基础教育学位39.1万个，哈尔滨工业大学（深圳）、深圳技术大学等高校获批设立，高校数量增至15所，4所高校进入广东省高水平大学行列。医疗卫生事业快速发展，五年三甲医院新增12家，新增病床位2.5万张，引进中国医学科学院肿瘤医院、阜外医院等一批高水平医院。落实“房住不炒”要求，构建新的住房供应保障体系，建设筹集公共住房44万套。社会保障水平不断提升，最低生活保障标准位居全国第一，最低工资标准、企业职工基本养老金水平均居全国城市前列，市民群众幸福感持续增强。

3. 推进区域合作情况。

——推动广州、深圳共同发展。2020年，广州、深圳成功举办首届广深“双城联动”论坛，共同签署深化战略合作框架协议和科技创新、营商环境、基础设施、生物医药产业、智能装备产业、智能网联汽车、自贸区“1+7”等细分领域合作协议。建立高效的合作机制，谋划推动首批27个重点合作项目，其中16个已完成，有力推动科技评审专家共享机制完善、知识产权合作、共建国际综合航空枢纽等重点事项。积极加强重点平台联动对接，推动前海自贸区与南沙新区、广州开发区等重点平台联动对接。广深两市联合参加工业和信息化产业集群竞赛并在决赛中胜出，共同打造高端医疗器械、智能装备等领域世界级先进制造业集群。科技创新对接合作扎实推进，共同出资成立粤联基金，人工智能与数字经济省实验室按“两点布局”模式实现广深联合共建，鹏城实验室等重要平台与广州高校、实验室建立互访交流机制。携手共建大湾区国际化综合交通枢纽，首条广深间城际铁路穗莞深城际通车运行，广深铁路实现公交化运营，广深港高铁实现广深30分钟互达，广汕铁路、深中通道、深茂铁路、珠江口隧道加快建设。

——加快构建深圳、汕头“核+副中心”深度协作格局。深圳、汕头共同起草深度协作框架协议，推动在区域协同、基础设施、创新产业、社会民生、人才交流五个方面加强协作。深汕两市部门间常态化沟通交流，前海管理局、深圳市科创委分别与华侨试验区、汕头高新区签署深度协作框架协议。深圳市属国企积极开展园区建设等项目前期研究，宝能在汕头建设食品深加工产业园项目，立讯精密在汕头澄海建设高端精密制造工业园区，深圳精茂电子商务公司参与深圳汕头协同创新科技园建设。利用深圳工业设计优势，深圳市工业设计行业协会、深圳服装行业协会积极加强与汕头工业设计行业协会、汕头内衣行业协会对接交流，赋能汕头玩具制造等传统产业加快转型升级。

——积极推动珠江东西两岸融合发展。依托深中通道建设，在基础设施、产业体系、城市功能、公共服务等方面加强与中山、珠海等珠江西岸城市合作，推动深圳企业参与中山翠亨新区、江门高新区、肇庆新区等平台建设。谋划建设深圳—中山产业拓展走廊，推动珠江口东西两岸制造业优势互补，提升现代服务业向西岸辐射水平，加强珠江东岸电子信息产业集群与珠江口西岸高端产业集聚发展区的协调联动。谋划与粤港澳大湾区“珠—澳”极点合作互动，推动前海与横琴等国家级平台的交流互动，以深圳—珠海—澳门优势互补共建区域产业，在集成电路、数字经济、海洋经济、特色金融、跨境贸易等细分领域进行深度合作。

——用心做好对口帮扶河源、汕尾工作。2020 年深圳市级安排财政资金分别支持河源 5. 92 亿元、汕尾 11. 12 亿元，帮扶河源、汕尾市新引进超亿元工业项目 28 个，助推 324 个省定相对贫困村、21 968 户贫困户、78 898 名贫困人口脱贫出列，高质量完成省内对口帮扶任务。河源一批特色优势产品纳入“圳品”工程，广东技术师范大学河源校区正式开学，南山河源高新区产业园、河源电厂二期、巴伐利亚庄园二期、春沐源等一批重大项目持续推进。不断加强对口帮扶汕尾力度，汕尾市“1 + 4”产业园区累计引进产业项目 237 个，总投资 1 136. 80 亿元，其中来源于深圳的项目 154 个，引进华润电厂、信利、陆河比亚迪等一批产值规模超 10 亿元项目落户汕尾。支持建设深汕中心医院、深汕中医院、汕尾理工学院等重大民生工程，着力补齐汕尾医疗教育短板。

4. 深汕特别合作区建设情况。

2020 年，深汕特别合作区地区生产总值突破 50 亿元；规模以上工业增加值 26. 24 亿元；固定资产投资增长 37. 4%，增速居全市首位；社会消费品零售总额 28. 16 亿元，完成全年目标的 176%；地方一般公共预算收入 4. 23 亿元，完成全年目标的 110%。

——新城雏形加速呈现。全面启动 50 平方公里中心区建设，同步开工深汕高中园、临邦里保障房等 10 个重点项目。同步规划、分步实施 116 条道路，建成通车 28 条。加速推进广汕铁路、深汕高铁建设，稳步推进深汕第二高速、深汕西高速改扩建项目。加快建设重大水利工程，小漠渔港出海口海堤修复完成，泗马岭水库、窑陂水库除险加固基本完成。

——现代产业体系加快构建。重点建设“一区一镇一港一网”，推动深汕湾机器人小镇、工业互联网制造业创新基地加快建设，已供地产业项目 96 个，计划总投资超过 528 亿元。制定支持产业发展若干措施，创新成立重点片区重大项目重要工程前期规划建设统筹中心。开展“行政审批攻坚月”行动，解决事项 265 次。设立深汕望鹏引导基金，成立企业服务署和工业经济运行工作专班，推动首支 5 000 万元产业子基金和 11 家银行落地合作区。

——高质量完成脱贫攻坚和乡村振兴考核任务。大力实施乡村振兴“345—187”工程，打造具有深圳标准、体现深汕特色的“都市乡村”“田园城市”。紧盯“两不愁三保障”，实现建档立卡贫困户 825 户、贫困人口2 501 人、5 个省定贫困村全部脱贫出列。成立区农业农村和海洋渔业局，建立“三农”及海洋渔业工作专职队伍。高标准开展“八村示范、全区整治”，完成 111 个村“三清三拆三整治”工作，硬化“村村通”道路 131 公里，改造公厕 83 个，完成“村村通”自来水管网改造，保证 111 个自然村集中供水。

——群众幸福指数和生活品质持续提升。教育基础更趋坚实，深圳南山外国语学校深汕西中心学校正式开学，与深圳职业技术学院、深圳信息职业技术学院签订战略合作框架协议。医疗卫生服务能力不断提升，北京大学深圳医院深汕门诊部正式运营，深汕人民医院开工建设，四镇卫生院进行改造升级。社会保障水平持续提升，成立社会事务服务中心（婚姻登记处）和劳动人事争议仲裁机构；全年供应公共住房 994 套，开展 307 户贫困户危房改造，为退役军人提供 440 个就业安置岗位。

（四）珠海市

1. 概况。

2020 年，珠海市地区生产总值 3 481. 94 亿元，增长 3. 0%。其中，第一产业增加值 60. 02 亿元，增长 1. 6%；第二产业增加值 1 510. 86 亿元，增长

1.8%；第三产业增加值 1 911.06 亿元，增长 4.1%。人均地区生产总值 145 645 元，下降 2.2%。规模以上工业增加值1 190.66亿元，增长 1.4%。社会消费品零售总额 921.26 亿元，下降 7.5%。地方一般公共预算收入 379.13 亿元，增长 10.1%。全体居民人均可支配收入 55 936 元，增长 6.6%。

2. 优化发展情况。

——深入实施创新驱动发展战略。2020 年，全市研发经费支出占地区生产总值比重提高到 3.26%，每万人口发明专利拥有量提高到 91.5 件，高新技术企业增至 2 200 余家。“十三五”期间，积极参与“两点两廊”建设，涌现出世界最大两栖飞机 AG600 等一批创新成果，中山大学“天琴计划”、南方海洋科学与工程省实验室（珠海）、国家新能源汽车质检中心在珠海布局，高新区获评全国大众创业万众创新示范基地。深入落实“珠海英才计划”，2020 年新引进人才 5.6 万名、创新创业团队 22 个；新建国家级博士后科研工作站 2 家、粤港澳联合实验室 2 家。

——加快构建现代产业体系。2020 年，先进制造业、高技术制造业增加值占规模以上工业增加值比重分别提升至 60.1%、31.3%，现代服务业增加值占地区生产总值比重提升至 36.9%。“十三五”期间，出台扶持实体经济发展“1 + N”等系列政策措施，实施工业企业培育“十百千计划”，加快构建五大千亿级产业集群。2020 年，全市新增省级智能制造示范项目 18 个，47 家企业入选全省制造业 500 强；开工建设格力电器高栏产业园、斗门智能制造产业园、富山产业园 PCB 基地；出台支持集成电路等产业发展的政策措施，生物医药产业集群入选国家战略性新兴产业集群发展工程，中国绿色新材料（珠海）产业园揭牌。

——积极建设综合交通体系。2020 年，珠海至肇庆高铁、广州至珠海（澳门）高铁、南沙至珠海（中山）城际等项目纳入粤港澳大湾区（城际）铁路规划，广珠城际跨线列车增至 13 对，市区至珠海机场城际轨道一期开通运营；黄茅海跨海通道、珠海隧道、香海大桥西延线先行段开工建设，洪鹤大桥等项目建成通车。“十三五”期间，珠海机场客流量突破千万人次，莲洲通用机场建成，港珠澳大桥及口岸正式开通，高栏港货物吞吐量突破亿吨大关。一批横跨东西、纵贯南北的市内通道建成通车，公共汽车全部实现电动化。

——持续推进改革开放。持续深化“放管服”改革，全面实施“网上办”“指尖办”“一次办”，企业开办实现“一网通办”、一天办结。截至2020年底，商事主体总数达37.4万户，增长4.8%；市属国企重组整合为12家，国有企业“以投促引”产业项目150余个，横琴自贸片区新落地60项改革创新成果。实施营商环境综合改革行动，全面铺开政务服务“全城通办”，顺利完成政府机构改革。开放水平进一步提升，“十三五”期间，新增外商投资企业9 895家，累计实际利用外资达121.40亿美元；成功举办中国国际航空航天博览会、中国—拉美企业家高峰会、中国国际马戏节、“21世纪海上丝绸之路”国际传播论坛等活动。

——深入推进城乡发展。持续提升城市功能品质。2020年，建成7个市政特色公园和18个城乡社区公园，新增33公里健康步道、46公里林荫道、32公里碧道，新建人行立体过街设施15座、公共停车位8 000个，新增43公里市政燃气管道，西部生态新城起步区46条新建道路通车，13个公共服务设施基本完工。全面完成“三清三拆三整治”，村居全部达到干净整洁村标准，农村生活垃圾分类“莲洲模式”在全国推广；推进建设“四好农村路”，完成提档升级91公里、“白改黑”58公里。“十三五”期间，荣获国家生态园林城市、生态文明建设示范市、全国文明城市称号，连续获评中国最具幸福感城市。

——不断增进民生福祉。坚持保障和改善民生，全市“十三五”期间累计投入1 936亿元用于民生支出，其中，2020全年民生支出461亿元，增长5.7%。优先稳就业保民生，出台“促进就业十条”2.0版，城镇新增就业3.8万人；深入实施“粤菜师傅”“广东技工”“南粤家政”工程，适岗培训超36万人；扩大社保覆盖面，社会保险参保人次增长6.9%。增加优质公共服务供给，全年新增公办幼儿园37所，新建和改扩建中小学10所，中山大学珠海校区等高校加快发展；新增公立医院床位1 567张，开工建设市人民医院北二区科研综合楼主体工程、广州医科大学附属第一医院横琴医院；市区镇村四级公共文化服务设施、社区体育公园实现全覆盖。

3. 推进粤港澳大湾区建设情况。

——加快推进珠江口西岸都市圈建设。产业合作进一步加深，规划建设粤港澳大湾区（珠西）高端产业集聚发展区；规划建设珠海—江门大型产业园区，建立珠海、江门两市工作联动机制，加快编制珠海—江门大型产业园区规划建设方案；珠江西岸先进装备制造产业带建设取得进展，一批新兴企业发展成为装备制造细分领域领头羊。基础设施均衡通达程度提升，黄茅海通道开工建设，珠海至肇庆高铁（江门至珠海段）、广州至珠海（澳门）高铁、南沙至珠海（中山）城际等项目纳入粤港澳大湾区（城际）铁路建设规划。配合省编制珠江口西岸都市圈发展规划，进一步夯实珠海珠江口西岸核心城市定位。

——主动加强与广深合作。谋划建设深珠合作示范区，开展深珠合作示范区建设课题研究。对标学习协同推进改革创新，推进立法协同工作，与深圳、广州建立立法工作沟通联络机制，促进横琴与前海、南沙协同创新。加速资源要素流动，加快推进伶仃洋（深珠）通道前期工作，推动深中通道珠海连接线交通路网建设，加快推进金琴快线北延线建设，开通横琴至深圳蛇口航线，与深圳合作推动小蜘洲岛旅游开发。推动产业合作发展，深化港口合作互动，探索与广州合作建设珠江流域江海联运网络，开通南沙至高栏“沿海穿巴”服务；与深圳、广州商务部门、商会组织加强合作，共同参加国内外重要商务活动；粤澳合作中医药产业园引入广药集团；推进与广深各类金融机构按规定互设经营机构。

——珠澳合作取得重要进展。“十三五”期间，跨境办公、跨境通勤、跨境医保、跨境创业等创新举措深入实施，粤澳合作产业园、粤澳合作中医药科技产业园、横琴澳门青年创业谷等平台的集聚效应不断显现。横琴成为内地澳企最集中区域，累计注册澳资企业 3 575 家。横琴国际休闲旅游岛获批建设，粤澳跨境金融合作（珠海）示范区挂牌，外商投资股权投资企业试点落地。跨境政务服务达 338 项。对澳供水供电供气新项目完工。

4. 珠海西部生态新区规划建设情况。

——产业发展规模持续壮大。2020 年，珠海西部生态新区规模以上工业增加值 613. 75 亿元，比 2015 年增长 19. 7%；先进制造业增加值占地区生产总值比重 28. 1%；累计引入企业 301 家。先进制造业实力不断增强，新区集聚了三一海洋重工等一批船舶与海洋工程装备制造企业，云洲智能等一大批本地培育的智能制造企业茁壮成长。现代服务业体系不断完善，以广丰物流为龙头的现代物流产业发展迅猛，希尔顿等四星级标准酒店在建或评定达标。生态农业成效不断提升，开工建设岭南大地田园综合体、现代化生猪养殖场项目。

——科技创新加快发展。2020 年，新区拥有高新技术企业 647 家，高技术制造业增加值占规模以上工业增加值比重为 30. 5%。新区拥有国家、省、市级工程技术研究中心 187 家，国家、省、市级技术中心 249 家。冠宇电池成功晋级独角兽企业，中力新能源、精实测控两家企业成功入选 2020 年度珠海市独角兽企业培育在库企业，钧兴机电“新能源汽车齿轮箱项目”获得 2020 年广东省重点领域研发项目立项。

——综合交通体系逐步形成。珠海机场客运吞吐量由 2015 年的 471 万人增长到 2020 年的 733 万人；珠海港高栏港区 2020 年完成货物吞吐量 1. 21 亿吨，集装箱吞吐量 142 万标箱。截至 2020 年底，公路通车里程达 1 239. 24 公里，比 2015 年增长 13. 8%；其中，高速公路 123. 73 公里，比 2015 年增长 11. 4%。洪鹤大桥、黄杨河大桥及鹤港高速（江珠高速至机场东路段）已建成通车；香海大桥同步推进主线段和支线段建设工程，珠海大道扩建和珠海隧道工程稳步推进。

——城市建设加快推进。截至 2020 年底，新区城市公园绿地面积达 18. 3 平方公里，森林覆盖率 25. 89%。基本实现了市民出门 300 米见绿、500 米见园，5 公里可达综合公园，10 公里可达森林郊野公园。新区海绵城市建设试点面积 30. 9 平方公里，试点带动，统筹推进海绵城市建设。运用海绵城市技术手段推进河道生态岸线修复，构建蓝绿交织的雨洪蓄滞与净化体系，生态岸线恢复率超过 96%。

——环境保护机制加快健全。坚决打赢蓝天保卫战，省、市级重点 VOCs（挥发性有机物）企业“一企一策”综合整治完成率均为 100%。水环境质量稳中向好，黄杨河（尖峰大桥国考断面）、虎跳门水道稳定达到Ⅱ类水标准；8 条黑臭水体全面消除，并达到“长制久清”。建立经营性土地出让风险联防制度，落实土壤污染状况调查评估、风险控制和治理修复等制度。绿道网及生态廊道进展顺利，建成三灶湾海堤、二号主排河等碧道 16.4 公里。

（五）佛山市

1. 概况。

2020 年，佛山市地区生产总值 10 816.47 亿元，增长 1.6%。人均地区生产总值 114 157 元，与上年大致持平。三次产业结构调整为 1.5∶56.4∶42.1。规模以上工业增加值 4 650.46 亿元，增长 2.2%。社会消费品零售总额 3 289.09 亿元，下降 10.8%。地方一般公共预算收入 753.56 亿元，增长 3.0%。外贸进出口总额 5 060.42 亿元，增长 4.8%。全体居民人均可支配收入 56 245 元，增长 4.1%。金融机构本外币存款余额、贷款余额分别为 19 161.40 亿元、14 507.62 亿元，分别增长 13.1%、19.2%。

2. 优化发展情况。

——科技创新能力持续提升。国家创新型城市建设全面推进，全市研究与试验发展经费占地区生产总值比重提升至 2.67%。“十三五”期间，国家高新技术企业从 717 家增加到 5 718 家，规模以上工业企业研发机构建有率从 14% 提高到 56%。季华实验室一期投入使用，集聚科研人员近 1 000 人。“2 +2 +4”产业集群建设成效突出，装备制造、泛家居产业规模突破万亿元，机器人、新能源汽车、生物医药等战略性新兴产业茁壮成长。推动制造业数字化转型，培育工业互联网标杆示范项目 33 个，省级以上“两化”融合管理体系贯标试点企业达 173 家。

——重点领域改革攻坚克难。营商环境综合改革持续深化，政务服务“一网一门一次”改革深入推进，获批国家政务服务标准化试点，94% 的政务服务事项“最多跑一次”，审批时间平均压减95%。国资国企改革稳步推进，90%以上国有资本向关系国计民生的优势企业集中。要素市场化改革蹄疾步稳，中央农村土地制度改革试点、“三块地”改革试点、全国农村集体产权改革试点成效突出。完成地方机构改革，“强市、活区、实镇”改革成效明显。

——开放合作打开新局面。构建“香港+佛山”“澳门+佛山”合作机制，建立佛港澳青年三大交流合作基地，开通直达香港高铁，粤港澳合作高端服务示范区纳入大湾区特色合作平台。务实推进泛珠区域合作，携手共建粤桂黔滇高铁经济带。全方位扩大对外开放，获批国家级跨境电商综合试验区和市场采购贸易方式试点。积极参与“一带一路”建设，实际利用外资52.83亿美元，对外直接投资64.70亿美元。发起成立中德工业城市联盟，参与城市达47个。

——城市品牌形象优化提升。实施城市更新三年行动，整理村级工业园土地15.1万亩。开展“百里芳华”乡村振兴示范带和60个市级示范村建设，南庄镇、紫南村、仙涌村获评全国乡村治理示范乡镇（村）。全面打响村级工业园改造攻坚战，完成土地整理10.4万亩，为年度计划的161%。城镇老旧小区改造全面铺开，124个老旧小区开工，涉及改造面积610.7万平方米、改造户数5.12万户。蝉联全国文明城市称号，获评新一线城市、中国最具幸福感城市、中国宜居宜业城市等荣誉。

——民生福祉不断增进。“十三五”期间，财政民生支出累计3 055.46亿元，占地方一般公共预算支出的72.4%。城镇新增就业42.5万人，城镇登记失业率保持在3%以下。企业退休人员基本养老金、城乡居民基础养老金、最低生活保障标准较2015年分别提高28.0%、93.5%、83.1%。养老床位增长44.1%，解决5.83万个家庭住房困难问题。完成学前教育“5080”计划，新（改、扩）建幼儿园163所，新增学位6.3万个。推进发热门诊规范化建设，加强疫苗监管和接种管理，市妇女儿童医院全面启用，公共卫生和医疗服务体系更加完善。

3. 推进粤港澳大湾区建设情况。

——全力支持深圳建设先行示范区。积极推动“深圳创新+佛山产业”，印发实施《关于支持深圳建设中国特色社会主义先行示范区的行动方案》，全方位加强与深圳的对接合作。加快建设顺深产业城，主动承接深圳电子信息、装备制造、新能源、新材料等产业溢出。前往深圳举办招商推介会、双城协同创新发展大会等活动，签约一批合作项目。加快对接深中通道、南沙大桥等，推动一环南线东延高速、佛山至中山高速、广珠西线高速对接中山东部外环高速规划建设，加速形成1小时经济圈。

——协同建设国际科创中心。印发《佛山市促进科技创新推动高质量发展若干政策措施》，在推动大湾区区域协同、人才集聚、基础研究、企业创新等方面提出系列突破性措施。组建广东省基础研究基金佛山市联合基金，佛山首批获立项青年基金项目168项。2020年佛山累计引进大院大所合作组建创新载体总数达100家，成功引进佛山病原微生物研究院、香港科技大学（佛山）科技成果转化中心等平台，季华实验室二期、仙湖实验室等重大创新平台载体建设加快推进。

——持续改善港澳居民发展便利性。推行港澳台居民居住证办理时间减半服务，从受理到发放证件由20个工作日压减到10个工作日。依法保障港澳人士参保权益，符合条件的港澳居民可参加佛山市基本医疗保险并享受与市民同等待遇。支持港澳青年创新创业，佛山工合空间累计进驻团队30个，其中港澳团队12个。连续举办五届佛山市青年创新创业大赛，定期举办佛港澳青年创新创业峰会等活动，持续开展香港学生暑期实习计划。

——携手推进湾区规则衔接。组建一类口岸“佛山港”，推动顺德新港建设成为深圳蛇口港“组合港”，实现“大船直航”。积极推进“智慧旅检”“智慧码头”建设，大大提升口岸通关效率。推动标准、检验互认互证，参与国际、国家、行业标准制（修）订共120项，推动104家企业对标国际标准。支持港澳地区机构投资者在佛山开展合格境外有限合伙人（QFLP）股权投资业务试点，参与境内私募股权投资基金和创投基金投资。

——谋划建设重大平台项目。《佛山三龙湾高端创新集聚区发展总体规划》《佛山顺德粤港澳协同发展合作区实施方案》印发实施，编制《粤港澳大湾区影视合作示范区实施方案》《佛山南海粤港澳合作高端服务示范区实施方案》。制定佛山市推进粤港澳大湾区建设工作要点，明确推进大湾区建设的重点任务和责任分工。2020 年全市推进粤港澳大湾区 427 个重点项目进展顺利，实际完成投资 1 425 亿元，完成年度计划投资的 108%。

4. 加快广佛全域同城化发展情况。

——坚持高位推动科学谋划。召开 2020 年度广佛全域同城化党政联席会议和市长联席会议，全面部署广佛同城化工作，协调推进两市重点合作事项。制订《佛山市推进广佛同城化建设 2020 年度重点工作计划》，明确包括规划、交通、环保、公共服务等多个领域的 52 项工作任务。印发实施《广佛肇清云韶经济圈发展规划》，高标准开展《广佛全域同城化“十四五”发展规划》编制工作，配合编制《广州都市圈发展规划》，强化广佛核心区辐射带动作用。

——共建广佛高质量发展融合试验区。印发实施《“1 +4”广佛高质量发展融合试验区建设总体规划》，指导广佛两市相关区域国土空间规划编制和建设工作。编制《广佛高质量发展融合试验区建设方案》，高质量推进试验区建设。加快先导区建设，基本完成先导区建设方案编制工作，标志性项目广佛荟正在开展设计方案国际招标比选。

——加速基础设施互联互通。编制完成《广佛两市轨道交通系统一体化规划》，印发实施《广佛两市道路衔接规划修编》。南沙港铁路主体结构基本完成，佛山经广州至东莞城际正式获批，广州地铁 7 号线西延顺德段正式铺轨，佛山市城市轨道交通 2 号线一期 16 座车站主体结构已封顶，广佛环线（佛山西站至广州北站段）纳入近期建设。海华大桥，广佛肇高速、番海大桥先后建成通车，广佛大桥系统工程（一期）（即原大坦沙大桥）正式动工。

——促进现代产业协作互补。印发实施共建先进装备制造、汽车、新一代信息技术、生物医药与健康四个万亿级产业集群工作方案。合作成立超高清视频和智能家电产业集群建设工作领导小组，加强各项工作的统筹力度。2020 年，佛山与广州、深圳、东莞共同以智能装备产业集群申报第二批国家制造业集群；广佛同城全球联合招商机制启动大会在广州举行并签署了《关于建立广佛同城全球联合招商工作机制的战略合作框架协议》。

——加强区域创新协同发展。印发实施《关于推进广佛科技创新合作的工作方案》，积极打造粤港澳大湾区创新开放高地。2020年佛山市开展合作项目超过300个，其中广州高校、科研院所参与的超100个，共有15家广州企事业单位参与佛山重点领域科技攻关项目。成立华南理工大学—佛山成果转化工作站，促成华南理工大学与佛山企业达成技术合作77项。改革科技创新券使用管理，共有23家广州市服务机构成为佛山市备案的科技创新券服务机构。

——强化生态环境共保共治。加大广佛跨界河涌保护力度，114条城乡黑臭水体已全部消除黑臭，水环境质量为“十三五”期间同期最好。开展大气污染联防联治，全市空气质量综合指数3.35，PM10、PM2.5、二氧化硫、二氧化氮、一氧化碳浓度均达到自2012年颁布新监测标准以来的最优水平。加强水环境监测数据交换，严查交界区域的环境违法行为，2020年广佛两市合作开展联合执法行动8次，以执法倒逼企业提升污染治理水平。

——推进公共服务共建共享。广州、佛山等11个地市共同推进政务服务“跨城通办”工作，以“市民之窗”自助服务终端设备为载体，建立24小时全天候跨城服务模式，广佛首家共建图书馆——南海天河城“智能文化家”投入运营。面对突发新冠肺炎疫情，两市迅速签署了《深化广佛同心共抗疫情合作备忘录》，互相支持重要防疫物资，及时通报疫情信息，协同推进上下游产业链企业复工复产。

5. 佛山中德工业服务区建设情况。

——大力推进产业发展与招商引资。一是大力发展战略性新兴产业。重点推进智能制造、科技研发、数字经济等产业发展，自挂牌以来已签约29个产业项目，计划总投资为449.44亿元，包括库卡、飞利浦、富士康等重点项目。二是对德对欧工作不断取得新突破。中德工业城市联盟影响力进一步扩大，成员城市扩容到47个（其中中方27个，德方20个）。三是开展系列品牌活动提升营商环境。三龙湾获评“2020中国十大最具投资价值园区”，区位价值进一步凸显。四是着力构建“会展+”生态体系。出台《佛山中德工业服务区（三龙湾）管理委员会促进潭洲国际会展中心招展办会资金扶持办法》，推动潭洲国际会展中心打造“中国工业会展第一馆”。

——稳步推进基础设施建设。一是落实规划统筹。做好三类专项规划和项目编制工作，包括总体规划、专项规划和技术标准、项目建设规划和方案类。二是推进重点项目建设。统筹推进跨区跨镇道路等项目，通过制定出台《三龙湾统筹重点建设项目管理办法（试行）》及实施细则，建立重点建设项目储备库，加大对三龙湾重点建设项目的统筹力度。2020 年，共安排重点建设引导资金 2.41 亿元。三是加快推进基础设施建设。成立以来，三龙湾共打通道路 32 条，内联外通交通路网加快成型。医疗、教育等公共服务资源加速布局，佛山 LEH 国际学校对外招生，市妇女儿童医院新城院区整体投入使用。

——持续推动中德交流合作。组织多家佛山企业赴德（欧）交流对接，有效促进佛山企业“走出去”，加强与德国（欧洲）的交流合作。在佛山举办多项经贸交流活动，组织德方成员城市的行业商协会以及教育、文化、体育等民生领域的团体到佛山考察。

（六）惠州市

1. 概况。

2020 年，惠州市地区生产总值 4 221.79 亿元，增长 1.5%。三次产业结构调整为 5.2：50.6：44.2。人均地区生产总值 70 191 元，下降 0.3%。规模以上工业增加值 1 689.86 亿元，增长 1.1%。社会消费品零售总额 1 746.08 亿元，下降 9.3%。地方一般公共预算收入 412.25 亿元，增长 2.8%。全体居民人均可支配收入 39 745 元，增长 7.0%。

2. 优化发展情况。

——创新能力不断增强。“十三五”末，全市研究与试验发展经费支出占地区生产总值比重达 3.00%，比“十二五”末提高 0.97 个百分点；国家高新技术企业达1 628家，比“十二五”末增加 1 373 家。截至 2020 年底，全市万人发明专利拥有量达 17.76 件。“十三五”期间，深入实施创新驱动发展战略，仲恺高新区升格为国家级“双创”示范基地，珠三角（惠州）国家自主创新示范区、稔平半岛能源科技岛、先进能源科学与技术广东省实验室等重大创新平台建设取得新进展。加速器驱动嬗变研究装置、强流重离子加速器装置启动建设。

——产业提质增效步伐加快。石化能源新材料产业实现重大突破，2020年，埃克森美孚惠州乙烯项目动工建设，中海壳牌惠州三期乙烯项目有序推进；太平岭核电 2×120 万千瓦一期工程正式开工，重件码头等配套工程全面推进；高标准规划建设惠州新材料产业园，积极拓展石化产业发展空间。电子信息产业高速发展，粤港澳大湾区（惠州）数据产业园引进中国移动等6个数据中心项目，慧聪慧湾新一代信息技术产业港等项目动工建设，TCL 电子智能显示终端项目一期等投产。大力培育发展生命健康产业，2020年出台《惠州市促进中医药传承创新发展的实施方案》。

——改革开放持续深化。推进营商环境优化提升，商事登记“全程网办”全面推广，截至2020年底，全市实有市场主体69.95万户。“数字政府”改革建设第三方评估跃升至全省第五，“惠服务”实现1 021个“一件事”线上导办、158个“智惠批”无人干预审批、788个免证办事项。“粤省事”惠州专版上线本地特色事项57项、全省可办事项累计746项，市县级行政审批事项99.7%，实现“一窗”分类受理。对外开放取得新进展，2020年成功获批全国跨境电商综合试验区城市，首个跨境电商分拣清关中心启用并开通 B2B 业务，新设立外资企业421家，实际利用外资55.67亿元。

——基础设施日臻完善。2020年，建成各类道路534公里，其中，高速公路96公里、市政道路139公里、国省道改扩建66公里。河惠莞等高速公路建成通车，韶新高速、韶惠高速惠州段以及深汕西高速改扩建工程进展顺利。赣深铁路、广汕铁路惠州段加快建设，惠州北站动工建设。“十三五”期间，完成惠州机场扩容扩建工程，开通47条航线、通航40个城市，旅客吞吐量跻身全国百强第55位；新投产6个万吨级以上泊位，港口货物吞吐量提高到9 700万吨，惠州港国际集装箱码头等一批现代化码头建成投产。

——生态文明建设成效明显。“十三五”期间，聚力打好打赢蓝天保卫、碧水攻坚、净土防御三大战役，15 个国省考断面水质 100% 达标，东江水质和近岸海域水质保持优良，城市建成区 27 条黑臭水体实现“长制久清”，空气质量优良率稳居全国 168 个重点监测城市前 10 位，城镇生活垃圾无害化处理率达 100%。完成造林与生态修复 60 万亩，森林覆盖率达 61.61%，市区绿地率达 39.7%。获评全国首批国家生态文明建设示范市，成功创建全国水生态文明城市。

——民生福祉持续增进。2020 年全市民生支出占地方一般公共预算支出达 70.1%。全体居民人均可支配收入年均增长 9.5%。教育水平不断改善，2020 年新增幼儿园 70 所，超额完成学前教育“5080”攻坚任务；新增义务教育公办学位 2.78 万个、普通高中学位 5 000 个。医疗水平不断提升，市中心人民医院仲恺院区、市第一人民医院扩建工程建成启用，惠东、博罗、龙门紧密型县域医疗服务共同体全部挂牌运作，县域内住院率提高到 80%，药价综合下降 14%。公共文体设施实现村居全覆盖，“十三五”期间建成社区体育公园 160 个。

3. 推进粤港澳大湾区建设情况。

——全力支持深圳建设先行示范区取得积极进展。加快推动深莞惠联动发展，积极参与深圳都市圈发展规划编制工作。全市 7 个县（区）至少有一条高速公路通往深圳，深惠两市开通跨市公交班线 21 条，惠阳、大亚湾与深圳形成半小时经济生活圈。建立深莞惠河汕五市环保合作机制，与深圳协同实施大气、水污染联防联治，淡水河、潼湖流域污染整治效果得到省人大的高度肯定。与深莞汕签署“跨城通办”协议，实现 30 个事项全程网办和 70 个事项一体机自助办理。

——宜居宜业宜游优质生活圈建设有序推进。全面落实惠港惠澳政策，粤港澳大湾区个人所得税优惠政策落地实施，仲恺港澳青年创业基地共引进企业 22 家。简化港澳居民在惠购房管理方式，产权登记办理流程更便捷。粤港澳大湾区绿色农产品生产供应基地一期项目动工建设，罗浮山古道，惠州飞鹅岭东征游径等 2 条游径入选第一批广东省粤港澳大湾区文化遗产游径。

4. 县域经济发展情况。

惠州全市陆地面积1.13万平方公里，海域面积4 520平方公里，海岸线长281.40公里。现辖惠城区、惠阳区、惠东县、博罗县、龙门县5个县区，惠东、博罗、龙门3个县总土地面积8 649平方公里，占全市总面积的76.2%。2020年，全市县域地区生产总值1 392.46亿元，占全市地区生产总值的33.0%。

表19 2020年惠州市县域经济发展情况

地区	地区生产总值（亿元）	社会消费品零售总额（亿元）	地方一般公共预算收入（亿元）	三次产业结构
惠东县	607.62	363.34	29.31	10.2：34.8：55.0
博罗县	619.04	285.15	50.39	11.2：50.0：38.8
龙门县	165.80	52.62	16.37	19.1：41.0：39.9

——惠东县。2020年，惠东县地区生产总值607.62亿元，增长1.5%，年均增长6.5%。人均地区生产总值50 422元，增长0.3%。三次产业结构调整为10.2：34.8：55.0。工业总产值249.89亿元，增长13.1%。社会消费品零售总额363.34亿元，下降8.9%。地方一般公共预算收入29.31亿元，下降7.7%。城镇居民、农村居民人均可支配收入分别为32 303元、24 357元，分别增长5.1%、7.0%。“十三五”期间，惠东县成功创建国家知识产权强县工程试点县、国家农产品质量安全县，获评国家卫生县城、广东电商十佳县、广东大众电商创业十佳县，入选全国县城新型城镇化建设示范名单。

——博罗县。2020年，博罗县地区生产总值619.04亿元，增长2.2%，年均增长4.2%。人均地区生产总值61 056元，增长1.0%。三次产业结构调整为11.2：50.0：38.8。社会消费品零售总额285.15亿元，下降9.3%。地方一般公共预算收入50.39亿元，增长7.8%。城镇居民、农村居民人均可支配收入分别为37 688元、24 244元，分别增长5.0%、7.4%。“十三五”期间，博罗县成功蝉联全国县级文明城市，荣获全国双拥模范县四连冠，入选全国县城新型城镇化建设示范县和全省唯一的国家发展改革委县城建设直接联系点。

——龙门县。2020 年，龙门县地区生产总值 165.80 亿元，增长 2.1%，年均增长 2.6%。人均地区生产总值 51 950 元，增长 1.9%。三次产业结构调整为 19.1∶41.0∶39.9。社会消费品零售总额 52.62 亿元，下降 9.8%。地方一般公共预算收入 16.37 亿元，增长 29.9%。城镇居民、农村居民人均可支配收入分别为 28 697 元、23 228 元，分别增长 7.6%、10.0%。“十三五”期间累计接待游客 5 305.7 万人次，实现旅游收入 300 亿元，比“十二五”期间分别增长 63.9%、139.4%。“十三五”期间，龙门县成功创建国家卫生县城，荣获并高分蝉联全国文明城市，入选国家县城新型城镇化建设示范县、国家级电子商务进农村综合示范县。

5. 惠州环大亚湾新区建设情况。

——有序推进新区总规修编工作。为更好对接粤港澳大湾区新的发展战略，及时调整完善新区发展定位和空间布局，加快惠州新材料产业园等重大产业平台建设，经省政府同意，抓紧推进环大亚湾新区发展总体规划的修编工作，提升惠州区域发展的科学性、指导性和前瞻性。

——加快推进万亿级产业集群建设。石化方面，在中海油炼化二期 1 000 万吨/年炼油和 120 万吨/年乙烯项目带动下，惠州炼化一体化规模跃居全国第一，综合实力跃居“中国化工园区 30 强”第一。2020 年，总投资 100 亿美元的埃克森美孚惠州乙烯项目开工建设，中海壳牌惠州三期乙烯项目在广州、北京、荷兰举行战略合作框架协议“云签约”仪式。清洁能源方面，广东太平岭核电项目总投资 1 200 多亿元，规划建设 6 台百万千瓦级发电机组，建成后每年提供 500 多亿度清洁能源，年产值 200 亿元。风电方面，目前已建成广发东山海风电场，每年可提供约 1 亿度绿色电力，总装机 100 万千瓦的惠东港口海上风电项目正在加紧推进。新材料方面，惠州新材料产业园已顺利开展各项前期工作，截至 2020 年底已有 4 宗项目动工建设。

6. 惠州潼湖生态智慧区规划建设情况。

——科学构建城乡规划体系。根据《惠州潼湖生态智慧区总体规划

(2017—2035年)》，在总规的基础上陆续完成国际合作产业园东区、西区、东升片区、潼侨镇西北片区、科融新城片区等片区的控制性详细规划；完成中韩（惠州）产业园仲恺片区整体规划环评许可；同时组织开展潼湖生态智慧区给水、防洪排涝、湿地公园以及片区路名等一批专项规划编制工作，为智慧区建设发展奠定法定依据及科学指引。

——科技创新取得突破。围绕“引高企、选优才、聚产业”的核心任务，开展创新平台搭建、创新主体培育与引进工作。“十三五”期间，引进碧桂园创新小镇、思科智慧城等一批平台型项目，创建创新园（国家级孵化器培育单位），引进和培育市级以上研发机构10余家；在孵企业73家，知识产权授权总量143件。

——基础设施建设全面推进。陆续启动建设智慧大道北、智慧东路、惠桥快线等一批对外联系的交通主干道，以及创新与总部经济区、中韩（惠州）产业园起步区、智能科技聚集园片区路网建设，逐步构建起内连外通的交通网络。开展潼湖湿地公园一期、红岗新河综合整治等一批防洪排涝应急工程，同步铺开自来水管网、变电站等配套设施建设。

——招商引资成势成链。截至2020年底，起步区已经仲恺招商联席会审议通过的项目69个（含产业项目66个，配套项目3个），主要聚焦在新能源电池、高端电子元器件、先进装备制造、精密模具等产业领域，计划总投资约381.9亿元，其中66个产业项目预计达产产值约686.5亿元，税收约26.7亿元。其中，中韩合资项目5个，投资10亿元及以上的项目13个，已供地项目40个，动工项目共24个。

（七）东莞市

1. 概况。

2020年，东莞市地区生产总值9 650.19亿元，增长1.1%。人均地区生产总值92 176元，增长0.9%。三次产业结构调整为0.3∶53.8∶45.9。社会消费品零售总额3 740.14亿元，下降6.6%。规模以上工业增加值4 477.91

亿元，下降1.1%。外贸进出口总额13 303.59亿元，下降3.8%，其中，出口总额8 280.87亿元，下降4.4%。地方一般公共预算收入694.75亿元，增长3.2%。

2. 优化发展情况。

——创新驱动取得重大突破。全市构建起源头创新、技术创新、成果转化、企业培育四大创新体系。研究与试验发展经费支出占地区生产总值比重提升至3.54%，每万人发明专利拥有量达44.22件。国家高新技术企业总数大幅跃升至6 381家，是2015年的6.47倍，位居全省第三。国家级孵化器23家、省级工程中心439家、省级新型研发机构26家，分别是2015年的2.9倍、3.5倍、1.5倍。全市人才总量已超235.5万人，其中高层次人才15.6万人，年均增长23.6%。双聘院士16名，省市创新科研团队91个，省市领军人才123名。新一代信息技术、高端装备制造、新材料、新能源、人工智能和生物医药等产业加快集聚，七大战略性新兴产业基地初具雏形。先进制造业、高技术制造业增加值占规模以上工业增加值分别提高至53.0%、39.5%。

——增创全面深化改革新优势。深入推进省制造业供给侧结构性改革创新实验区建设，用好用足省28项支持事项，强化投资"松绑"、优化营商环境等工作取得明显成效。国家新型城镇化、功能区统筹优化市直管镇、集约利用土地等一大批重点改革取得重要成果。政府治理能力和服务效能不断提高，围绕优化疫情期间政务服务，创新推出2 878个"不见面审批"事项、198个"延期后补"事项等服务；围绕推进"数字政府"建设，基本建成政务数据大脑，全面铺开"莞家政务"服务，行政许可事项全程网办率达97%，农民住房管理新政出台实施，"一户一宅"等政策进一步优化。

——辐射带动粤东西北地区发展。推进产业共建，以华南装备园、莞韶园两个市级园区为主战场，以东莞10个镇（街）结对帮扶韶关10个县（市、区）产业园为重要阵地，扎实推动与韶关市产业共建，完成投资143亿元。推进精准扶贫，对口帮扶的韶关、揭阳两市共323个相对贫困村、1.57万相对贫困户全部实现稳定脱贫。323个相对贫困村集体平均年收入从2015年的3.05万元增长到2020年的23.16万元。"十三五"期间，统筹82个帮扶单位派驻扶贫干部796名，累计落实帮扶资金22.07亿元。

——城市品质内涵大幅提升。中心城区、松山湖、滨海湾新区“三位一体”的都市核心区初具雏形，六大片区加快统筹发展。东莞正式进入“地铁时代”，轨道交通、高快速路、水电气、5G网络等基础设施不断完善，城市更新、TOD建设、镇村工业集聚区改造等加速推进，市镇收储土地4.4万亩，拓展空间工作取得重大突破。“洁净城市”“厕所革命”“五线”整治等补短板行动扎实推进，32条魅力小城示范街道、10个示范片区项目顺利实施，建成美丽幸福村居单村389个、特色连片示范区3个，全部村（社区）达到干净整洁村标准。

——民生福祉持续改善。“十三五”期间，市财政共投入2 037亿元用于民生建设，占地方一般公共预算支出比重超过七成。2020年，全体居民人均可支配收入达56 533元，是2015年的1.5倍。公共服务持续优化提升，新增义务教育阶段公办民办学位18万个、医疗床位6 000多张、养老床位4 266张，分别比2015年增长19.4%、23.0%、56.0%。加快补齐公共卫生短板，高水平医院启动建设，5所区域中心医院建设稳步推进，完善分级诊疗和全民医疗保障制度。社会救助保障不断提标扩面，全面提高低保、低收入家庭认定、特困人员供养和孤儿基本生活保障标准，养老保险实现制度和人群全覆盖。

3. 推进粤港澳大湾区建设情况。

——对接湾区重大平台建设进入新阶段。滨海湾新区列入大湾区发展规划纲要特色合作平台，获批省级高新区，虎门港综合保税区一期正式封关运作，东莞国际空港中心项目顺利启动测试。松山湖科学城建设上升为国家战略，松山湖材料实验室研究成果连续两年入选“中国科学十大进展”。国家高能物理科学数据中心大湾区分中心在东莞成立，东莞理工学院与散裂中子源、香港城市大学共建的多物理谱仪顺利建成，粤港澳中子散射科学技术联合实验室揭牌建设。香港城市大学（东莞）、大湾区大学筹建工作顺利推进。水乡功能区统筹概念规划等系列规划编制完成，粤海银瓶合作创新区规划建设有序推进。国际商务区建设全面拉开序幕，CBD中心公园、市政配套设施等五大重点项目集中启动。

——主动融入湾区交通一体化建设。广深铁路、广深港客专、穗莞深城际开通运营，广深第二高铁、中南虎城际等项目纳入《粤港澳大湾区（城际）铁路建设规划》，赣深铁路、深茂铁路、深莞增城际、佛山经广州至东莞城际东莞段加快建设，穗莞、深莞城市轨道交通各6条线路确定对接。沿江高速、广深高速、南沙大桥、莞番高速一期、深圳外环高速主线等通道建成通车，莲花山过江通道、狮子洋通道、深外环高速、清平高速（二期）等一批重大项目正有序推进，推动深圳南光高速、龙大高速、龙坪盐快速、丹平快速等向东莞延伸。开通跨市公交线路达20条，接驳广州、深圳地铁站点。

——促进莞港澳三地互联互通。港澳高端人才和紧缺人才认定及个人所得税财政补贴政策正式实施，港澳人士“一卡通”服务管理模式、“一人一卡、全省通用”开展测试，来往内地通行证可在东莞换发补发。落实港澳居民在内地（大陆）参加社会基本医疗保险暂行办法，在莞参保港澳居民约1.5万人。松山湖港澳青年创新创业基地成为首批10个省级港澳青创基地之一，滨海湾港澳青年之家创新创业基地正式揭牌成立，东城、莞城等9个镇街（园区）建设港澳青年创新创业服务先行区。举办粤港澳青年文化节、东莞非遗墟市粤港澳大湾区城际联盟活动、粤港澳大湾区青少年田径邀请赛、粤港澳大湾区“三对三”篮球赛等系列活动，加强城市群文化交流合作。莞港澳在金融、跨境电商等方面的合作取得积极进展。

4. 重大区域发展平台建设情况。

——水乡特色发展经济区。“十三五”期间，水乡特色发展经济区经济实力稳步增强，地区生产总值增至1 591.67亿元，年均增长9.6%；税收总额达到283.0亿元，年均增长10.5%。一是统筹发展局面初步形成。组建精简、高效、扁平的管理架构，深入实施统筹发展规划，区域开发、产业发展、重大项目建设和政务服务效能提升。有效承接市级下放事权175项，创新开展国土空间规划编制、规划审批、土地整备与城市更新，制定实施水乡功能区概念规划、城乡总体规划、产业协同发展规划，初步形成上下贯通、高效运转的统筹局面。二是区域建设加速推进。初步搭建“两环三横四纵五轨道”

的交通架构，启动交通基础设施项目 11 个，中洪路、望沙路等骨架道路加快建设。完成东莞西站核心区综合开发概念设计，统筹推进八大核心单元共约 2.5 万亩土地整备。创建全市首个连片“工改工”基层改革创新实验区，洪梅河西片区等试点项目加快推进。三是产业转型升级加快步伐。造纸、食品加工业等传统产业加快转型升级，三次产业结构由 2016 年的 1.1：69.8：29.1 调整至 2020 年的 0.8：58.4：40.8。规划建设 5G 信息、创意产业、智能装备等八个新兴产业主题岛，东莞数字经济产业基地、新能源产业基地落户水乡经济区。统筹各镇资源，实现精准招商，2020 年共启动建设 63 个项目，总投资超 455 亿元。四是城市品质持续提升。设立 6 亿元专项补助资金池，推进水乡未来学校、水乡中心医院等一批高质量民生基础设施和人居环境整治项目。安排 3 亿元专项奖励资金，撬动镇村投入配套资金 5 亿多元共建水乡特色示范村庄，两批共 24 个示范村全面启动建设。

——粤海银瓶合作创新区。“十三五”期间，合作创新区经济保持稳定增长态势，地区生产总值增至 108.24 亿元，年均增长 7.2%。税收总额增至 14.54 亿元，年均增长 9.2%；三次产业结构调整为 1.7：69.1：29.2。一是产业集聚发展成效明显。五年共引进 61 个产业项目，总投资 173 亿元。以润星科技为代表的高端装备制造企业持续成长，华能热电联产项目投产达效，速美达、腾盛、高分子材料等一批优质产业项目落地，逐步构建战略性新兴产业竞争优势。2020 年，国家高新技术企业增至 84 家，工业技改投资约 36.7 亿元。二是城市生态景观初见雏形。海绵城市建设全域推进，建成总长 6.7 公里的镇雨污分流试点工程以及 3 座分散式污水处理厂。严格落实河长制，全镇水质不断优化。谋划建设 43 公里万里碧道、5 个滨河公园。已建成人民公园一期、银山市级湿地公园、窑贝塘公园等一批生态公园。人居环境持续优化，黎村成为市十大美丽幸福村居、市亮点村居。三是民生公共服务更加完善。爱民大道、粤海大道、莞惠路（S357）谢岗段已基本完工，大黎路和谢岗大道动工建设。成功创建东莞市推进教育现代化先进镇，规划投资 30 亿元建设 10 个学校项目。市镇医联体一期投入使用，二期启动建设，社区卫生服务中心标准化建设任务顺利完成。社保扩面征缴稳步推进，落实 7 762.6 万元资金，切实做好低保、残疾人、失能老人、退役军人等群体保障工作。

——滨海湾新区。“十三五”期间，滨海湾新区地区生产总值增至117.44亿元；研究与试验发展经费支出占地区生产总值比重提高至2.47%；重大项目累计完成投资约127.70亿元。新区战略地位持续提升，被省赋予粤港澳协同发展先导区定位，成功获批省级高新技术开发区，新区总体规划、城市总体规划及系列专项规划印发实施。一是基建与环境品质进一步优化。“五纵一横”道路建成通车，“一廊三绿心三水系”生态空间格局加速构建，东宝公园、规划展示中心、滨海驿站等一批标志性项目建成运行。磨碟河片区雨污管网及配套工程等建设任务顺利完成。启动滨海湾大桥、东湾大道、滨海景观活力长廊等项目建设，涉及投资132.85亿元。二是现代产业体系进一步完善。纳入全市5G创新示范区，人工智能、生命健康等产业加快规划布局。OPPO芯片研发中心、vivo智慧终端总部等重大项目集中签约，协议投资约278亿元，正中、欧菲光等在建产业项目2020年完成投资34.02亿元。总部经济、利用资本市场、高质量发展、新一代信息技术、生物医药、新基建、生产性服务业、资本招商“8个十条”集中出台，滨海湾版权产业服务中心作为国内首个地级市国家级版权服务平台正式启用。三是区域协同发展进一步深化。规划建设1 549亩的滨海湾青创城，推动“青创城+CBD”一体建设，吸引滨海湾港澳青年之家创新创业基地等项目入驻。加强与广州南沙、深圳前海、宝安、大空港等地区合作，推动与广深互联互通。

（八）中山市

1. 概况。

2020年，中山市地区生产总值3 151.59亿元，增长1.5%。三次产业结构调整为2.3∶49.4∶48.3。人均地区生产总值71 478元，与上年大致持平。社会消费品零售总额1 407.22亿元，下降13.0%。外贸进出口总额2 208.91亿元，下降7.5%。金融机构本外币存款余额为6 921.69亿元，增长9.1%。全体居民人均可支配收入52 754元，增长4.5%。地方一般公共预算收入

287.57 亿元，增长 1.5%。

2. 优化发展情况。

——创新能力稳步提升。2020 年，全市高新技术企业增至 2 500 多家，每万人发明专利拥有量提高至 24.5 件。科技创新基础更加扎实，省级新型研发机构和工程技术研究中心增至 351 家，规模以上工业企业研发机构覆盖率超过 40%，主营业务收入 5 亿元以上的工业企业实现研发机构全覆盖。市级以上科技孵化载体增至 73 家，火炬开发区获批国家“双创”示范基地、翠亨新区获批省级“双创”示范基地。创新人才队伍不断壮大，引进省级创新团队 5 个，省市创新科研团队增至 50 个。

——改革开放深入推进。“十三五”期间，营商环境综合改革扎实推进，开展智能审批服务，实现简易事项 100% 即来即办、市级政务服务事项 100% 网上可办，构建全市信用联合奖惩一张网，法治化营商环境考评全省第一。稳步推进简政放权，下放依申请管理职权 607 项、非依申请管理职权 2 521 项。对外开放水平进一步提升，获批设立中国（中山）跨境电子商务综合试验区，与全球 213 个国家和地区互通贸易往来，进口、出口整体通关时间分别压缩 87%、89%。

——城乡面貌不断改观。国土空间总体规划编制稳步推进，村庄规划实现全覆盖。现代化综合交通网络建设全面提速，公路总里程达 2 935 公里，南沙港铁路、深中通道等一批重大交通项目开工建设，黄圃快线、北二环主线等一批快速路建成通车，打通 26 条“瓶颈路”。乡村振兴成效显著，完成 608 公里农村公路建设，超过 60% 的行政村达到美丽宜居村标准，培育 16 家省级以上重点农业龙头企业，形成一批特色农业品牌。

——生态环境逐步好转。污染防治成效明显，城市建成区黑臭水体消除比例达到 90% 以上，完成 21 座生活污水处理厂提标改造。空气质量不断提升，PM2.5 等指标持续达标，空气质量优良天数比例提高到 90.2%。获评国家森林城市，累计造林 4.5 万亩，全市森林覆盖率提高到 23.1%。固体废物处置能力进一步提升，南部组团垃圾处理基地、中心组团垃圾处理基地（三期）、北部组团垃圾处理基地（三期）建成投入使用，生活垃圾日处理能力增至5 460吨。

——民生事业持续改善。“十三五”期间，全市民生类财政支出占比保持在70%以上；全体居民人均可支配收入年均增长6.2%；城镇新增就业28万人，登记失业率控制在3%以内。大力实施就业稳岗等一系列综合措施，加大社会保障力度，加强困难群众救助，兜牢民生底线。截至2020年，全市参保999万人次，城镇职工基本养老保险参保率达98%；累计建成保障性住房2万套，居家养老服务中心（站）覆盖率超过80%。医疗卫生服务能力不断增强，医疗卫生机构增至1 078个，在全省率先实现国家卫生镇、省卫生村全覆盖。

3. 推进粤港澳大湾区建设情况。

——打造湾区国际科技创新中心重要承载区。依托中山光子科学中心、中山先进低温研究院两大科技基础设施规划布局中山科学城，打造中山科技创新新引擎。大力推进澳门科技大学（中山）建设，中科院药物创新研究院中山研究院、哈工大机器人（中山）无人装备与人工智能研究院、西湾国家重大科学仪器园、中国检验检疫科学研究院粤港澳大湾区研究院等一批科创“国家队”落户中山并加快建设。优化提升创新能力和创新环境，出台柔性引才管理办法等8项人才政策，大湾区个人所得税优惠政策财政补贴办法落地实施。

——加快建设大湾区西部重要综合交通枢纽。大力推动轨道交通发展，中山站融入国家高铁网，南沙港铁路动工建设，深茂铁路深中江段可研获国家批复，深茂铁路横栏站与主线同步建设，南沙港铁路黄圃货运站兼顾客运化并增设东凤客运站。“四纵五横”高速公路和“二环十二快”干线公路网加快构建，深中通道、中开高速、香海大桥、广中江高速等一批重大交通基础设施动工建设，全市干线公路在建项目达20个。“一港五区”港口功能布局更趋完善，中山港升级为国家一类口岸，黄圃港集装箱码头开港运营，中山港新客运码头工程顺利完工。

——深化与港澳合作发展。一是加强与香港合作。与香港签署《中山香港联合参与“粤港澳大湾区”经贸合作备忘录》，与广东药科大学、香港大学共建的广东药科大学—香港大学生物医药创新平台，通过香港对接与阿斯利康公司合作建设智能雾化中心。与大湾区香港中心联合举办香港—中山健康医药产业论坛，推动两地资源对接和产业优势互补合作。二是加强与澳门合作。与澳门签署《关于合作建设中山翠亨新区的框架协议》等合作协议，支持澳门安信通公司发起建设的机器人透明工厂项目在翠亨新区落地并动工建设，支持澳门政府全资公司——澳中致远投资发展公司投资建设澳中致远火炬创新园，为包括港澳青年在内的80余个企业团队提供孵化服务。

——共建湾区优质生活圈。一是高水平建设粤港澳青年创新创业基地。出台实施《关于加强港澳青年创新创业基地建设工作方案》，全市105个青年创新创业基地全部向港澳青年开放，共有42个港澳创业团队在园孵化。二是推动教育合作发展。落实港澳居民子女平等接受教育的相关要求，与港澳缔结姊妹学校增至28所。三是共建人文湾区。深度挖掘和弘扬孙中山文化资源，积极筹建孙中山文化交流中心，打造孙中山文化遗产游径等6条精品文化遗产游径。四是共建健康湾区。与香港合作设立国际医疗部提供特需的国际医疗服务，大力推进全科诊疗服务建设。五是推动大湾区电子支付系统互联互通。面向澳门居民的“跨境钱包”落地中山，澳门居民可在中山部分镇街实现跨境移动支付。

4. 中山翠亨新区建设情况。

“十三五”期间，翠亨新区坚持以规划优化调整为牵引，围绕城市规划建设、科技创新、产业发展、营商环境等重点工作，加快推进国际化现代化创新型城市新中心建设。

——新区规划进入新阶段。新区起步区新控规已获市政府批准实施，按照“一轴、三心、九区、多廊”的空间布局，打造国际化现代化创新型城市新中心。起步区南部的翠亨科学城按照“两轴、四带、一心、五区”的空间布局，着力吸引世界500强企业为主的总部经济和科技创新研发平台入驻，打造科技创新交流合作和高质量发展的核心新引擎。启动新区发展总体规划修编课题研究，现已通过专家评审。

——科技创新引领新发展。聚焦科技创新，依托大院、大所，瞄准核心技术和前沿科技成果孵化、转化、产业化，搭建生物医药、人工智能与无人装备、重大仪器和数字经济科技研发、成果转化和公共技术服务平台，广纳创新创业人才。中科院药物创新研究院中山研究院成为科研型省级事业单位，联合星昊药业建设国家级创新型CMC & CMO战略性服务平台，哈工大机器人（中山）无人装备与人工智能研究院成功申报广东省第三代半导体重大专项课题。启动数字经济平台载体建设，推进网络销售格子圈、云批小铺等以区块链技术为核心的首批项目实质性运作。

——产业发展取得新成效。重大龙头项目集中落地，成功招引北塔综合体、保利长大、中电建等16个标杆型项目落地，总投资超350亿元，达产后工业产值将超165亿元。持续跟进洽谈码头综合体、文旅生态城、数字经济产业园等16个项目，覆盖医疗、教育、文旅、数字经济、综合体配套服务等相关领域，项目投资总体量超1 000亿元。产业载体加快搭建，逐步形成科技金融新城、生物医药智创中心、湾区未来科技城、湾区国际医疗城四大产业载体。

——营商环境不断改善。承接332项市权下放，实现104项工程建设和项目落地事权自行审批。开展12345“政企通”试点应用，推广粤省事、粤商通、粤政易。推进分阶段并联审批、承诺制审批和非核心材料容缺受理审批，推行“一窗通办、集成服务”，审批流程更加优化、审批时限大幅压缩、服务效能进一步提升。完善企业服务机制，推进“专员责任制”，靠前服务、及时解决项目建设和企业生产经营中遇到的困难和问题。完善“双促”工作机制，推进项目动工建设和建成见效。构建履约动态监管、提前预警机制，强化企业履约监管。

（九）江门市

1. 概况。

2020年，江门市地区生产总值3 200.95亿元，增长2.2%。人均地区生产总值66 984元，增长1.1%。社会消费品零售总额1 162.62亿元，下降

3.7%。地方一般公共预算收入264.00亿元，增长2.8%。规模以上工业增加值1 027.95亿元，增长2.3%。金融机构本外币存款余额、贷款余额分别为5 475.45亿元、4 390.98亿元，分别增长10.7%、19.7%。

2. 优化发展情况。

——创新发展动能持续增强。2020年，全市研究与试验发展经费占地区生产总值比重达2.45%；全市每万人发明专利拥有量9.75件；规模以上工业企业研发机构覆盖率提高至61%，居全省第一。创新平台不断拓展，开平翠山湖科技产业园、鹤山工业城创建成为省级高新区，国家大科学装置江门中微子实验站基本完成基建工程。企业创新主体地位不断增强，省级工程技术研究中心增至397家，是“十二五”末的4倍；高新技术企业增至1 845家，是“十二五”末的9倍；科技企业孵化器、众创空间分别从“十二五”末的7家、2家增至37家、35家。

——营商环境持续优化。深入开展“暖企安商”行动，落实首席服务官制度，帮助企业解决困难诉求1 400多项。商事制度改革持续深化，在全国首推执照全自动换发系统，营业执照“秒批”“秒换”“秒领”，率先实现食品经营许可智能审批。2020年新登记市场主体10.27万户，增长13.6%。“数字政府”综合改革大力推进，粤省事实名用户269万，粤商通市场主体注册率排全省第一。上线512个政银通办服务专区，实现政务服务“就近办”“马上办”。推行招投标评定分离改革，建筑市场秩序持续向好。

——三大攻坚战成效显著。防范化解重点领域风险效果明显，政府债务和隐性债务风险有序化解，全面完成国有“僵尸企业”处置工作和国企退休人员社会化管理工作。如期高质量完成脱贫攻坚目标任务，建档立卡的5 097户16 659人相对贫困人口全部脱贫退出，建成规模产业扶贫项目215个，结对帮扶的广西崇左市4个贫困县全部实现脱贫“摘帽”。污染防治力度加大，PM2.5年均浓度降至21微克/立方米，9个国省考断面水质均达到Ⅲ类以上，完成国务院城镇人口密集区危险化学品生产企业搬迁改造任务，危险废物处置能力超过55万吨/年。

——社会民生事业全面进步。2020年，全体居民人均可支配收入33 667

元，是2015年的1.5倍。“十三五”期间，民生支出累计达1 306亿元，年均增长12.6%；年均城镇新增就业4.7万人、城镇失业人员再就业3.2万人；低保、特困人员、孤儿、困难（重度）残疾人等四类人群补贴标准均比“十二五”末提高50%以上。卫生健康事业不断进步，实现医联体网格化布局全覆盖，顺利完成基层强基建设项目。妇女、儿童两个发展规划的可比量化指标总达标率为96.1%，残疾人社会保障水平和助残服务水平进一步提高。

3. 推进粤港澳大湾区建设情况。

——大湾区基础设施“硬联通”互通显著提升。“十三五”时期全市交通基础设施完成投资908.5亿元，投资40亿的珠西综合交通枢纽江门站建成投入运营，珠肇高铁江门至珠三角枢纽机场段2020年动工建设。着力构建三大战略通道，“北通道”连通广州都市圈，广中江高速三期、开春高速和佛开南、开阳高速改扩建工程相继完成；“中通道”对接深中通道，中开高速罗坑互通至凤山互通段通车；“南通道”对接港珠澳大桥，黄茅海跨海通道和银洲湖高速全线开工。以江门港广海湾港区为核心推动港口群建设，加快建设崖门出海航道二期工程，全力推进台山、恩平等通用机场融入大湾区通用航空体系布局。

——大湾区合作体制机制“软联通”持续深化。率先实施“湾区通办”，率先实现线上商事登记“智能湾区通”，率先上线试运行“商事登记+智能审批”。首创大湾区人社服务跨境通办，向澳门银行颁发首本江门、澳门跨境办理的不动产权证。全面落实惠港惠澳优惠政策，出台《实施大湾区个人所得税优惠政策财政补贴暂行办法》，实施港澳青年安居保障计划。与澳门签订《关于加强江澳金融合作的备忘录》，出台《江门市推进粤港澳大湾区建设港澳居民就业创业专项实施方案》等政策文件，建成珠西先进产业优秀人才创业创新园等5家港澳青年创新创业孵化基地。

——大湾区国际科创中心重要承载区建设深入推进。创新载体建设加快，粤港澳大湾区人类重大疾病大动物模型联合创新基地基本完成基建工程，珠西创谷成为全市首家获省认定的粤港澳台科技企业孵化器。深化与香港科技协进会的合作，推动设立粤港联合初创园项目，推进参与大湾区知识产权交流活动，38 家企业参加 2020 年粤港澳大湾区高价值专利培育布局大赛，50 个创新主体在粤港澳大湾区知识产权交易博览会上参展。推动五邑大学建设广东省高水平理工科大学，与香港理工大学共建纺织材料粤港联合实验室，合作申报获批 2 个省科技重大专项项目，2 个粤港联合研究项目。

——初步构建大湾区特色合作平台体系。高标准推进江门人才岛建设，已累计完成投资超 85 亿元，智慧城市展示中心、科技产业园（一期）已投入运营，省科学院江门产业技术研究院落户建设。发挥江门作为重要供港农产品基地的优势，规划建设粤港澳大湾区（江门）高质量农业合作发展平台，市农产品冷链物流省级优势产区产业园、大湾区农产品交易流通中心等项目加快建设。

4. 推进区域合作情况。

加强珠江口东西两岸合作，主动对接支持先行示范区建设。一是依托大广海湾经济区，结合黄茅海跨海通道规划建设，与珠海、中山两市共同谋划高端产业集聚发展区。二是高位推进深江合作，市党政代表团赴深圳学习交流，携手共推珠江口东西两岸融合发展。印发《江门市关于支持深圳建设中国特色社会主义先行示范区的行动方案》，提出 40 项支持措施。二是突出重大项目建设，谋划建设包括深江产业园在内的五大万亩园区以及江门人才岛等优质发展平台，重点对接深圳电子信息、智能装备等产业转移。中车广东公司成功参与深圳地铁 6 号线及二期车辆、深圳 3 号线增购车辆等项目。三是加快构建“深圳研发 + 江门承接孵化转化”创新协作新模式，推动鹤山市与清华大学深圳研究生院、清华—伯克利深圳学院、同方股份有限公司共建同方（广东）科技园。

5. 县域经济发展情况。

江门市下辖台山、开平、鹤山、恩平 4 个县级市，县域面积达 7 719.57 平方公里，占全市总面积 9 505 平方公里的 81.2%。2020 年，全市县域地区生产总值 1 415.24 亿元，占全市地区生产总值的 44.2%。

表 20　2020 年江门市县域经济发展情况

地区	地区生产总值（亿元）	社会消费品零售总额（亿元）	地方一般公共预算收入（亿元）	三次产业结构
台山市	457.60	203.16	32.57	22.5∶38.1∶39.4
开平市	391.15	165.76	28.98	12.2∶42.7∶45.1
鹤山市	374.76	141.94	33.80	8.3∶46.8∶44.9
恩平市	191.73	87.09	12.68	16.2∶25.7∶58.1

——台山市。2020 年，台山市地区生产总值 457.60 亿元，增长 2.5%，年均增长 6.0%。人均地区生产总值 50 319 元，增长 3.0%。三次产业结构调整为 22.5∶38.1∶39.4。社会消费品零售总额 203.16 亿元，下降 4.0%，年均增长 7.7%。地方一般公共预算收入 32.57 亿元，增长 2.9%，年均增长 5.6%。城镇居民、农村居民人均可支配收入分别为 30 317 元、19 981 元，分别增长 2.1%、4.7%。“十三五”期间，台山市荣获全国文明城市提名城市、国家全域旅游示范区、国家农产品质量安全县等一系列金字招牌，入选国家创新型县（市）建设名单与全国县城新型城镇化示范名单。

——开平市。2020 年，开平市地区生产总值 391.15 亿元，增长 1.8%，年均增长 4.9%。人均地区生产总值 52 383 元，增长 1.0%。三次产业结构调整为 12.2∶42.7∶45.1。社会消费品零售总额 165.76 亿元，下降 6.2%，年均增长 6.6%。地方一般公共预算收入 28.98 亿元，增长 3.7%，年均增长 7.5%。城镇居民、农村居民人均可支配收入分别为 31 540 元、20 746 元，分别增长 2.6%、0.2%。“十三五”期间，开平市获评“世界名厨之乡”“中国建筑之乡”，成功创建全国“绿水青山就是金山银山”实践创新基地、全国科普示范县、国家农产品质量安全县等荣誉称号。

——鹤山市。2020 年，鹤山市地区生产总值 374.76 亿元，增长 3.2%，年均增长 7.0%。人均地区生产总值 70 904 元，增长 2.1%。三次产业结构调整为 8.3∶46.8∶44.9。社会消费品零售总额 141.94 亿元，下降 6.0%，年均增长 7.5%。地方一般公共预算收入 33.80 亿元，增长 5.1%，年均增长

7.9%。城镇居民、农村居民人均可支配收入分别为36 196元、20 419元，分别增长2.3%、5.7%。“十三五”期间，鹤山市连续四年跻身全国投资潜力百强县市，鹤山工业城成功认定为省级高新区。

——恩平市。2020年，恩平市地区生产总值191.73亿元，增长1.0%，年均增长5.5%。人均地区生产总值39 621元，增长1.1%。三次产业结构调整为16.2：25.7：58.1。社会消费品零售总额87.09亿元，下降4.8%，年均增长7.1%。地方一般公共预算收入12.68亿元，增长4.9%，年均增长6.5%。城镇居民、农村居民人均可支配收入分别为26 990元、17 192元，分别增长3.2%、7.5%，分别年均增长8.1%、10.0%。“十三五”期间，恩平市成功创建一批省乡村旅游精品线路和省文旅特色村，“恩平濑粉制作技艺”“恩平烧饼制作技艺”成功申报为江门市级非遗名录，成功创建全国首个“中国避寒宜居地”品牌。

6. 江门大广海湾经济区建设情况。

——不断提升战略地位。先后被写入国务院印发的《关于深化泛珠三角区域合作发展的指导意见》、国家发展改革委和粤港澳四方签署的《深化粤港澳合作　推进大湾区建设框架协议》，与澳门特区政府签署的《关于推动粤澳共建江门大广海湾经济区的框架协议》以及《粤港澳大湾区规划纲要》等多个重要文件。大广海湾成为广东首批粤港澳服务贸易自由化重点示范基地之一。

——加强重大平台谋划。推进粤港澳大湾区（珠西）高端产业集聚发展区规划建设，江门市同珠海、中山主动对接，已启动初步规划范围内的银湖湾滨海新区、广海湾—赤溪片区的规划建设工作。紧紧抓住省谋划建设大型产业园区的机遇，同珠海市积极谋划建设珠海—江门大型园区。

——完善组织架构。经省委编委批准，同意设立江门市银湖湾滨海新区管理委员会、江门市广海湾经济开发区管理委员会，均为江门市人民政府派出机构。银湖湾滨海新区管理委员会同时加挂广东江门新会经济开发区管理委员会牌子，江门市广海湾经济开发区管理委员会同时加挂台山广海湾工业园区管理委员会牌子。

——加快银湖湾滨海新区建设。高位推进滨海新区体制改革，2020 年成立滨海新区党工委、管委会，联合市、区有关部门加快研究建立全新管理模式。完成核心区城市设计、启动区控规和产规等专项规划编制，开展城市风貌、智慧城市专项规划编制。紧抓项目建设，核心区总投资 226 亿元的 4 个重点项目均顺利动工建设。推进投融资工作，先后与中铁广州工程局（中铁南方投资集团）等多家企业开展合作开发洽谈。

——稳步推进广海湾经济开发区建设。规划布局实现引领，形成“一核两带三区”空间布局。基础设施建设加快，黄茅海跨海通道项目、海湾基础设施综合开发特许经营项目启动建设，广海湾万吨级码头及物流中心项目建设加快推进。重点产业项目取得积极进展，广海湾新材料一体化项目完成初步规划建设方案。

（十）肇庆市

1. 概况。

2020 年，肇庆市地区生产总值 2 311.65 亿元，增长 3.0%。人均地区生产总值 56 318 元，增长 2.3%。社会消费品零售总额 1 062.16 亿元，下降 4.1%。外贸进出口总额 413.15 亿元，增长 2.2%。地方一般公共预算收入 124.51 亿元，增长 9.0%。金融机构本外币各项存款、贷款余额分别为 2 893.08亿元、2 485.60 亿元，分别增长 9.5%、15.2%。全体居民人均可支配收入 27 496 元，增长 5.3%。

2. 优化发展情况。

——稳步增强创新能力。2020 年，全市高新技术企业总量增至 700 家，新型研发机构总数增至 26 家，高水平科技企业孵化器增至 30 家；西江高新区、金利高新区“十三五”期间获批省级高新区。大力发展科技创新平台，省级以上创新平台增至 226 家，“十三五”期间新增省级工程中心 4 家、省重点实验室 1 家，四会农业科技园区新认定为省级农业科技园区。着力发展重点实验室，岭南现代农业科学与技术广东省实验室肇庆分中心建设加快推进，项目1亿元专项债资金支持实际支出完毕。

——全力推动产业发展。2020年，全市新引进项目505个，计划投资总额1 160亿元，其中制造业项目数量和投资额占比均超过70%；“4+4”产业总产值占规模以上工业总产值比重提高到69%。以培育“4+4”制造业产业集群为重点，深入推进“产业招商落地年”行动，建立“招、落、投、服”全链条工作机制，成立肇庆市投资促进局和北京等4个招商分局，形成“精招商、招精商”新局面。重点产业项目加速推进，小鹏汽车实现量产，投资超100亿元的肇庆万达国家度假区、首期投资120亿元的宁德时代动力及储能电池等项目顺利推进。

——积极推动重点领域改革。深化营商环境综合改革，在全省率先实现企业开办“一天办成”的基础上，开展证照分离改革，企业开办便利度持续提升。在全省率先实行产业项目“双容双承诺”直接落地改革，2020年全市“双容双承诺”总投资金额1 347.97亿元，开工率达91.91%。“数字政府”改革深入推进，全力打造“数字化平台+放管服改革”深度融合的数字政府综合改革肇庆模式。全面推进社会信用体系建设，在全省率先实现“信用+投标担保”应用落地，实现守信企业投标担保“网上办”“零跑腿”。

——持续推进乡村振兴。持续推进乡村振兴。2020年，全市新增全国“一村一品”示范村镇2个、省重点龙头企业13家，拥有省级现代农业产业园10个，数量均居全省前列。农林牧渔业总产值增长6.2%，粮食生产保持平稳增长，生猪产能加快恢复。在全省率先全面推行农村公路“路长制”，2020年完成农村公路硬底化建设390公里，省际廊道美丽乡村示范带基本建成。脱贫攻坚目标任务如期完成，111个省定贫困村和8.8万建档立卡在册贫困人口全部达到脱贫退出标准。

——大力发展社会民生事业。2020年，财政投入民生类支出占比达到73.4%。坚持就业优先，全年城镇新增就业4.2万人，城镇登记失业率控制在3%以内。大力提高公共服务水平，全年新增幼儿园公办学位3万多个、义务教育学位1.5万多个，市第一人民医院建设省高水平医院有序推进，总投资76.5亿元的32个公共卫生补短板项目加快建设。提升社会保障水平，城乡居民基本养老保险、医疗保险基本实现全覆盖，低保、孤儿供养等标准均达到或超过省要求。

3. 推进粤港澳大湾区建设情况。

——全力推进大湾区重大合作平台和项目建设。一是加快建设粤港澳大湾区（肇庆）安居深度合作区。编制《粤港澳大湾区（肇庆）安居深度合作区总体方案》，积极争取政策支持。香港城项目建设稳步推进，已完成建设投资 13 亿元。推动香港公开大学（肇庆）项目筹设，已投入约 2.17 亿元完成 2 500亩土地的征地工作。建设港肇产业合作示范园，世茂集团端州新城项目建设顺利。二是有效推进肇庆（怀集）绿色农副产品集散基地建设。加快实施方案编制工作，建设完善集散体系关键基础配套设施，与广州海关合作共建的绿色农副产品检测中心已建成投入使用，总投资 22.89 亿元的粤港澳大湾区肇庆（怀集）绿色农副产品交易博览中心已开工建设。三是加快建设大湾区德庆南药健康产业基地。编制《粤港澳大湾区肇庆（德庆）南药健康产业基地发展规划》，推进德庆香雪南药产业园建设，项目已落实三期共 294.09 亩的建设用地，土地平整等建设工程已完成。

——加快推进重大交通基础设施互联互通。一是加快公路网络建设。广佛肇高速二期肇庆段建成，怀阳高速肇庆段等一批重点交通基础设施项目建成通车，肇庆至高明（机场西部）高速公路已开工建设。二是积极参与“轨道上的大湾区”建设。肇庆东站、珠三角枢纽机场站“双枢纽”等项目被列入大湾区城际铁路建设规划，推动珠肇高铁开工建设，广湛高铁全线开工，加快谋划桂贺肇广货运铁路等项目，大湾区城市间 1 小时交通圈加快构建。三是推进珠三角枢纽（广州新）机场项目前期工作。编制《肇庆市通用航空产业发展规划》，科学谋划空港经济区未来发展方向。四是开展西江内河航运中心建设相关调研。发挥西江黄金水道内河航运功能，力促港口资源集约、专业化发展，推动建设成为大湾区西江内河航运中心。

——大力实施“湾区通”工程。一是便利港澳居民在肇庆购房。港澳人士在市区购房无须再提供纳税、社保、工作、学习、居留证明等相关材料，仅需提供港澳居民身份证或来往内地通行证，购房手续进一步简化。二是落实港澳人员参保政策。持本市居住证的非从业港澳人员为肇庆市城乡居民基本医疗保险参保对象，对符合《肇庆市城乡居民基本医疗保险办法》第十四条规定的，首次办理本地居住证的港澳人士可以中途参加城乡居民医保。三是保障在本市居住的港澳居民子女享受同等的受教育权利。持有港澳台居民居住证的港澳台居民子女、在粤工作的港澳居民子女入学工作纳入义务教育招生工作统筹解决。

4. 县域经济发展情况。

肇庆市下辖端州、鼎湖、高要3区，广宁、德庆、封开、怀集4县，代管四会1个县级市。2020年，全市县域地区生产总值1 316.60亿元，占全市地区生产总值的57.0%。

表21　2020年肇庆市县域经济发展情况

地区	地区生产总值（亿元）	社会消费品零售总额（亿元）	地方一般公共预算收入（亿元）	三次产业结构
四会市	607.64	411.83	17.83	12.1∶49.8∶38.1
广宁县	159.28	46.28	5.92	32.9∶32.3∶34.8
德庆县	157.00	48.95	8.46	24.0∶38.4∶37.6
封开县	145.77	32.85	11.81	37.9∶32.4∶29.7
怀集县	246.91	68.50	6.70	43.2∶20.3∶36.5

——四会市。2020年，四会市地区生产总值607.64亿元，增长4.2%。人均地区生产总值95 368元，增长2.3%。三次产业结构调整为12.1∶49.8∶38.1。规模以上工业增加值140.58亿元，增长5.5%。社会消费品零售总额411.83亿元，下降2.0%。外贸进出口总额148.03亿元，实际吸收外资1.51亿元。地方一般公共预算收入17.83亿元，增长6.2%。城镇居民、农村居民人均可支配收入分别为38 448元、26 953元，分别增长5.7%、6.7%。“十三五”期间，四会市成功创建省级农业科技园区，多次入围全国新型城镇化质量百强县市、中国最具幸福感城市、全国绿色发展百强县市、全国科技创

新百强县市、中国营商环境百佳示范县市等名单。

——广宁县。2020 年，广宁县地区生产总值 159.28 亿元，增长 0.2%。人均地区生产总值 38 969 元，增长 0.6%。三次产业结构调整为 32.9∶32.3∶34.8。农业总产值 74.02 亿元，增长 9.7%。外贸进出口总额 5.00 亿元，实际吸收外资 3 248 万元。地方一般公共预算收入 5.92 亿元，增长 9.6%。城镇居民、农村居民人均可支配收入分别为 27 089 元、17 139 元，分别增长 3.8%、6.7%。“十三五”期间，广宁县获得全国中餐厨师之乡、国家森林康养基地、省双拥模范县、省级林下经济示范县、中国最美县域、省文明城市提名城市等国家级和省级荣誉称号。

——德庆县。2020 年，德庆县地区生产总值 157.00 亿元，增长 4.6%。人均地区生产总值 47 310 元，增长 5.0%。三次产业结构调整为 24.0∶38.4∶37.6。规模以上工业总产值 47.00 亿元，增长 4.7%。社会消费品零售总额 48.95 亿元，下降 7.9%。外贸进出口总额 10.99 亿元，实际利用外资 6 184万元。地方一般公共预算收入 8.46 亿元，增长 85.4%。城镇居民、农村居民人均可支配收入分别为 27 999 元、22 233 元，分别增长 4.8%、7.4%。“十三五”期间，德庆县获评全国文明城市、全国新时代文明实践中心试点县、国家卫生县城、国家农业绿色发展先行区、国家农产品质量安全县、全省农村人居环境整治示范县、广东省推进教育现代化先进县等国家和省级荣誉称号。

——封开县。2020 年，封开县地区生产总值 145.77 亿元，增长 0.1%。人均地区生产总值 38 801 元，增长 0.8%。三次产业结构调整为 37.9∶32.4∶29.7。规模以上工业增加值 28.83 亿元，增长 2.7%。社会消费品零售总额 32.85 亿元，下降 7.6%。地方一般公共预算收入 11.81 亿元，增长 122.5%。城镇居民、农村居民人均可支配收入分别为 27 143 元、16 856 元，分别增长 3.5%、7.3%。“十三五”期间，封开县成功创建广东省全域旅游示范区，龙山景区获评 4A 级旅游景区，贺江碧道画廊建成启用并被列为“广东美丽乡村精品线路”，入选广东省县级文明城市提名城市。

——怀集县。2020 年，怀集县地区生产总值 246.91 亿元，增长 2.8%。人均地区生产总值 30 633 元，增长 3.0%。三次产业结构调整为 43.2∶

20.3∶36.5。规模以上工业增加值11.60亿元，下降28.5%。固定资产投资132.49亿元，增长14.3%。社会消费品零售总额68.50亿元，下降7.7%。外贸进出口总额4.50亿元，实际利用外资0.52亿元。地方一般公共预算收入6.70亿元，增长6.6%。城镇居民、农村居民人均可支配收入分别为31 969元、18 047元，分别增长5.8%、7.8%。“十三五”期间，怀集县成功创建广东省卫生县城、广东省县级文明城市；高考本科上线人数连续5年蝉联全市第一，获评广东省推进教育现代化先进县。

5. 区域发展平台规划建设情况。

——肇庆新区。2020年，肇庆新区地区生产总值61.04亿元，年均增长6.1%。固定资产投资142.06亿元，年均增长31.0%。社会消费品零售总额94.14亿元，年均增长54.9%。地方一般公共预算收入2.11亿元，年均增长30.4%。高标准完善城市配套设施，中山三院肇庆医院已整体建成，中心小学实现竣工，肇庆新区电子信息产业园动工建设，永安大道二期、港口大道进展顺利，开发建设肇庆新区港式社区。引进“造血”项目带动现代产业集聚，2020年新区新引进产业项目28个，计划投资额约143.3亿元。平谦产业园进驻企业1家，新区电子信息产业园已进驻企业8家。总部经济发展势头良好，引进中国联通肇庆总部等一批项目。

——粤桂合作特别试验区。基础建设稳步推进，基础设施建设项目已完成投资25.64亿元，累计完成征地面积6 000亩，开发利用土地1 580亩，建成通用厂房79栋，共54.26万平方米。招商引资成效显著，试验区加大招商引资力度，共引进产业项目32个。切实推动项目落地，试验区组建企业服务团队，搭建企业负责人和试验区领导直接沟通联系机制，及时解决企业问题。已引进的项目中，14个项目（高新技术企业7家）实现投产。

——广佛肇（怀集）经济合作区。2020年，园区规模以上企业总产值27.30亿元，增长2.8%；园区税收约6 900万元，增长8.0%；规模以上工业增加值6.37亿元，增长5.7%。合作区累计入园项目144个（投产88个、在建39个、筹建17个），起步区已开发面积约11 400亩，累计投入资金约16亿元，主要用于路网建设、土地平整、给排水综合管网、市政绿化亮化等

“七通一平”基础设施建设。闸岗110千伏输变电项目、污水处理厂、生活配套区等项目先后投入使用，园区配套设施不断完善。

二、粤东地区

（一）发展概述

2020年，粤东地区生产总值7 053.51亿元，增长1.7%。其中，第一产业增加值593.68亿元，增长2.9%；第二产业增加值3 005.70亿元，增长1.1%；第三产业增加值3 454.12亿元，增长2.1%。人均地区生产总值43 118元，增长2.1%。社会消费品零售总额3 252.74亿元，下降8.8%。地方一般公共预算收入312.09亿元，增长3.4%。城镇居民人均可支配收入29 622元，增长3.7%；农村居民人均可支配收入17 357元，增长5.9%。

——产业发展稳中向好。2020年，粤东地区三次产业结构调整为8.4：42.6：49.0。规模以上工业增加值1 568.36亿元，下降1.7%。汕头、汕尾市规模以上工业增加值分别为676.32亿元、178.24亿元，分别增长1.8%、2.6%。潮州、揭阳市规模以上工业增加值分别为251.75亿元、462.04亿元，分别下降2.5%、2.7%。汕头市“十三五”期间投资额5 000万元以上新引进和增资扩产产业项目达56个，总投资194.65亿元；汕头六合、龙湖龙东等重点产业平台建设全面铺开。潮州市“十三五”期间新增市场主体10.8万户，年均增长16.4%；完成“个转企”3 497家，年均增长5.2%；规模以上工业企业增至923家，产值超亿元企业增至344家。揭阳市“十三五”期间累计引进落户产业项目277个，组织1 679家企业实施技术改造；2020年新增“个转企”642家、高新技术企业46家、上市企业2家，快递业务总量跃居全国城市第7位。汕尾市“十三五”期间产业园区累计投入建设资金96亿元，入园项目217个、投产77个，产值730亿元；2020年组建四大招商中心，引进108个项目，总投资额576.90亿元。

——交通基础设施日益完善。汕头市高速公路通车里程达227公里，是“十二五”末的3倍；“十三五”期间，广梅汕增建二线及厦深联络线建成运营，汕汕高铁全面开工，大湾区港口群东翼枢纽港加快建设。潮州市公路通车里程达5 431公里，较“十二五”末增长7.6%；“十三五”期间，厦深铁路饶平站实现始发运营，潮州港亚太通用码头一期工程、潮州港扩建货运码头工程竣工并投入运营。揭阳市高速公路密度达6.16公里/百平方公里，居粤东首位；“十三五”期间，揭惠高速、潮汕环线建成通车，汕汕铁路揭阳段、揭惠铁路开工建设，揭阳潮汕国际机场跃升4E等级。汕尾市公路通车总里程达5 785.2公里，国省道二级及以上公路比例达57%；“十三五”期间，潮惠高速建成通车，厦深铁路深汕段捷运线正式开通，汕尾机场纳入省通用机场布局规划。

——重点项目建设稳步推进。2020年，粤东地区固定资产投资下降1.0%，其中，揭阳、汕尾市固定资产投资分别增长2.5%、14.0%，汕头、潮州市固定资产投资分别下降6.4%、5.7%。粤东地区省重点项目完成投资1 209.8亿元，占全省完成投资的13.0%，为年度计划投资的132%。新开工建设揭阳港疏港铁路、国电投90万千瓦海上风电等项目，加快推进汕头大学东校区、广东以色列理工学院南校区、广东汕头幼儿师范高等专科学校、广东工业大学揭阳校区等高校建设，深汕中心医院顺利竣工。

——民生保障水平不断提高。2020年，粤东地区全体居民人均可支配收入24 576元，增长4.7%。其中，汕头、潮州、揭阳、汕尾市全体居民人均可支配收入分别为28 221元、23 303元、21 822元、24 427元，分别增长6.0%、3.4%、2.3%、7.2%。汕头市“十三五”期间年均新增城镇就业人员保持在4.5万人以上，城镇登记失业率控制在2.5%以内；地方一般公共预算投入教育、社会保障和就业等十类民生支出超过130亿元。潮州市“十三五”期间完成地方一般公共预算民生类科目支出687.80亿元，年均增长9.2%；成功创建广东省教育强市、广东省推进教育现代化先进市，绵德小学等13所公办学校建成投用。揭阳市“十三五”期间累计开展各类技能培训

15.65 万人，新增城镇就业 15.78 万人；新（改、扩）建四级医疗卫生项目 1 208个，县域医共体建设实现全覆盖。汕尾市“十三五”期间新增义务教育学位 3.4 万个，新增各类学校 254 所；养老保险、失业保险、工伤保险参保总人次达 158.6 万。

表 22　2020 年广东省粤东四市主要经济指标

地区	地区生产总值		人均地区生产总值		第三产业增加值		地方一般公共预算收入	
	绝对数（亿元）	增长（%）	绝对数（元）	增长（%）	绝对数（亿元）	增长（%）	绝对数（亿元）	增长（%）
粤东	7 053.51	1.7	43 118	2.1	3 454.12	2.1	312.09	3.4
汕头	2 730.58	2.0	49 661	1.8	1 303.99	1.7	143.47	3.8
潮州	1 096.98	1.3	42 605	1.7	471.26	0.6	48.63	1.3
揭阳	2 102.14	0.2	37 495	0.9	1 122.97	2.2	73.97	1.3
汕尾	1 123.81	4.6	41 950	5.3	555.90	4.8	46.01	8.4

（二）汕头市

1. 概况。

2020 年，汕头市地区生产总值 2 730.58 亿元，增长 2.0%。人均地区生产总值 49 661 元，增长 1.8%。社会消费品零售总额 1 417.06 亿元，下降 9.3%。外贸进出口总额 681.64 亿元，增长 13.5%。地方一般公共预算收入 143.47 亿元，增长 3.8%。全体居民人均可支配收入 28 221 元，增长 6.0%。金融机构本外币存款余额 4 130.81 亿元，增长 7.0%；金融机构本外币贷款余额 2 220.33 亿元，增长 2.4%。

2. 振兴发展情况。

——创新能力有效提升。全社会研究与试验发展经费投入年均增长 23%，占地区生产总值比重从 2015 年的 0.66% 提高到 2020 年的 1.04%。汕头高新区升格为国家级高新区，龙湖工业园区获批省级高新区，濠江区获批建设省级农业科技园区，化学与精细化工广东省实验室、粤港新发传染病联合实验室等高端创新平台获批设立。全市共有国家企业技术中心2家、省级新型研发机构9家、省级重点实验室8家、省级工程技术研究中心200家。高新技术企业648家。强化高层次人才支撑，拥有省“珠江人才计划”团队1个、省“扬帆计划”团队5个，实施三年引进4 000名全日制博（硕）士行动计划。

——产业加快转型升级。2020年，入选全国数字经济百强城市；新认定7个市级现代特色农业产业园；澄海宝奥城电子商务园获“国家级电子商务示范基地”称号；南澳县入选国家电子商务进农村综合示范县。战略性新兴产业发展提速，全市高技术制造业、先进制造业增加值占规模以上工业增加值分别提升至6.3%、36.3%。传统优势产业加快转型升级，“十三五”期间，累计完成工业技改投资1 850亿元，是“十二五”期间的2.7倍，潮阳、潮南印染中心建成投入使用，159家印染企业入园集聚升级改造，潮南区获批全国服装（内衣家居服）产业知名品牌示范区。

——改革开放成果显著。推进营商环境综合改革，实行“马上办、网上办、就近办、一次办”事项改革、“一表式”改革，开展政务服务事项标准化梳理。截至2020年底，市、区（县）依申请类政务服务事项网上可办率约83%，“最多跑一次”事项比例超95%。供给侧结构性改革成效明显，“十三五”期间补短板重大项目累计投资约585亿元，国有“僵尸企业”250户出清重组，特困企业100户完成脱困。加快建设国家跨境电子商务综合试验区，汕头保税区转型升级为综合保税区，澄海宝奥城获批国家市场采购贸易试点。承担口岸物流协同平台建设省级试点，汕头口岸实现全流程无纸化通关。“十三五”期间，复制推广203项自贸试验区改革创新经验，开展跨境贸易便利化改革、国际贸易“单一窗口”应用推广和口岸物流协同平台建设等试点。

——综合交通枢纽加速构建。“十三五”期间，累计完成交通基础设施投资553亿元，是“十二五”时期的3.9倍。铁路建设取得重大突破，汕汕铁路建设全面铺开，漳汕铁路、广澳港疏港铁路和粤东城际铁路加快前期工作，汕头高铁站及枢纽一体化工程加快建设。高速公路织密成网，全市高速公路密度在2020年底达到10.3公里/百平方公里。揭惠、汕湛和潮汕环线建成通车，牛田洋快速通道、汕头海湾隧道、汕北大道（凤东路）等项目铺开建设。建成汕头港广澳港区二期工程2个10万吨级集装箱泊位、10万吨级航道工程、防波堤工程，集装箱通过能力达到201万标箱，开通18条国际班轮航线和19条内贸航线，航线网络基本覆盖东南亚主要港口和国内沿海各港口。

——生态环境明显好转。全面推行河长制湖长制，13座生活污水处理厂等一批设施建成投运，污水处理能力达98.15万吨/日，建成管网7 941公里，潮阳、潮南区纺织印染环保综合处理中心、生活垃圾焚烧发电厂项目投入使用。城市环境空气质量优良天数比例保持在90%以上，受污染耕地和建设用地安全利用率达90%以上，医疗废物100%无害化处理处置，万元地区生产总值能耗、万元地区生产总值二氧化碳排放量和主要污染物排放水平完成“十三五”规划目标。入选国家森林城市、全国黑臭水体治理示范城市、广东省节水型城市。

——民生福祉持续增进。“十三五”期间，全市十类民生支出占地方一般公共预算支出比重达76.2%。2020年，城镇居民、农村居民人均可支配收入分别增加到32 922元、18 962元；新增城镇就业4.97万人，城镇登记失业率为2.5%；全市2.7万户、9.3万名建档立卡贫困人口全部脱贫退出；城乡居民基本养老保险参保人数215万人、城乡居民基本医疗保险参保人数500.3万人、失业保险参保人数51.5万人。完成学前教育普惠发展“5080”目标任务，汕头大学东校区、广东以色列理工学院南校区、广东汕头幼儿师范高等专科学校3所高校加快建设。区域医疗服务功能不断完善，加快推进市中医医院、市妇幼保健院等项目建设。小公园开埠区获评省级历史文化街区。潮汕历史文化博览中心等项目建设有序推进。

3. 县域经济发展情况。

2020年，南澳县地区生产总值32.57亿元，增长1.8%。人均地区生产总值50 618元，增长1.4%。三次产业结构调整为36.8∶16.0∶47.2。社会消费品零售总额18.11亿元，下降10.3%。外贸进出口总额1.71亿元，增长35.2%。地方一般公共预算收入2.79亿元，增长4.6%。城镇居民、农村居民人均可支配收入分别为 17 633 元、14 161 元，分别增长 2.4%、5.8%。“十三五”期间，南澳县被列入广东省首批“生态宜居美丽乡村示范县”，成为汕头首个广东省全域旅游示范区，获评 2020 年全国森林康养基地试点建设县和广东省森林康养基地。

（三）潮州市

1. 概况。

2020 年，潮州市地区生产总值 1 096.98 亿元，增长 1.3%。三次产业结构调整为 9.7∶47.3∶43.0。人均地区生产总值 42 605 元，增长 1.7%。社会消费品零售总额 444.88 亿元，下降 9.4%。外贸进出口总额 181.93 亿元，下降 15.6%。规模以上工业增加值 251.75 亿元，下降 2.5%。地方一般公共预算收入 48.63 亿元，增长 1.3%。全体居民人均可支配收入 23 303 元，增长 3.4%，其中，城镇居民人均可支配收入 26 440 元，增长 2.4%；农村居民人均可支配收入 17 266 元，增长 5.5%。

2. 振兴发展情况。

——创新驱动发展形成新局面。“十三五”期间，新增高新技术企业 92 家，104 家企业入库国家级科技型中小企业；新增博士、博士后科研平台 28 个，建成科技企业孵化器 9 家、众创空间 5 家。关键核心技术攻关取得新突破，获国家重点研发计划立项 1 项、省重点领域研发计划立项 2 项，科技成果实现国家专利金奖零的突破。科技创新平台建设取得新突破，化学与精细化工广东省实验室潮州分中心正式挂牌运作，韩江实验室揭牌成立，中国潮州（餐具炊具）知识产权快速维权中心获国家知识产权局批准成立。

——产业发展质效得到新提升。“十三五”期间，全市新增市场主体 10.8 万户，年均增长 16.4%；完成“个转企”3 497 家，年均增长 5.2%。截至 2020 年底，规模以上工业企业增至 923 家，产值超亿元企业增至 344 家。“五大产业集群”加快构建，发布国内首个日用陶瓷价格成本指数，通过“中国瓷都”“中国婚纱礼服名城”复评，获评全省唯一的“中国食品名城”。现代农业发展迅猛，拥有市级以上农业龙头企业 57 家，农业品牌稳定在 100 个以上。文化旅游融合发展，“十三五”期间接待游客 8 957 万人次、旅游业总收入 1 321 亿元，分别较“十二五”期间增长 182%、172%。

——全面深化改革取得新进展。“放管服”改革深入推进，依申请类政务服务事项 99.98% 实现“最多跑一次”，市县机构改革顺利完成。“数字政府”建设成效突出，“云—网—数”发展基座有效夯实，成为全省首个建成政务云平台节点的非试点市。推动新一轮商事制度改革，全面推行“证照分离”改革，不动产交易登记“一窗受理”顺利开通。完善市场监管机制，全面推行“双随机一公开”监督检查。国家市场准入负面清单制度和准入前国民待遇加负面清单管理制度得到有效落实，市场准入进一步放宽。

——基础设施建设实现新跨越。“十三五”期间，全市铁路里程新增 38.3 公里，高速公路里程新增 146.6 公里，普通国道公路里程新增 98.7 公里，省道公路里程新增 137.2 公里。梅汕铁路客运专线、广梅汕增建二线潮州段及厦深联络线、潮汕环线和大潮高速建成通车，潮州港亚太通用码头一期工程等基建项目相继投用。公路危桥整治基本完成，水利工程建设全线铺开，能源、通信等市政项目顺利实施，完成城区市政道路等一批项目，“六大工程”建设卓有成效。

——社会民生福祉跃上新水平。“十三五”期间，积极推动民生补短板工程，全市地方一般公共预算民生类科目累计支出 687.80 亿元，年均增长 9.2%；就业形势总体稳定，累计城镇新增就业人数 8.44 万人，城镇登记失业率始终保持在 3.5% 以下。完成学前教育“5080”任务，公办义务教育标准化学校覆盖率 100%，建成“省推进教育现代化先进市”。医药卫生体制改革持续深化，乡镇卫生院标准化建设全面完成，基本医疗保险参保率保持在 98% 以上。社会保障体系不断完善，城乡低保、特困标准逐年提高。

3. 推进区域合作情况。

——推进汕潮揭同城化建设。配合《汕潮揭都市圈发展规划（2020—2035 年）》编制工作，已成功召开七届汕潮揭同城化党政联席会议，合力推动交通对接、年票互认、环境共治、通信同城等领域同城化进程，各方面呈现出多层次、全方位合作的良好格局。“十三五”期间，潮汕环线等高速公路建成通车，广梅汕铁路增建二线及厦深联络线、梅汕客专相继通车，推进滨海旅游公路汕潮揭段等项目前期工作，着力打造汕潮揭1小时交通圈。定期召开潮汕揭三市环保工作联席会议，建立联合监管制度，积极实施《南粤水更清行动计划（2013—2020年）》和联合开展韩江等流域污染整治工作，三江水系联通工程顺利推进。

——融入粤港澳大湾区发展。积极对接融入“双区”建设，主动承接先进地区产业溢出，建立潮州市“大招商”联席会议制度，召开2020年潮州市招商推介大会，成功签约项目96个，协议投资总额620亿元，平安等知名企业进驻潮州。全面深化与深圳市合作，能源领域合作取得较好成效，已建成3座垃圾焚烧发电厂，城镇燃气“一张网”稳步推进，2个热电联产项目加快建设。中山对口帮扶成效显著，中山大道建成通车，饶平（樟溪）工业地产等项目已基本建成。深入挖掘消费潜力，组织490家次企业参加两届网上广交会，达成意向成交额8 702.5万美元；充分发挥粤港澳大湾区和沿海经济带建设“湾+带”联动优势，实施《潮州古城提升行动计划》，推动潮州与大湾区城市旅游合作。

4. 县域经济发展情况。

2020年，饶平县地区生产总值282.74亿元，增长1.8%，年均增长6.1%。人均地区生产总值34 467元，增长2.4%。三次产业结构调整为25.0∶32.4∶42.6。社会消费品零售总额96.03亿元，下降8.9%。地方一般公共预算收入8.40亿元，增长1.2%，年均增长20.2%。城镇居民、农村居民人均可支配收入分别为23 478元、16 386元，分别增长3.9%、6.1%。“十三五”期间累计接待海内外游客1 430.42万人次，实现旅游收入15.92亿元，较“十二五”期间分别增长111.3%和136.2%。“十三五”期间，饶平县荣获全国县城新型城镇化建设示范县、全国法治县（市、区）创建活动先进单位、中国电商示范百佳县等国家和省级各类荣誉称号60多项。

5. 潮州新区建设情况。

——优化提升韩江新城规划布局。编制完成《潮州市韩江新城产业与分区规划》，出台《韩江新城提速发展行动方案（2021—2025）》，为打造“文化、科技、绿色、智慧”韩江新城提供科学指引。

——统筹推进韩江新城重点项目建设。2020 年，韩江新城区域内在建亿元以上项目 27 个，总投资约 398 亿元，累计已完成投资约 183 亿元，年度投资额 56 亿元。潮州万达城、“碧桂园 · 云麓兰庭” 2 个项目建设有序推进。

——投融资工作积极推进。2020 年，新区共融资约 21. 7 亿元，已发放约 19. 17 亿元。其中，与省振兴基金公司对接合作的 9. 3 亿元粤东西北振兴发展股权基金已全部到位，主要用于潮州大桥、潮州东大道及两侧配套设施项目建设，已支付约 9. 18 亿元。潮州东大道（首期）及周边配套设施建设项目争取贷款资金 8 亿元，到位 5. 4 亿元，已支付约 4. 88 亿元。

6. 闽粤经济合作区规划建设情况。

——加强顶层设计。深化体制机制改革，以县区“高度融合”，深化园区管理体制改革为契机，完成开发区土地资产及债务移交等工作。加快修编园区规划，编制完成《潮州港三百门新港区（小红山片区）控制性详细规划》《潮州临港产业园产业发展“十四五”规划》初稿，同步启动《潮州临港产业园控制性详细规划》调整工作。

——完善基础设施配套。争取到省级园区配套建设资金 1. 4 亿元，推动临港产业园柘林文胜围南片（一期 1 337 亩）土地平整工程等项目完成工程招投标并开工建设；完成临港产业园大佛山片区 99 亩土地征收储备。

——推进园区重大项目建设。潮州港扩建货运码头完成工程竣工验收开港运营；闽粤经济合作区液化天然气储配站陆域工程机械竣工；潮州亚太燃油公司公共通用码头（配送基地）、华瀛液化天然气接收站正式动工建设；益海嘉里粮油加工潮州基地、粤东名贵木材集散基地加快建设；华丰中天 5 万吨级 LPG 码头改造升级基本完成前期准备工作。

——加强招商引资服务。先后赴广州等地参加招商推介活动，接待深圳赤湾胜宝旺等企业到开发区投资考察，与小岗村能源集团等公司签署项目合作协议。以益海嘉里粮油加工基地为带动，积极对接正大康地等粮油饲料企业；以华瀛华丰液化天然气接收储配站等项目为依托，延伸发展热电冷联产等产业链配套项目；着力打造粤东现代食品加工集聚区、清洁能源供应及应用示范基地。

7. 汕潮揭临港空铁经济合作区建设情况。

——推进基础设施建设。东山湖现代产业园市政基础设施建设全面完成，已完成投资 8.4 亿元，约占总造价的 94.4%，一批企业落地建成投产，申报认定省级高新技术产业开发区。大岭山产业园完成征地和项目前期，园区扩域工作同步推进。高铁潮汕站区前北路续建工程、潮汕站站南广场及地下车场扩容改建工程等项目推进顺利。

——提升基本公共服务水平。加快凤凰商业中心、华师教育城、碧桂园、中梁地产等一批重点项目建设，推动商贸服务、教育文化等配套服务设施有序嵌入。其中，华师教育城项目计划投资 18 亿元，用地 300 亩，实现学前教育到高中教育全覆盖，服务半径包括潮州、汕头、揭阳三市。

——加快产业集聚发展。东山湖现代产业园已完成申报省级高新技术产业开发区初验工作，进园企业达 50 家、建成投产企业 8 家。大岭山产业园已预征地 3 471.6 亩，并依托国家东南区域应急救援中心建设，积极谋划申报应急产业集聚区。

（四）揭阳市

1. 概况。

2020 年，揭阳市地区生产总值 2 102.14 亿元，增长 0.2%。人均地区生产总值 37 495 元，增长 0.9%。三次产业结构调整为 9.7∶36.9∶53.4。规模以上工业增加值 462.04 亿元，下降 2.7%。社会消费品零售总额 955.16 亿元，下降 10.7%。金融机构本外币存款、贷款余额分别为 2 599.43 亿元、1 236.62亿元，分别增长 7.0%、4.6%。全体居民人均可支配收入 21 822 元，增长 2.3%。

2. 振兴发展情况。

——产业项目建设取得新突破。"十三五"期间，全市累计完成投资 6 500亿元，"一城两园"累计引进项目 34 个、计划总投资 2 369 亿元。重大产业项目建设取得突破，中石油广东石化炼化一体化项目全面开工，配套建设吉林石化 ABS 等产业链项目，打造绿色世界级石化基地。海上风电总装机容量 640 万千瓦获得核准，国电投 90 万千瓦海上风电项目已开工建设，GE（中国通用）海上风电机组总装基地等配套项目加快推进，夯实产业强市基础。稳步推进国家高新区创建工作，全市高新技术企业数量增至 186 家。质量强市战略向纵深发展，全市参与制定先进标准 55 项。

——改革开放不断深化。深化商事制度改革，推进企业开办流程网办和“6 + X 证照联办”，全面提升开办企业便利度，实现“商事登记、公章刻制、税务登记、公积金缴存登记、企业社保缴存登记、银行开户”6 个环节一窗、一次、一网、一日办妥。开放水平全面提升，“十三五”期间，成功举办 4 届中德（欧）中小企业交流会，与美国安大略市缔结友好城市。国际贸易“单一窗口”上线，报关报检覆盖率 100%，进口、出口整体通关时间分别压缩至 4. 38、1. 91 小时。复制推广中国（广东）自由贸易试验区共 5 批次 112 项改革创新经验，推进行政许可事项标准化。

——交通基础设施不断完善。“十三五”期间，全市交通基础设施建设投资累计 239 亿元，比“十二五”期间增长 14%，围绕融入粤港澳大湾区 2 小时经济生活圈，全力加快互联互通网络建设。厦深高铁有效运营，梅汕高铁正式开通，汕汕铁路揭阳段、揭惠铁路开工建设，粤东城际轨道规划建设扎实推进。全市公路里程约 7 611. 29 公里，其中高速公路里程 390. 39 公里，揭惠高速、潮汕环线建成通车，实现“县县通高速”。揭阳潮汕机场从 4D 级升级为 4E 级，2020 年旅客吞吐量达到 528. 5 万人。全市现有在营码头企业 32 家，各类码头泊位 45 个，10 万吨级以上泊位 3 个，揭阳港口岸扩大开放申报已获国务院批准，实现揭阳海港一类口岸零的突破。

——三大攻坚战成效明显。“十三五”期间，各级财政累计投入 35. 89 亿元，实施扶贫开发项目 944 个，全市 3. 7 万户 10. 58 万相对贫困人口、162 个省定贫困村全部稳定达到脱贫标准。污染防治攻坚战扎实推进，建立市、县、镇、村四级河长制，系统性推进练江、榕江流域整治，练江基本告别黑臭，榕江龙石国考断面摘除劣Ⅴ类，龙江流域水质稳定保持在Ⅲ类以上。全面推进农村雨污分流工作，大气环境质量自 2017 年以来连续四年六项指标全面达标。扎实推进防范化解金融风险，重点控制企业杠杆率，降低地方债务水平，严厉打击非法集资，金融领域风险总体可防可控。

——人民生活质量持续改善。居民收入不断提高，2020 年全市城乡居民人均可支配收入为2015 年的1. 34 倍。就业形势保持稳定，“十三五”期间累计开展各类技能培训15. 65 万人，新增城镇就业15. 78 万人。社会保障体系进一步完善，2020 年全市养老保险参保244. 82 万人、基本医疗保险参保575. 91 万人，城乡居民基础养老金标准提高170 元，城乡低保、特困人员基本生活供养标准分别比2015 年提高56%、98%。社会事业全面发展，教育创先持续推进，广工揭阳校区建设加快推进；医疗卫生事业稳步推进，全市卫生技术人员2. 64 万人、医疗床位2. 28 万张；文化基础设施不断完善，广播综合人口覆盖率和电视综合人口覆盖率均达100%。

3. 推进汕潮揭同城化情况。

——交通网络互联互通水平不断提高。大力推进高速公路建设，汕揭、潮惠、揭惠高速，潮汕环线高速相继建成通车。大力推进轨道交通建设，《海峡西岸城市群粤东地区城际铁路网规划》获得国家发展改革委批复，汕汕铁路开工建设，启动粤东城际铁路前期工作。加快打通三市断头路、瓶颈路，着力打造汕潮揭1 小时交通圈。

——合作平台搭建不断提升。加快实施《汕潮揭临港空铁经济合作区发展总体规划》，发挥“地（都）、炮（台）、登（岗）”片区“双中心”独特优势，加强园区土地征收整备和基础配套设施建设，提升园区承载能力和服务水平，落实精准招商，精准供地，推动城市品质化、产业高端化，密切与汕头、潮州合作，合力打造汕潮揭临港空铁经济合作区。

——基本公共服务一体化不断完善。医保定点医院异地就医即时结算，组建汕潮揭人力资源市场，广播电视互相落地播出，推行旅游景区通票制度和“一卡通”，采用“资费叠加包”方式实现通信同城化，增进三市民众对同城化的认同。

——合作机制进一步巩固。建立健全规划协调机制，推动三市在重大共同事务规划的联合编制。完善专项事务协调机制，在各个领域建立跨市专项事务协调机制。构建潮汕三市旅游部门创新合作机制，整合潮汕旅游资源，共同推动潮汕旅游产业繁荣发展。推动三市税务部门展开跨区域合作，联合推出 12 项优化税收营商环境的具体措施，进一步改善税收营商环境。加强与汕头市、潮州市协调联动，共同改善区域大气环境质量，全力推进水利工程建设。

4. 县域经济发展情况。

揭阳市县域包括普宁市、揭西县、惠来县，总面积 4 209 平方公里，占全市总面积的 80.3%。2020 年，全市县域地区生产总值 1 111.28 亿元，占全市地区生产总值的 52.9%。

表 23　2020 年揭阳市县域经济发展情况

地区	地区生产总值（亿元）	社会消费品零售总额（亿元）	地方一般公共预算收入（亿元）	三次产业结构
普宁市	613.58	307.70	20.98	7.1 : 33.2 : 59.7
揭西县	240.01	80.87	4.71	19.4 : 28.7 : 51.9
惠来县	257.69	94.24	6.18	22.4 : 30.0 : 47.6

——普宁市。2020 年，普宁市地区生产总值 613.58 亿元，增长 0.1%，年均增长 4.0%。人均生产总值 30 559 元，增长 0.6%。三次产业结构调整为 7.1 : 33.2 : 59.7。社会消费品零售总额 307.70 亿元，下降 10.3%，年均增长 5.5%。地方一般公共预算收入 20.98 亿元，下降 1.8%，年均增长 0.7%。城镇居民、农村居民人均可支配收入分别为 28 247 元、18 419 元，分别增长 4.1%、6.8%。“十三五”期间，普宁市入选全国淘宝百强县，获评国家级电子商务进农村综合示范县；成功创建省级卫生城市，获省文明城市提名。

——揭西县。2020 年，揭西县地区生产总值 240.01 亿元，增长 1.6%，年均增长 4.1%。人均地区生产总值 35 202 元，增长 4.0%。三次产业结构调整为 19.4 : 28.7 : 51.9。社会消费品零售总额 80.87 亿元，下降 11.4%，年均增长 3.9%。地方一般公共预算收入 4.71 亿元，增长 0.2%。城镇居民、农村居民人均可支配收入分别为22 669元、13 304元，分别增长3.4%、6.4%。“十三五”期间累计接待游客5 363.7万人次，实现旅游总收入289亿元。“十三五”期间，揭西县成功创建国家农产品质量安全县；成功创建粤东地区首个“中国天然氧吧”。

——惠来县。2020年，惠来县地区生产总值257.69亿元，下降3.5%，年均增长2.4%。人均地区生产总值24 622元，下降2.7%。三次产业结构调整为22.4∶30.0∶47.6。规模以上工业增加值33.64亿元，年均下降1.3%。社会消费品零售总额94.24亿元，下降11.1%，年均增长4.9%。地方一般公共预算收入6.18亿元，增长33.6%，年均下降1.1%。城镇居民、农村居民人均可支配收入分别为22 505元、14 093元，分别增长1.2%、3.3%。“十三五”期间，惠来县被评为第三批全国农村创业创新典型县；被省教育厅授予广东省教育强县、广东省推进教育现代化先进县称号。

5. 揭阳新区规划建设情况。

揭阳新区规划总面积595平方公里，核心区是榕江新城，面积44.2平方公里，起步区位于核心区范围内，面积约19平方公里，榕江新城开发建设全面加快，新城聚集效应不断凸显。

——交通基础设施建设强劲发力。新城交通基础设施“经脉”基本打通，骨干道路实现联网成环。滨江大道（环岛路）二期、新城大道和望江北路（省道505）、地西路（省道235）等4条“主动脉”建成通车，建设大道二期等一批道路建设全面提速，新城主干道湖心路等路段突破各建设卡点，新城主干道路加速实现闭环成网。

——宜居宜业项目加快集聚。半岛明珠等12个现代化住宅区加速崛起，成为宜居新城样板区块。广建粤东总部大厦（揭阳）、绿地国际空港城、博胜汇金广场等区域总部和城市综合体项目快速推进，明月体育公园、双溪明月亲水公园建成投入使用，滨江大道（环岛路）风光等一批旅游休闲项目正成为全市“网红”旅游地，榕江新城宜居宜业指数不断提升。

——公共配套设施日臻完善。空港第一初级中学设立开办，南开实验小学强势进驻，空港第一小学启动建设。粤东肿瘤医院、潮汕妇女儿童医院和渔湖卫生院医技大楼完成主体工程建设进入内部装修，市第五人民医院综合医技大楼建设加快推进，首家综合性三甲医院浩泽医院动工建设。

6. 揭阳滨海新区规划建设情况。

揭阳滨海新区包括揭阳大南海石化工业区和惠来县惠城、隆江、东陇、华湖、神泉、前詹6个镇，规划总面积369平方公里，其中核心区粤东新城面积51.30平方公里。

——加快推进粤东新城规划建设。粤东新城管委会正式挂牌成立，编制完成总部商务等5个组团控制性详细规划、先行启动区等7个重点地区详细性城市设计和开发建设方案。建设粤东新城城市社区人才安居项目，保障中委广东石化炼化基地、广东工业大学揭阳校区及揭阳滨海新区企业居住和商业服务需求。开展粤东新城城市配套基础设施建设工程等重点项目的前期工作，争取早日开工建设。

——全力推进中石油广东石化炼化一体化项目建设。组建重大石化项目建设指挥部，截至2020年底，中石油204个主项已开工166个，同步引进吉林石化ABS、昆仑能源揭阳LNG等配套项目。启动揭阳至惠来铁路建设，一批基础设施项目取得重大进展，海洋放流管、固废处理、中石油广东揭阳LNG项目相继开工建设。

——加快揭阳海上风电项目建设。临港产业园海上风电项目取得新突破，截至2020年底，已入驻企业14家，总投资达1 400亿元。国电投90万千瓦海上风电项目完成投资47.62亿元，开工建设GE海上风电机组总装基地、明阳新能源综合基地，塔筒、叶片、海缆等一批重大项目签约落户。

（五）汕尾市

1. 概况。

2020年，汕尾市地区生产总值1 123.81亿元，增长4.6%。三次产业结构调整为14.2∶36.3∶49.5。人均地区生产总值41 950元，增长5.3%。规模以上工业增加值178.24亿元，增长2.6%。社会消费品零售总额435.65亿元，下降1.5%。地方一般公共预算收入46.01亿元，增长8.4%。金融机构本外币存款余额、贷款余额分别为1 073.29亿元、680.92亿元，分别增长7.1%、30.5%。

2. 振兴发展情况。

——创新驱动发展成效逐步显现。2020年，全市研究与试验发展经费支出占地区生产总值比重提高至0.56%，每万人口发明专利拥有量增至1.88件。加快汕尾海洋渔业科技产业园建设，加快推进汕尾高新区创建国家级高新区，加快推进陆河新河工业园申报创建省级高新区。产业发展提质增效，先进制造业、高技术制造业增加值占规模以上工业增加值比重分别提高到41.1%、23.2%，现代服务业增加值占服务业增加值比重提高到53.0%。“十三五”期间，电子信息、电力能源、新能源汽车等制造业加速集聚，新一代信息技术、生物医药、数字经济等战略性新兴产业增长点不断增多。

——改革开放取得新突破。建立“1+5+X”工作协调机制，加快推动企业投资项目审批制度改革，出台《汕尾市推进企业投资项目落地便利化实施方案》。加快“数字政府”建设，全力打造“无证明城市”，深化“一门式一网式”政务服务改革，民生和企业事项网上可办率达99.59%。创建对外合作平台，申报建设中国（汕尾）跨境电子商务综合试验区、汕尾综合保税区以及中国（广东）自由贸易试验区汕尾联动发展区。

——基础设施不断完善。“十三五”期间，广汕铁路、汕汕铁路开工建设，龙汕铁路前期工作有序开展，谋划深汕梅铁路（汕尾至梅州铁路）研究工作；潮惠高速汕尾段、兴汕高速一期建成通车，深汕西高速公路改扩建工程汕尾段、兴汕高速二期启动建设。截至2020年底，全市公路通车总里程达5 785.2公里，公路密度提高至118.9公里/百平方公里。汕尾机场前期工作稳步进行，候机楼建设正积极推进。汕尾港口岸海丰港区、陆丰港区获国务院批准对外开放，宝丽华甲湖湾电厂10万吨级配套码头、陆丰核电3 000吨级重件码头建成投产。推进光纤入户，光纤入户率达90%以上。

——城乡面貌显著改善。城市品质明显提升，汕尾大道等城市主干道完成改造，海滨大道西片区城市更新示范工程开工建设，中轴西路等市政道路建设加快推进。启动市东部水质净化厂建设，生活垃圾分类示范片区建设加快推进，基本实现建制镇污水处理设施全覆盖。乡村振兴取得重大进展，连续两年实绩考核排名粤东第一，农村人居环境整治三年行动圆满收官。串珠成链建设8条乡村振兴示范带，打造3A级景区村庄7个。新增海丰丝苗米省级现代农业产业园，建设高标准基本农田5.27万亩，新增国家农产品地理标志2个、国家级名特优新农产品品牌8个、省级名特优新农产品品牌32个。

——民生保障水平不断提升。2020年，全面完成省、市十件民生实事，九大民生支出199.40亿元，占地方一般公共预算支出的74.9%。大力实施学前教育"5080"攻坚，新改扩建义务教育学校12所，高中阶段教育毛入学率95.1%。汕尾理工学院完成学科专业设置专家论证，汕尾职业技术学院新校区加快建设。深汕中心医院顺利竣工、门诊试运营；市中医医院、市第三人民医院建设加快推进；9家县级公立医院、3家中心卫生院完成升级改造、投入使用。"十三五"期间，全市财政民生类支出累计投入753.86亿元，全市城镇新增就业人数累计突破25万人，城镇登记失业率控制在3%以内。

3. 推进区域合作情况。

一是加强统筹规划。先后出台《关于接轨融入深圳建设中国特色社会主义先行示范区的若干举措》《关于全面接轨深圳全力融入"双区"的意见》等文件，为融湾行动提出方向和路径。同时注重发挥规划的引领作用，主动参与深圳都市圈发展规划编制。二是完善融入"双区"综合交通运输体系。广汕铁路、汕汕铁路加快建设，加快推进潮惠高速公路海城互通立交和海丰服务区等项目的前期论证工作。三是加强协同创新产业体系建设。以深汕共建产业园区为载体，深入推进深汕产业共建共兴，加快构建现代化产业体系。四是推进优质资源合作共享。争取深汕师资双向挂职交流，推进医疗卫生资源深度共享，推动就业、社保、公共文化等领域的对接合作。

4. 县域经济发展情况。

2020年，全市县域地区生产总值803.57亿元，占全市地区生产总值的71.5%。社会消费品零售总额为332.49亿元，占全市的76.3%。地方一般公共预算收入23.08亿元，占全市的50.2%。

表 24　2020 年汕尾市县域经济发展情况

地区	地区生产总值（亿元）	社会消费品零售总额（亿元）	地方一般公共预算收入（亿元）	三次产业结构
海丰县	349.77	144.00	10.63	11.1：44.9：44.0
陆丰市	364.71	152.58	8.68	19.8：31.9：48.3
陆河县	89.09	35.91	3.77	17.8：26.3：55.9

——海丰县。2020 年，海丰县地区生产总值 349.77 亿元，增长 5.1%，年均增长 7.2%。人均地区生产总值 47 477 元，增长 5.0%。三次产业结构调整为 11.1：44.9：44.0。规模以上工业增加值 59.2 亿元，增长 4.3%，年均增长 9.6%。社会消费品零售总额 144.00 亿元，下降 1.1%，年均增长 7.1%。地方一般公共预算收入 10.63 亿元，增长 10.3%。城镇居民、农村居民人均可支配收入分别为 33 807 元、19 258 元，分别增长 8.0%、10.3%。“十三五”期间，海丰县成功列入国家县城新型城镇化建设示范名单，荣获广东省卫生县城称号，入选“2020 中国最美县域榜单”。

——陆丰市。2020 年，陆丰市地区生产总值 364.71 亿元，增长 4.7%。人均地区生产总值 29 383 元，增长 5.8%。三次产业结构调整为 19.8：31.9：48.3。社会消费品零售总额 152.58 亿元，下降 1.2%，年均增长 6.6%。地方一般公共预算收入 8.68 亿元，增长 8.1%，年均增长 8.1%。城镇居民、农村居民人均可支配收入分别为 27 238 元、17 575 元，分别增长 6.4%、8.4%。“十三五”期间，陆丰市碣石临港产业园基本成型，不断推动形成海上风电研发设计、制造施工、运维等一体化的海上风电产业集群。

——陆河县。2020 年，陆河县地区生产总值 89.09 亿元，增长 2.9%，年均增长 8.6%。人均地区生产总值 35 785 元，增长 3.7%。三次产业结构调整为 17.8：26.3：55.9。规模以上工业增加值 16.33 亿元，下降 7.9%。社会消费品零售总额 35.91 亿元，下降 0.6%，年均增长 5.7%。外贸进出口 5 545 万元，实际利用外资 1 642 万元。地方一般公共预算收入 3.77 亿元，增长

6.1%，年均增长9.8%。城镇居民、农村居民人均可支配收入分别为24 155元、13 848元，分别增长7.0%、9.2%。“十三五”期间，陆河县培育国家级和省市级示范社29家、省市级农业龙头企业25家，县产业转移工业园晋级省级高新技术产业开发区；荣获广东省文明城市、中国生态养生之乡、中国营商环境百佳示范县等称号。

5. 汕尾新区规划建设情况。

——经济新引擎越发明显。红草园区作为汕尾高新区的中心片区，2014年启动建设以来，园区累计投入资金38.34亿元，完善基础设施功能配套建设。市政道路累计已完成里程约13.45公里道路建设，汕尾高新区创业服务中心已投入使用。园区先后引进比亚迪等66个产业项目，总投资额超320亿元，逐步形成电子信息、新能源新材料、生物医药三大产业链条集聚发展模式。汕尾高新区中心园区产业基础不断夯实，2020年，固定资产投资26.78亿元，工业固定资产投资19.37亿元；规模以上工业企业累计实现产值71.86亿元，增长113.5%。

——城市商务中心逐步形成。中央商务区起步区面积约6平方公里，以发展服务业为主，集商业贸易、商务办公、电子商务、旅游、物流配送、会展、居住配套等服务功能，形成中心城区商贸流通与现代服务业集聚发展区。依托振兴发展基金，振兴公司累计投入11.54亿元，推进中央商务区土地整治、火车站前广场及道路等基础设施建设。中央商务区保利大都汇、碧桂园时代城、金融中心等一批商务产业项目建成落地建设，逐步形成集商业贸易、会展、居住配套等服务功能。

——滨海旅游度假区日臻完善。金町湾旅游度假区主要规划建设滨海度假、沙滩浴场、滨海娱乐为特色的滨海旅游度假新城，总投资约200亿，总占地面积4 500亩，建筑规模近150万平方米。金町湾一期累计投资34.13亿元，完成总建筑面积88.28万平方米；金町湾二期累计投资15.80亿元，总建筑面积103.87万平方米。规划打造滨水文化创意街区、渔人码头、Club Med酒店、“三馆一中心”（民俗文化馆、网球馆、综合健身馆、艺术中心）等一系列文旅配套设施。

三、粤西地区

（一）发展概述

2020 年，粤西地区生产总值 7 739.97 亿元，增长 2.2%。其中，第一产业增加值 1 534.32 亿元，增长 2.4%；第二产业增加值 2 569.33 亿元，增长 4.3%；第三产业增加值 3 636.31 亿元，增长 0.4%。人均地区生产总值 49 202元，增长 1.7%。社会消费品零售总额 3 446.43 亿元，下降 5.8%。外贸进出口总额 835.65 亿元，增长 9.7%，其中，出口总额 504.86 亿元，增长 1.6%。地方一般公共预算收入 346.15 亿元，增长 3.2%。

——产业发展水平持续提升。2020 年，粤西地区三次产业结构调整为 19.8∶33.2∶47.0；规模以上工业增加值 1 416.01 亿元，增长 5.2%。湛江、阳江市规模以上工业增加值分别为 653.64 亿元、299.11 亿元，分别增长 5.4%、17.0%。茂名市规模以上工业增加值为 463.25 亿元，下降 2.3%。湛江市“十三五”期间年均完成工业投资 464.29 亿元；金融业增加值提高至 149.02 亿元，是“十三五”期初的 1.5 倍，金融总体规模位居粤东西北首位。茂名市“十三五”期间 962 家工业企业开展技术改造，完成投资 502 亿元；全市资质内建筑业企业增至 221 家，是 2015 年的 1.71 倍。阳江市“十三五”期间累计投入超 51 亿元实施园区基础设施建设工程，四大省级产业园工业产值超 1 000 亿元；民营企业、中小微企业贷款余额分别年均增长 11.0%、5.4%。

——交通基础设施日益完善。湛江市“十三五”期间交通投资突破 700 亿元，是“十二五”时期的 2.6 倍；玉湛高速、汕湛高速等建成通车，深湛高铁江湛段建成通车，全球最大的客货滚装码头徐闻港建成开港。茂名市“十三五”期间完成交通投资 547 亿元，比“十二五”时期增长 105%；五年新增高速公路通车里程 160 公里，汕湛高速茂名段建成通车，云茂高速茂名段全线贯通。阳江市“十三五”期间交通投资超 400 亿元，是“十二五”时期的 4 倍；沈海高速开阳段改扩建工程等 5 个重大交通项目建成通车，江湛铁路建成通车，结束阳江不通高铁的历史。

——重点项目建设稳步推进。2020 年，粤西地区固定资产投资下降 0.5%，其中，茂名、阳江市分别增长 0.7%、12.6%，湛江市下降 6.1%。粤西地区省重点项目完成投资 1 120.9 亿元，占全省完成投资的 12.1%，为年度计划投资的 125%。建成中山至阳春高速公路开平至阳春段、玉林（省界）至湛江高速公路、湛江中科合资广东炼化一体化项目等项目。湛江巴斯夫首批装置打桩开建，湛江中科炼化一体化项目建成投产。

——民生事业取得新成效。2020 年，粤西地区全体居民人均可支配收入 25 087 元，增长 6.5%。其中，湛江、茂名、阳江市全体居民人均可支配收入分别为 24 986 元、24 600 元、26 591 元，分别增长 7.1%、6.1%、5.8%。湛江市“十三五”期间培训技能人才 22.89 万人次，城镇新增就业超过 38.19 万人；五年新增学前教育学位 8 万个，国家义务教育基本均衡县、省级教育强县、强镇（街）覆盖率达 100%。茂名市“十三五”期间民生支出 1 744.8 亿元，年均增长 8.1%；建档立卡贫困人口 100% 享受医保待遇；五年完成棚户区改造 3 023 套，实施农村危房改造 3.8 万户。阳江市“十三五”期间城镇新增就业 17.64 万人，市人民医院新住院大楼、市妇幼保健院新院建成使用，新建和改扩建县级公立医院 4 家。

表 25　2020 年广东省粤西三市主要经济指标

地区	地区生产总值		人均地区生产总值		第三产业增加值		地方一般公共预算收入	
	绝对数（亿元）	增长（%）	绝对数（元）	增长（%）	绝对数（亿元）	增长（%）	绝对数（亿元）	增长（%）
粤西	7 739.97	2.2	49 202	1.7	3 636.31	0.4	346.15	3.2
湛江	3 100.22	1.9	44 408	1.9	1 426.36	1.1	137.78	5.0

（续上表）

地区	地区生产总值		人均地区生产总值		第三产业增加值		地方一般公共预算收入	
	绝对数（亿元）	增长（%）	绝对数（元）	增长（%）	绝对数（亿元）	增长（%）	绝对数（亿元）	增长（%）
茂名	3 279. 31	1. 5	53 311	0. 5	1 598. 20	0. 5	142. 66	2. 0
阳江	1 360. 44	4. 4	52 357	3. 8	611. 75	－1. 6	65. 70	2. 2

（二）湛江市

1. 概况。

2020 年，湛江市地区生产总值 3 100. 22 亿元，增长 1. 9%。人均地区生产总值 44 408 元，增长 1. 9%。三次产业结构调整为 20. 1 ：30. 9 ：46. 0。社会消费品零售总额 1 638. 76 亿元，下降 4. 6%。外贸进出口总额 444. 65 亿元，增长 7. 4%。地方一般公共预算收入 137. 78 亿元，增长 5. 0%。全体居民人均可支配收入 24 986 元，增长 7. 1%。

2. 振兴发展情况。

——创新驱动战略深入实施。大力实施高新技术企业培育计划，“十三五”末，全市高新技术企业突破 300 家，通过科技型中小企业备案入库企业 211 家，拥有市级以上科技企业孵化器 11 家、众创空间 14 家。国家级高新区建设加快推进，截至 2020 年底，拥有市级以上科技企业孵化器 5 个，省级重点实验室 3 家，省级以上新型研发机构 2 家，省、市级企业研发机构 59 家。新增博士后科研工作站 2 家，广东省博士工作站 10 家，实现市属博士后科研工作站零的突破。湛江湾实验室建设加快推进，龙王湾一期项目开工建设，引进吴有生院士等科学家，引进科研人员超过 100 人。与深圳鹏城实验室签订共建湛江海洋科技研究与产业化基地合作协议，人工智能开源创新平台鹏城云脑—湛江分中心开通。

——现代产业体系加快构建。重大临港产业提速发展，宝钢湛江钢铁 3

号高炉系统项目加快建设，巴斯夫（广东）一体化首期项目第一批装置、乌石 17－2 油田群开发项目陆上终端开工建设，中科炼化一期项目建成投产，粤电湛江新寮海上风电等项目加快推进；产业集聚发展成效显著，钢铁配套产业园建成投产项目 29 个，建成 4 个百亿元级工业园区。滨海旅游业加快发展，湛江华侨城欢乐海湾项目顺利动工建设，雷州市龙门镇足荣村入选第二批全国乡村旅游重点村。传统优势产业转型升级成效显著，“十三五”期间实施技改企业 971 家，完成技改投资 456 亿元；五年获批国家级、省级现代农业产业园 15 个，累计 26 个农产品入选全国名特优新农产品名录。

——现代化立体交通持续强化。高速路网不断完善，2020 年全市境内高速公路通车总里程突破 400 公里，玉湛高速、湛徐高速徐闻港支线建成通车，东雷高速、汕湛高速吴川支线加快建设，环城高速南三岛大桥等项目开工建设。高铁通达水平逐步提升，“十三五”期间新增高铁里程 85.7 公里，广湛高铁湛江段及深湛铁路湛江吴川机场支线预埋结构工程全面动工建设，湛海高铁、合湛高铁前期工作加快推进。港航建设迈上新台阶，2020 全年港口货物吞吐量 2.34 亿吨，增长 8.4%；湛江港徐闻港区南山作业区客货滚装码头等项目建成投入运营，湛江港 30 万吨级航道改扩建工程等项目加快建设。湛江吴川机场建设进展顺利。

——乡村振兴成效显著。全域完成“三清理三拆除三整治”，截至 2020 年底，1 493 个行政村达到干净整洁村标准，821 个行政村达到美丽宜居村标准，28 582 户农村危房改造任务全部完成，无害化卫生户厕普及率为 100%。2 个村庄入选广东特色名村，9 个村庄入选首批广东文化和旅游特色村。“两不愁三保障”惠民政策全面落实，全市 218 条省定贫困村全部出列，81 680 户贫困户、233 737 名贫困人口全部达到脱贫标准，行政村通自然村全部实现道路硬底化。推动“一镇一业、一村一品”，吸纳社会资本投入约 2.4 亿元，带动 2.1 万名有能力有意愿贫困人员脱贫致富。推进“农村电商”促就业创业，遂溪县空姐电商服务站、广东菠萝主义集团菠萝电商基地在 2020 年获批全省首批农村电商基层示范站。

——生态文明建设取得新成效。空气质量六项主要污染物浓度全面达标，

PM2.5“十三五”时期年均浓度平均值降至26微克/立方米。地表水国考断面优良水体比例达100%，列入“水十条”考核的8个集中式饮用水水源水质全部达到或优于Ⅲ类。截至2020年底，全市9 761个自然村完成农村生活污水收集，5 695个自然村完成农村生活污水治理。大力推动危废处置和生活垃圾焚烧发电设施建设，危险废物处理规模提高至10吨/年，湛江综合利用多循环环保项目建成投运，雷州、吴川、徐闻垃圾焚烧发电厂等项目建成投产。“十三五”期间，冠豪、宝钢、晨鸣被工业和信息化部认定为国家级绿色工厂，湛江经济技术开发区被认定为国家级绿色园区。

——民生保障水平不断提升。多措并举稳就业，“十三五”期间，城镇新增就业超过38.19万人，城镇登记失业率控制在3.5%以内。深入实施“粤菜师傅”“广东技工”“南粤家政”工程，2020年创建省级“粤菜师傅”培训基地2个、省级“粤菜师傅”大师工作室2个，“南粤家政”培训基地1家。教育基础持续巩固，2020年新增市区公办义务教育学位10 110个，新增公办学前教育学位7 325个，国家义务教育基本均衡县、省级教育强县、强镇（街）覆盖率达100%。加快卫生健康事业发展，广东医科大学附属医院海东院区等项目动工建设，紧密型县域医共体实现县（市）全覆盖，建成互联网医院4家，粤西首个5G+急救系统上线。文化体育事业繁荣发展，广州湾、雷州古驿道、遂溪醒狮之乡3条历史文化游径获评“广东省历史文化游径”。

3. 推进区域合作情况。

积极配合加快编制琼州海峡经济带和琼州海峡南北两岸发展规划，湛江港开通至海南的集装箱航线6条，与海南国际能源交易中心签署战略合作协议，共建华南大宗商品交易分销中心。拓宽与北部湾城市群合作领域，湛江、玉林签订战略框架协议，玉湛高速建成通车。深化湛茂阳合作交流，召开湛茂阳党政主要领导第一次联席会议，建立常态化工作协调机制；签订《协同推进现代化沿海经济带西翼高质量发展合作框架协议》《共建湛茂空港经济区框架协议》。

4. 县域经济发展情况。

湛江市下辖吴川市、雷州市、廉江市（3个县级市）和徐闻县、遂溪县

(2 个县)，5 个县（市）土地面积为 1.16 万平方公里，占全市总面积的 87.9%。2020 年，湛江市县域地区生产总值 1 674.23 亿元，占全市生产总值的 54.0%。

表 26　2020 年湛江市县域经济发展情况

地区	地区生产总值（亿元）	社会消费品零售总额（亿元）	地方一般公共预算收入（亿元）	三次产业结构
雷州市	327.36	163.30	6.71	41.8∶7.9∶50.3
廉江市	483.49	279.47	15.09	28.4∶32.4∶39.2
吴川市	278.47	147.98	11.16	13.4∶30.5∶56.1
遂溪县	386.77	129.17	10.13	34.9∶16.3∶48.8
徐闻县	198.14	67.20	6.03	50.7∶9.6∶39.7

——雷州市。2020 年，雷州市地区生产总值 327.36 亿元，增长 0.2%。人均地区生产总值 24 735 元，增长 0.6%。三次产业结构调整为 41.8∶7.9∶50.3。社会消费品零售总额 163.30 亿元，下降 5.6%。地方一般公共预算收入 6.71 亿元，增长 14.1%。城镇居民、农村居民人均可支配收入分别为 23 548元、15 035 元，分别增长 3.1%、7.1%。“十三五”期间，雷州市垦造水田“雷州模式”在全省推广，粮食、蔬菜和热带作物产量均居湛江市首位；成功加入海上丝绸之路保护和联合申遗城市联盟。

——廉江市。2020 年，廉江市地区生产总值 483.49 亿元，增长 0.2%。人均地区生产总值 35 435 元，增长 0.4%。三次产业结构调整为 28.4∶32.4∶39.2。社会消费品零售总额 279.47 亿元，下降 2.5%。地方一般公共预算收入 15.09 亿元，增长 17.7%。城镇居民、农村居民人均可支配收入分别为 28 551 元、20 415 元，分别增长 7.5%、8.6%。“十三五”期间，入选国家级电子商务进农村综合示范县（市），创建省“四好农村路”示范县，红橙、乌龙茶等 6 个特色农产品入选全国名特优新农产品名录。

——吴川市。2020年，吴川市地区生产总值278.47亿元，增长2.5%。人均地区生产总值30 624元，下降4.9%。三次产业结构调整为13.4∶30.5∶56.1。社会消费品零售总额147.98亿元，下降5.9%。地方一般公共预算收入11.16亿元，增长10.6%。城镇居民、农村居民人均可支配收入分别为27 571元、22 554元，分别增长4.6%、7.2%。“十三五”期间，吴川市橘红种植基地获评广东省正毛橘红种植标准示范区，鼎龙湾国际海洋度假区获评国家4A级旅游景区、省级旅游度假区，吴川月饼入选中欧地理标志协定首批100个保护名录。

——遂溪县。2020年，遂溪县地区生产总值386.77亿元，增长2.3%。人均地区生产总值46 703元，增长4.7%。三次产业结构调整为34.9∶16.3∶48.8。社会消费品零售总额129.17亿元，下降4.3%。地方一般公共预算收入10.13亿元，增长26.3%。城镇居民、农村居民人均可支配收入分别为25 922元、19 484元，分别增长8.2%、9.3%。“十三五”期间，遂溪县入选“2020中国县域综合实力百强榜”，成为粤西地区唯一县域获选城乡融合发展省级试点县，并入选“2020中国最美县域榜单”。

——徐闻县。2020年，徐闻县地区生产总值198.14亿元，增长0.7%。人均地区生产总值31 130元，增长1.5%。三次产业结构调整为50.7∶9.6∶39.7。社会消费品零售总额67.20亿元，下降5.0%。地方一般公共预算收入6.03亿元，增长11.6%。城镇居民、农村居民人均可支配收入分别为26 928元、19 456元，分别增长5.5%、7.7%。“十三五”期间，徐闻县“菠萝的海”被纳入国家现代农业产业园试验融合片区，曲界镇被广东省农业农村厅授予“一村一品、一镇一业”专业镇称号。

5. 海东新区规划建设情况。

——城市扩容提质成效显著。一是内外通达的大交通格局逐渐形成。广湛高铁湛江湾海底隧道动工建设，湛江东站同步建设；南三环城高速、中线公路动工建设，十字交通干线将贯通南三岛；汕湛高速吴川支线坡头段、军港大道二期等交通基础设施加快推进。二是城市发展能级不断提升。华发综合商业体动工建设，湛江科创中心、南油片区改造升级等商贸项目建设加快推进，红星美凯龙等知名企业强势进驻。三是公共服务配套不断完善。广东医科大学附属医院海东院区、湛江一中新校区等重大项目全面动工；湛江三十二中正式投入使用，坡头供水工程（管网）、区妇幼保健院异地迁建、怡海公园、文化活动中心（三馆合一）等加快推进。

——高新园区建设加快推进。高新区海东园区完成重点项目征地 3 500 多亩，起步区 3 条路网动工建设。湛江湾实验室开工建设，为高新区建设确立了“链主”项目，带动配套设施加速完善，成为项目引进、人才引进的强大引擎。主动融入粤港澳大湾区发展，加强与深圳南山区对接，与深高速、海力德、广东邦鑫勘测科技等企业签订战略合作框架协议。

——科技产业园持续发展壮大。区科技产业园成功列入国家开发区审核公告目录，享受省级产业转移园政策。“一园两区”格局基本形成，产业园累计引进项目 78 个，其中投产 55 个，在建 10 个，筹建 6 个。龙头园区供电、通信等配套设施基本完成，污水处理厂完成土建工程，道路和排水排污主管工程正加快建设。官渡园区“五通一平”基本完成，园区综合污水处理厂投入使用。

（三）茂名市

1. 概况。

2020 年，茂名市地区生产总值 3 279. 31 亿元，增长 1. 5%。三次产业结构调整为 19. 8 ∶31. 5 ∶48. 7。人均地区生产总值 53 311 元，增长 0. 5%。社会消费品零售总额 1 356. 48 亿元，下降 5. 8%。外贸进出口总额 199. 27 亿元，增长 1. 5%。地方一般公共预算收入 142. 66 亿元，增长 2. 0%。全体居民人均可支配收入 24 600 元，增长 6. 1%。金融机构本外币存款余额、贷款余额分别为 3 246. 33 亿元、1 871. 39 亿元，分别增长 7. 7%、18. 3%。

2. 振兴发展情况。

——发展内生动力有新提升。深化“放管服”改革，加快数字政府建设，努力让群众办事“只进一扇门、只跑一个窗”。深化商事登记改革，全市市场主体在 2020 年底突破 30 万，“十三五”期间累计为各类市场主体减免税费

190亿元。创新驱动活力显现，获批建设岭南现代农业科学与技术广东省实验室茂名分中心、国家农业科技园等创新平台，与东华能源、霍尼韦尔UOP创建茂名协同创新中心。开放发展不断深化，实施茂名融入“双区”行动方案，与珠海市开展战略合作，携手湛江、阳江推进沿海经济带西翼高质量发展。获批设立中国（茂名）跨境电子商务综合试验区，积极参与“一带一路”建设。

——产业发展质量有新突破。茂名市注重产业多元发展，加快推进产业转型升级。石化产业做大做强，已形成具有国际竞争力的特色高端产业集群，已集聚长业化工16万吨/年环保溶剂油等多个油品深加工产业项目。新兴产业蓬勃发展，投资1 000亿元的东华能源茂名烷烃资源综合利用项目已于2020年动工建设，氢能产业项目正在推动茂名由“油城”向“氢城”转变。农业产业化水平稳步提升，市级以上农业龙头企业增至144家，茂南区公馆镇等5个镇“十三五”期间入选全国“一村一品”示范镇。旅游业发展取得新成效，高水平建设滨海旅游度假区，“十三五”期间引入华侨城集团规划投资500亿元打造南海旅游岛，设立虎头山、晏镜岭景区等13个功能组团。

——交通基础设施建设有新进展。“十三五”期间，全市交通基础设施投资547亿元，比“十二五”时期增长105%。黎湛铁路和茂湛铁路茂名段电气化改造完成；茂名站南站房建成投入使用，北站房主体工程完成；截至2020年底，全市铁路通车总里程约319公里，总体构成“五横两纵”高快速铁路网络布局。汕湛高速茂名段建成通车，云茂高速公路全线贯通，沈海高速茂名段改扩建工程加快建设；截至2020年底，全市高速公路通车总里程达到362.5公里，基本形成“三横三纵”高速公路网络。现代化深水大港加快建设，博贺新港区开港运营，吉达港区启动建设；截至2020年底，茂名港已建成各类生产性泊位19个，其中万吨级以上泊位13个，年货物通过能力增至4 579万吨。

——城市发展有新活力。创建国家卫生城市获得成功，正式命名“国家卫生城市”，全市文明村镇覆盖率达95.14%，荣获“全国文明城市提名城市”，国家森林城市创建40项评价指标全部达标，消除城区12个黑臭水体。

城市路网结构进一步优化，建成官渡三路至六路、站前大道等22条主次干道，完成茂南大道等79条市政道路升级改造。推动“一中心三机制”建设，形成基层社会治理新模式。新建官渡公园等一批新公园，提质改造新湖公园等老旧公园。推动实施县城品质提升工程，各县（市）中心城区展现新面貌。

——生态环境整治有新推进。持续改善生态环境，聚焦小东江、鉴江、袂花江、寨头河等重点流域，整治入河排污口，确保国家、省考核断面稳定达标。推进污水处理设施有效运行，坚持建管并重，全面做好城镇污水处理设施及配套管网收尾工作，建立常态化管网建设、排查、维护机制，确保污水处理项目持续达产见效。狠抓生态修复工程，实行最严格的生态保护制度，严厉打击环境违法犯罪行为。推行林长制，加大生态公益林保护力度。做好近岸海域污染防治，加强红树林、湿地等保护修复，加快推进美丽海湾建设。

——民生保障有新成效。2020全年民生支出396.14亿元，占地方一般公共预算支出的82.6%；全市民生支出“十三五”期间累计达1 744.8亿元，年均增长8.1%。2020年，省、市十件民生实事全面按计划完成，办好一批关系群众切身利益的实事难事，推进兜底民生服务社会工作“双百工程”。就业形势平稳，全市城镇新增就业5.1万人。加快教育高质量发展，学前教育毛入园率达98.5%，基础教育办学实现100%建成标准化学校。推进健康茂名建设，抓紧医疗卫生补短板，市人民医院应急大楼、市中医院新院区、市第三人民医院新院区开工建设，市颐年苑（一期）建成投用。

3. 推进区域合作情况。

实施融入粤港澳大湾区建设和支持深圳建设中国特色社会主义先行示范区行动方案，与珠海市建立战略合作关系。市党政代表团出席在湛江市召开的湛茂阳党政主要领导第一次联席会议，携手湛江、阳江市共谋推进沿海经济带西翼高质量发展。汕湛高速茂名段建成通车，云茂高速茂名段全线贯通，沈海高速茂名段改扩建工程稳步推进。赴南宁、来宾市对接扶贫协作“携手奔小康”工作，成功举办北部湾经济合作组织第十一次成员大会暨城市合作组织第三次大会，分别与广西玉林、梧州建立战略合作关系。

4. 县域经济发展情况。

2020 年，茂名市县域地区生产总值 1 681.85 亿元，占全市地区生产总值的 51.3%。社会消费品零售总额 621.50 亿元，占全市的 45.8%。地方一般公共预算收入 42.70 亿元，占全市的 29.9%。

表 27　2020 年茂名市县域经济发展情况

地区	地区生产总值（亿元）	社会消费品零售总额（亿元）	地方一般公共预算收入（亿元）	三次产业结构
信宜市	488.09	203.97	11.38	29.3：17.1：53.6
高州市	633.58	224.43	18.02	26.9：22.8：50.3
化州市	560.18	193.10	13.30	25.3：23.2：51.5

——信宜市。2020 年，信宜市地区生产总值 488.09 亿元，增长 0.9%。人均地区生产总值 48 417 元，下降 0.8%。三次产业结构调整为 29.3：17.1：53.6。社会消费品零售总额 203.97 亿元，下降 12.0%。地方一般公共预算收入 11.38 亿元，增长 2.6%。城镇居民、农村居民人均可支配收入分别为 28 450 元、19 580 元，分别增长 4.4%、6.5%。“十三五”期间，信宜市入选第十八届全国县域经济强县，被授予“中国慈孝文化之乡”荣誉称号。

——高州市。2020 年，高州市地区生产总值 633.58 亿元，增长 0.5%。人均地区生产总值 47 776 元，与上年大致持平。三次产业结构调整为 26.9：22.8：50.3。社会消费品零售总额 224.43 亿元，下降 5.5%。地方一般公共预算收入 18.02 亿元，增长 1.4%。城镇居民、农村居民人均可支配收入分别为 29 643 元、19 702 元，分别增长 4.7%、6.9%。“十三五”期间，高州市被确定为国家数字乡村试点县，入选中国乡村旅游发展名县，创业孵化基地被认定为茂名市创业孵化示范基地。

——化州市。2020 年，化州市地区生产总值 560.18 亿元，增长 1.6%。人均地区生产总值 43 613 元，与上年大致持平。三次产业结构调整为 25.3：23.2：51.5。社会消费品零售总额 193.10 亿元，下降 5.3%。地方一般公共预算收入13.30亿元，增长2.7%。城镇居民、农村居民人均可支配收入分别为28 906元、19 820元，分别增长4.5%、6.6%。“十三五”期间，化州市入选国家级电子商务进农村综合示范县、省农民合作社高质量发展整县推进试点县，杨梅、河西、官桥三个产业集聚区纳入省产业转移工业园管理。

5. 重大区域发展平台建设情况。

——茂名滨海新区。滨海新区重点发展绿色化工和氢能、粮油精深加工、现代物流、旅游商贸等临港产业，聚力打造以烷烃资源综合利用项目为牵引的世界级绿色化工和氢能产业基地。“十三五”期间实施的港口建设项目共计10项，全部建成投产后港口吞吐量将达到6 500万吨/年；博贺新港区开港运营，10万吨级煤炭码头、广东粤电茂名博贺电厂发电机组投入运营；吉达港区启动建设，10万吨级成品油码头开工建设。昌利油品码头、利丰散货码头岸线已获得国家交通部批复岸线，海域使用权证已完成申请；道道全粮油100万吨/年食用油综合加工项目正在建设。

——茂名水东湾新城。水东湾新城重点发展滨海旅游、医疗康养、教育科研、海产品加工等产业，滨海旅游产业重点打造以华侨城为牵引的国家级滨海旅游度假目的地。“南海旅游岛·中国第一滩”景区获评广东省“十大美丽海岸”并被评为国家级4A旅游景区；水东湾海洋公园入选广东省“美丽海湾”三甲；高地智慧城获广东省新型城镇化智慧城乡试点。

（四）阳江市

1. 概况。

2020年，阳江市地区生产总值1 360.44亿元，增长4.4%。三次产业结构调整为19.4∶35.6∶45.0。人均地区生产总值52 357元，增长3.8%。规模以上工业增加值299.11亿元，增长5.4%。社会消费品零售总额451.18亿元，下降10.2%。外贸进出口总额191.73亿元，增长26.3%。地方一般公共预算收入65.70亿元，增长2.2%。全体居民人均可支配收入26 591元，增长5.8%。

2. 振兴发展情况。

——发展环境不断优化。创新发展动力增强，“十三五”期间，高新技术企业新增86家，达105家；每万人口发明专利拥有量提高至1.23件，年均增长35.4%。阳江高新区创建国家级高新区稳步推进，建成高功率激光应用实验室，合金材料实验室、海上风电实验室正式挂牌并全面建设。深化“放管服”改革，聚焦短板指标加快营商环境综合改革。在粤东西北地区率先开展“证照分离”改革试点，在全省率先实现开办企业半天内办结。“数字政府”建设加快推进，开通粤省事、粤商通阳江平台，民生服务实现“指尖通办”。

——主导产业发展壮大。合金材料全产业链基本成型、渐具规模，具备年产200万吨不锈钢生产能力。风电产业快速发展，金风科技整机、龙马铸造项目和国家级风电装备质检中心建成，中车电机等11个项目加快推进。推动能源基地建设，建成阳江核电站1—6号机组、阳西电厂1—6号机组。特色优势产业加快发展，五金刀剪产业量质齐升，王麻子、张小泉、十八子三大中国刀剪品牌齐集阳江；食品和调味品产业快速发展，中山火炬（阳西）园荣获“中国调味品十大产业基地”称号。旅游业稳步发展，海陵试验区、阳西县被认定为广东省第三批全域旅游示范区，“十三五”时期累计接待游客1.07亿人次，旅游总收入1 300.08亿元。

——交通基础设施支撑增强。“十三五”期间，全市完成交通固定资产投资410亿元，是“十二五”时期的4倍，与大湾区核心城市的时空距离缩短至1.5小时。高快速铁路实现零的突破，铁路通车里程新增102公里，达308公里，江湛铁路阳江段开通。城市路网加快完善，高速公路通车里程新增121.8公里，达378公里，怀集至阳江高速阳江段等路段建成通车。新建公路通车里程422.47公里，G325线北惯至白沙段改线工程建成。阳江港口岸扩大开放，已建成码头泊位15个，比“十二五”末新增7个；货物吞吐量提高至3 300万吨，比“十二五”末增长54.3%。

——城乡建设展现新貌。城市框架进一步拉大，中心城区建成区面积扩大到73.4平方公里。空铁新城片区规划建设启动，新区核心区基本建成。城市硬件不断升级，漠阳江东河大桥等一批市政工程加快建设，五大片区截污管网工程完工，建成生活污水处理厂 14 座。成功创建国家卫生城市，全国文明城市、国家森林城市创建工作扎实推进。乡村发展成效显著，“十三五”末，完成阳东、阳西、海陵、阳春 4 个省级新农村示范片建设和 88 个相对贫困村基础设施建设，建成“四好农村路”2 784 公里，完成农村危房改造 1. 75 万户，全部自然村完成“三清理三拆除三整治”。

——生态环境优势巩固。决胜污染防治攻坚战，制定实施《漠阳江流域保护条例》《阳江市党政领导干部生态环境损害责任追究实施细则》。大气环境质量持续改善，PM2. 5 浓度降至 21 微克/立方米，环境空气质量优良天数比例达 95. 9%。水环境质量不断改善，全面落实河长制、湖长制，7 条黑臭水体完成治理，全市在用城市集中式饮用水水源水质达标率 100%，5 个地表水省、国考断面水质优良比例为 100%。土壤环境质量稳中向好，加强固废处理处置设施建设，推进重点行业用地土壤污染治理，环境风险得到有效控制。

——民生福祉持续改善。“十三五”期间，每年坚持办好十件民生实事，民生支出占地方一般公共预算支出比重提高到 75. 8%。全体居民人均可支配收入年均增长 8. 4%，城乡收入比缩窄至 1. 62 : 1。社会保障体系加快健全，基本医疗保险覆盖范围巩固扩大，城镇、农村低保标准持续提标。教育事业取得新突破，成功创建广东省教育强市和广东省推进教育现代化先进市，阳江应用型本科院校动工建设。深化医药卫生体制改革，市人民医院入选省高水平医院建设名单，市中医院二期等项目加快推进。文体事业迈出新步伐，市民文化艺术中心、“七馆合一”等文体项目加快建设。

3. 推进区域合作情况。

一是对接融入大湾区建设步伐加快。主动对接融入“双区”建设，围绕沿海经济带产业布局，“十三五”时期累计引进项目 914 个，投资总额超 5 288亿元，分别比“十二五”时期增加 451 个和 4 006 亿元。与珠海对口帮扶合作成效显著，累计落实帮扶资金 27. 3 亿元，推动珠海（阳江万象）产业园平整土地 110 万平方米，完成阳江高新区 1. 8 万亩土地收储，建成新工业大道等一批园区基础设施，联合引进项目 700 多个，合金材料、紧固件等项目落户。“菜篮子”产品稳产保供，累计建成 15 个粤港澳大湾区“菜篮子”

生产基地。二是加强湛茂阳交流合作，加快推动形成主体功能明显、优势互补、高质量发展的区域经济布局。2020 年，签署《湛江市、茂名市、阳江市协同推进现代化沿海经济带西翼高质量发展合作框架协议》。三是积极参与北部湾城市群建设。阳江市与成员城市签署警务协作、菜篮子、海洋合作、环境保护、滨海旅游等合作框架协议，积极深化城市之间在旅游、体育、公积金等领域的交流与合作，联手打造环湾旅游精品线路，组团参加北部湾城市运动会。2020 年全市共受理北部湾城市住房公积金异地贷款 7 宗 180 万元，发放北部湾城市住房公积金异地贷款 6 宗 155 万元。四是与周边省区、国际地区经贸关系日益巩固。建成阳江国际会展中心，连续成功举办多届中国（阳江）国际五金刀剪博览会。组织参加进博会、广交会、海上丝绸之路国际博览会等 30 场展会，赴欧洲等地开展合金材料和海上风电领域招商考察合作活动。

4. 县域经济发展情况。

阳江市县域共 2 个县（市），包括阳春市、阳西县。阳春市和阳西县土地面积合计 5 506 平方公里，占全市陆域面积的 69.2%。2020 年，全市县域地区生产总值 532.73 亿元，占全市地区生产总值的 39.2%。

表 28　2020 年阳江市县域经济发展情况

地区	地区生产总值（亿元）	社会消费品零售总额（亿元）	地方一般公共预算收入（亿元）	三次产业结构
阳春市	329.22	135.92	14.27	23.9：24.8：51.3
阳西县	203.51	49.63	8.53	33.9：28.1：38.0

——阳春市。2020 年，阳春市地区生产总值 329.22 亿元，增长 0.5%，年均增长 4.5%。人均地区生产总值 37 616 元，增长 0.3%。三次产业结构调整为 23.9：24.8：51.3。规模以上工业增加值 67.2 亿元，年均增长 4.5%。社会消费品零售总额 135.92 亿元，下降 10.0%，年均增长 2.9%。地方一般公共预算收入 14.27 亿元，增长 2.4%，年均增长 2.5%。城镇居民、农村居

民人均可支配收入分别为 30 471 元、18 738 元，分别增长 4.6%、8.0%。“十三五”期间，阳春市荣获广东省林下经济示范县称号；春砂仁产业园入选省级现代农业产业园；喀斯特地貌特色旅游路线成为首批广东省乡村旅游精品路线。

——阳西县。2020 年，阳西县地区生产总值为 203.51 亿元，增长 4.3%，年均增长 4.5%。人均地区生产总值 46 796 元，增长 4.8%。三次产业结构调整为 33.9∶28.1∶38.0。规模以上工业增加值 46.66 亿元，年均增长 8.8%。社会消费品零售总额 49.63 亿元，下降 12.0%，年均增长 2.9%。地方一般公共预算收入 8.53 亿元，增长 7.9%，年均增长 4.4%。城镇居民、农村居民人均可支配收入分别为 28 334 元、20 123 元，分别增长 3.2%、10.8%。“十三五”期间累计接待国内外游客 1 462.66 万人次，实现旅游总收入 125.93 亿元，年均增长分别为 15.2% 和 14.9%。“十三五”期间，阳西县成功创建省园林县城、省卫生县城、省双拥模范县；县域医共体综合改革试点入选广东医改十大创新典型和国家卫生健康委卫生发展研究中心典型案例。

5. 阳江滨海新区规划建设情况。

2020 年，阳江滨海新区地区生产总值 304.13 亿元，增长 13.9%；规模以上工业增加值 174.06 亿元，增长 42.3%；农业总产值 72.03 亿元，下降 3.5%；固定资产投资 97.24 亿元，下降 10.6%；社会消费品零售总额 113.02 亿元，下降 10.5%。

——城市建设加快推进。“十三五”期间，累计建成金平路一期等 33 条市政道路，建成漠阳湖公园、江湾公园等公园绿地，江湛铁路阳江站枢纽工程、国际金融中心等建成投用，滨海中央商务区、海湾新城片区、两江四岸景观带等加快建设，城南片区面貌焕然一新。先后建成渔民上岸安居工程、江城一小城南分校、城南污水处理厂、市妇幼保健院新院和邦正农贸市场等公共配套设施，城南中学、城南二小、城南五小等项目已开工建设。生态景观建设有力推进，先后开展连围河整治、新阳河治污等工程。

——城市综合体及商住项目有序推进。“十三五”期间，重点引进阳江国际金融中心、滨海中央商务区等重大项目。其中，国际金融中心总投资 7.5

亿元，总建筑面积10.24万平方米，现已建成并全面招商；滨海中央商务区总投资约141亿元，总建设用地面积1 099亩，康养酒店项目已竣工。滨海新区先后建成南方花园、富鑫华府、碧桂园世纪城等商住地产，新都汇时代广场建成投入使用运营。

四、粤北地区

（一）发展概述

2020年，粤北地区生产总值6 443.54亿元，增长2.8%。三次产业结构调整为16.6：32.7：50.7。其中，第一产业增加值1 071.30亿元，增长4.4%；第二产业增加值2 104.93亿元，增长3.9%；第三产业增加值3 267.30亿元，增长1.6%。人均地区生产总值40 428元，增长3.0%。社会消费品零售总额2 298.21亿元，下降7.6%。地方一般公共预算收入462.62亿元，增长3.0%。

——产业发展势头良好。2020年，粤北地区规模以上工业增加值1 542.65亿元，增长3.5%。其中，韶关、河源、梅州、清远、云浮市规模以上工业增加值分别为321.22亿元、284.91亿元、242.47亿元、546.58亿元、147.47亿元，增速分别为3.0%、2.2%、0.2%、6.7%、3.7%。韶关市"十三五"期间累计完成工业投资1 018亿元、其中技改投资317亿元；五年新增国家专精特新"小巨人"企业3家、省级专精特新中小企业45家。河源市"十三五"期间动工及投产项目727个，基本实现工业项目进园区；五年新增省级以上农业龙头企业45家，省级农业标准化示范区10个。梅州市"十三五"期间引进亿元以上产业共建项目131个；2020年，规模以上工业企业数量比2015年增加96家，现代服务业增加值占服务业比重提高至52.6%。清远市"十三五"期间新增规模以上工业企业484家，高技术制造业、先进制造业增加值分别年均增长17.4%、7.0%；2020年新引进工业投资项目173个，其中亿元以上项目61个。云浮市“十三五”期间引进华为、同方股份等22个项目，计划总投资46亿元；全市实现省级产业园区县域全覆盖，园区规模以上工业增加值占全市的比重达58.9%，比2015年提高28个百分点。

——交通基础设施建设取得新成效。韶关市“十三五”期间新增高速公路里程201公里，完成投资268亿元，韶新高速完成主体工程；五年改造国省道里程480公里，韶关机场建设加快，韶关港动工建设。河源市“十三五”期间新增高速公路里程338公里，河惠莞等高速公路建成通车；赣深高铁河源段站前主体工程完成95%以上，梅龙高铁开工建设。梅州市“十三五”期间完成交通投资660亿元，年均增长15.5%；公路通车总里程超过2万公里，五年增加2 000多公里；新改建和改造国省道800公里，国省道总里程实现翻一番。清远市“十三五”期间新建改造国省道307公里，新增高速公路通车里程267公里；广连高速、佛清从高速加快建设，广州经清远至永州高铁前期工作扎实推进，北江航道扩能升级目标基本完成。云浮市“十三五”期间完成交通投资296亿元，新建成高速公路达215.4公里；汕湛高速（云湛段）等项目已建成通车，广湛高铁（新兴段）、广州云浮国际物流港动工建设。

——重点项目扎实推进。2020年，粤北地区固定资产投资增长4.5%，韶关、河源、梅州、清远、云浮市分别增长2.8%、5.1%、0.1%、8.1%、5.5%。粤北地区完成省重点项目投资827亿元，占全省完成投资的8.9%，为年度计划投资的123%。广清城际广州北至清远段等项目建成投产，粤北南岭山区生态保护修复试点有力推进，“农业+旅游”等生态产业蓬勃发展，新型城镇化加快推进，北部生态发展区绿色发展优势凸显。

——民生保障水平稳步提升。2020年，粤北地区全体居民人均可支配收入24 505元，增长6.0%。其中，韶关、河源、梅州、清远、云浮市全体居民人均可支配收入分别为27 546元、22 291元、23 873元、26 055元、22 306元，分别增长6.7%、5.9%、4.2%、6.9%、6.5%。韶关市“十三五”期间累计实现城镇新增就业15.9万人；企业退休人员月人均基本养老金提高至2 463元，年均增长5.0%。河源市“十三五”期间新增学位8.04万个，新改扩建义务教育学校178所，实现义务教育标准化学校全覆盖；2020年发放价格临时补贴6 559.48万元，每月惠及约11万名困难群众。梅州市“十三五”期间建成城镇保障性安居工程13 341套；五年新增3家三甲医院，新增床位4 238个。清远市“十三五”期间新增学位11.2万个，率先在粤东西北成功创建“省推进教育现代化先进市”；每千常住人口床位、护士、医生数分别较2015年增长25.7%、38.0%、18.5%。云浮市“十三五”期间城镇新增就业人数累计达到10.01万人；2020年建成公共文化设施共1 040个，实现市县镇村四级全覆盖。

表29　2020年广东省粤北五市主要经济指标

地区	地区生产总值		人均地区生产总值		第三产业增加值		地方一般公共预算收入	
	绝对数（亿元）	增长（%）	绝对数（元）	增长（%）	绝对数（亿元）	增长（%）	绝对数（亿元）	增长（%）
粤北	6 443.54	2.8	40 428	3.0	3 267.30	1.6	462.62	3.0
韶关	1 353.49	3.0	47 441	2.9	690.33	1.8	105.12	4.0
河源	1 102.74	1.3	38 802	1.8	591.16	-0.1	79.81	3.0
梅州	1 207.98	1.5	31 011	2.6	595.79	1.8	88.19	-3.7
清远	1 777.15	3.8	44 828	3.2	892.75	1.8	123.62	4.3
云浮	1 002.18	4.1	42 047	4.0	497.28	2.4	65.89	8.9

（二）韶关市

1. 概况。

2020年，韶关市地区生产总值1 353.49亿元，增长3.0%。三次产业结构调整为14.7：34.3：51.0，其中，第一产业增加值198.36亿元，增长4.5%；第二产业增加值464.80亿元，增长4.5%；第三产业增加值690.33

亿元，增长1.8%。人均地区生产总值47 441元，增长2.9%。规模以上工业增加值321.22亿元，增长3.0%。社会消费品零售总额445.25亿元，下降6.8%。外贸进出口总额186.49亿元，增长2.3%。地方一般公共预算收入105.12亿元，增长4.0%。全体居民人均可支配收入27 546元，增长6.7%。

2. 振兴发展情况。

——着力提升创新驱动能力。"十三五"期间，全市研究与试验发展经费投入逐年提升，16个项目获得省科学技术奖，1个项目获得国家科学技术奖。发挥大企业引领支撑作用，截至2020年底，高新技术企业总量达到308家，规模以上工业企业研发机构覆盖率达52%；拥有国家级孵化器1个、省级孵化器4个、市级孵化器3个。注重创新人才培养和引进，8个院士团队项目和国科广化韶关新材料研究院等6个新型研发机构落户韶关，组建武汉理工大学韶关研究院等高水平研究院和中科院稀土研究院等新型研发机构。省矿产应用研究所、利民制药厂被列入省重点实验室，省级新型研发机构增至6家。

——强力推进产业提质增效。"十三五"期间，累计完成工业投资1 018亿元，其中技改投资317亿元。制造业"主力军"作用不断凸显，先进制造业、高技术制造业增加值占规模以上工业增加值分别提高至31.0%、6.4%。园区"主战场"地位持续提高，园区规模以上工业增加值占全市规模以上工业增加值达37.5%，比2015年提高10.5%。"十三五"期间，华南装备园累计引进亿元以上工业项目35个，乳源东阳光入围省民营企业百强榜；新增国家专精特新"小巨人"企业3家、省级专精特新中小企业45家；华韶数据谷、中电鹰硕、联通智慧客服南方中心、博雅生物等项目建设加快。

——不断提升城市发展水平。"十三五"期间，"东进""西融""北优""南拓"中心城区发展战略深入实施，中心城区扩容提质成效显著。芙蓉新区和韶关高新区加速融合，丹霞大道等骨干道路、综合客运枢纽一期等项目相继建成投入使用，金融集聚区加快推进。老城区改造提质取得显著成果，先后建成韶州公园、滨江景观带等一批城市提升项目，中心城区道路贯通联网"10+1"和"一桥三园三路"工程加快推进，主要交通节点和重要干线景观提升工程基本建成。曲江区城市建设加快，莲花大道、铜鼓大道、韶州大桥相继建成，城市基础设施加快向曲江城区延伸。

——全力筑牢粤北生态屏障。“十三五”期间，落实绿美南粤行动，划定生态保护红线6 101平方公里，完成造林更新167万亩，新建森林公园38个、湿地公园7个。污染防治力度加大，2020年市区空气质量优良天数比例达97.3%，广东省考以上断面水质优良率达100%。加快全域创建国家森林城市，截至2020年底，全市森林覆盖率达74.43%，有林地面积127.7万公顷，全市7个县（市）完成申请和总体规划“双备案”。加快构建以南岭国家公园为主体的自然保护地体系，大力实施山水林田湖草生态修复试点4大类17项治理工程项目。

——全面发展社会事业。2020年，全体居民人均可支配收入达27 546元，年均增长8.5%；企业退休人员月人均基本养老金提高至2 463元，年均增长5.0%。“十三五”期间，就业保障进一步加强，新增城镇就业15.9万人，城镇登记失业率控制在3.5%以内。教育现代化全面推进，公办幼儿园和普惠性民办幼儿园覆盖率达87.9%，韶州中学等一批教育项目陆续开工或建成投入使用。基层医疗卫生补短板取得积极成效，20家县级公立医院升级项目基本完成，实现镇级中医馆和村卫生站全覆盖，全年引进基层医疗卫生人才298名。社会保障水平稳步提升，医疗保险基本实现全覆盖，城乡居民医保补助标准提高到550元。文化体育建设取得丰硕成果，红军长征纪念馆、广东南岭干部学院相继建成，韶州体育中心顺利推进。

3. 推进区域合作情况。

融入“双区”步伐加快。与“双区”互联互通的交通运输体系不断完善，基本实现整体融入广州1小时生活圈。汕昆高速公路、武深高速公路等重点交通项目相继竣工，基本建成“八高三铁两航”综合交通骨架网；韶关港动工建设，港产城“一体化”发展格局初步显现。粤港澳大湾区优质农产品供应基地建设取得新成效，新增粤港澳大湾区“菜篮子”生产基地34个。东莞与韶关对口帮扶深入展开，第三轮对口帮扶全面启动，推动产业园区建设全面提速。2020年，莞韶产业共建新签约产业项目135个，投资总额311.1亿元。“广韶同城”战略深入实施，广州韶关战略合作框架协议全面深化落实，产业、社会事业等方面合作不断加强。中科院广州化学所、华南理工大学等4所科研机构、广州高校在韶关设立新型研发机构，深圳华为数据中心、深圳宝能旅游物流等大型龙头项目落户韶关。联合广佛肇清云等5市，印发《广佛肇清云韶经济圈发展规划（2019—2025年）》；与广州签订战略合作协议，纳入广州都市圈范围。

4. 县域经济发展情况。

2020年，韶关市县域地区生产总值697.62亿元，占全市地区生产总值的51.5%。地方一般公共预算收入41.06亿元，占全市地方一般公共预算收入的39.1%。

表30　2020年韶关市县域经济发展情况

地区	地区生产总值（亿元）	社会消费品零售总额（亿元）	地方一般公共预算收入（亿元）	三次产业结构
乐昌市	122.98	50.52	7.25	23.3：18.7：58.0
南雄市	116.22	42.50	6.12	30.6：19.8：49.6
仁化县	103.51	22.95	5.94	22.0：41.1：36.9
始兴县	80.25	25.98	4.81	29.6：26.0：44.4
翁源县	107.85	37.30	6.71	26.6：22.4：51.0
新丰县	71.78	24.08	4.58	19.7：29.3：51.0
乳源县	95.03	22.23	5.65	9.1：46.3：44.6

——乐昌市。2020年，乐昌市地区生产总值122.98亿元，增长3.3%，年均增长5.4%。人均地区生产总值32 026元，增长3.7%。三次产业结构调整为23.3：18.7：58.0。规模以上工业增加值12.3亿元，增长11.8%。社会消费品零售总额50.52亿元，下降7.5%。地方一般公共预算收入7.25亿元，增长1.6%。城镇居民、农村居民人均可支配收入分别为29 476元、17 508元，分别增长5.2%、8.1%。“十三五”期间，成功创建国家义务教育基本均衡县、农村职业教育与成人教育示范县、首批国家级健康促进示范县、全

国基层中医药服务先进单位；荣获“中国象棋之乡”等称号。

——南雄市。2020 年，南雄市地区生产总值 116. 22 亿元，增长 3. 2% ，年均增长 5. 5% 。人均地区生产总值 32 918 元，增长 2. 3% 。三次产业结构调整为 30. 6 : 19. 8 : 49. 6。规模以上工业增加值 13. 85 亿元，增长 13. 4% 。社会消费品零售总额 42. 50 亿元，下降 6. 4% 。地方一般公共预算收入 6. 12 亿元，增长 8. 7% 。城镇居民、农村居民人均可支配收入分别为 29 796 元、17 740元，分别增长 5. 0% 、8. 0% 。“十三五”期间，南雄市成功创建丝苗米省级现代农业产业园和省级现代粮食产业示范区，列入全国农村一二三产业融合发展先导区名单；市电子商务公共服务中心被评为国家级科技企业孵化培育单位。

——仁化县。2020 年，仁化县地区生产总值 103. 51 亿元，增长 2. 9% ，年均增长 4. 7% 。人均地区生产总值 55 638 元，增长 3. 2% 。三次产业结构调整为 22. 0 : 41. 1 : 36. 9。规模以上工业增加值 21. 81 亿元，下降 2. 7% 。社会消费品零售总额 22. 95 亿元，下降 8. 6% 。地方一般公共预算收入 5. 94 亿元，下降 9. 3% 。城镇居民、农村居民人均可支配收入分别为 30 910 元、19 409 元，分别增长 4. 8% 、4. 6% 。“十三五”期间，仁化县荣获全国数字农业农村发展先进县，成功创建国家全域旅游示范区，仁化产业转移工业园被确认为省级产业转移工业园。

——始兴县。2020 年，始兴县地区生产总值 80. 25 亿元，增长 3. 0% ，年均增长 5. 3% 。人均地区生产总值 40 488 元，增长 3. 6% 。三次产业结构调整为 29. 6 : 26. 0 : 44. 4。规模以上工业增加值 16. 34 亿元，增长 3. 9% 。社会消费品零售总额 25. 98 亿元，下降 6. 6% 。地方一般公共预算收入 4. 81 亿元，增长 0. 3% 。城镇居民、农村居民人均可支配收入分别为 28 970 元、18 300 元，分别增长 4. 3% 、7. 6% 。“十三五”期间，始兴县成功创建国家生态文明建设示范县，成功申报并积极推进杨梅省级现代农业产业园建设，被评为全国县域数字农业农村发展水平评价先进县。

——翁源县。2020 年，翁源县地区生产总值 107. 85 亿元，增长 6. 1% ，年均增长 7. 7% 。人均地区生产总值 33 446 元，增长 6. 1% 。三次产业结构调整为 26. 6 : 22. 4 : 51. 0。规模以上工业增加值 14. 35 亿元，增长 13. 5% 。社会消费品零售总额 37. 30 亿元，下降 7. 1% 。地方一般公共预算收入 6. 71 亿元，增长 10. 3% 。城镇居民、农村居民人均可支配收入分别为 29 821 元、17 462元，分别增长 7. 8% 、8. 9% 。“十三五”期间，翁源县成功创建国家农产品质量安全县、全国休闲农业与乡村旅游示范县、国家卫生县城和广东省县级文明城市，兰花产业园纳入国家现代农业产业园创建管理体系。

——新丰县。2020 年，新丰县地区生产总值 71. 78 亿元，增长 5. 6% ，年均增长 6. 0% 。人均地区生产总值 36 631 元，增长 6. 8% 。三次产业结构调整为 19. 7 : 29. 3 : 51. 0。规模以上工业增加值 14. 89 亿元，增长 14. 0% 。社会消费品零售总额 24. 08 亿元，下降 8. 2% 。地方一般公共预算收入 4. 58 亿元，增长 8. 2% 。城镇居民、农村居民人均可支配收入分别为 29 422 元、17 235 元，分别增长 7. 0% 、10. 8% 。“十三五”期间，新丰县成功创建省卫生县城，荣获“中国岭南避暑胜地”、省教育现代化先进县称号，获得创建广东省县级文明城市提名资格。

——乳源县。2020 年，乳源县地区生产总值 95. 03 亿元，增长 2. 3% ，年均增长 6. 4% 。人均地区生产总值 50 875 元，增长 1. 8% 。三次产业结构调整为 9. 1 : 46. 3 : 44. 6。规模以上工业增加值 31. 95 亿元，增长 4. 7% 。社会消费品零售总额 22. 23 亿元，下降 1. 6% 。地方一般公共预算收入 5. 65 亿元，下降 18. 3% 。城镇居民、农村居民人均可支配收入分别为 29 698 元、17 185 元，分别增长 6. 3% 、8. 7% 。“十三五”期间，乳源县成功创建国家农产品质量安全县、省级全域旅游示范区，县经济开发区成功创建省级高新区。

5. 韶关新区规划建设情况。

2020 年，韶关新区地区生产总值 65. 44 亿元，增长 0. 8% 。规模以上工业增加值 18. 11 亿元，下降 11. 5% 。地方一般公共预算收入 3. 32 亿元，增长 37. 6% 。固定资产投资增长 3. 3% 。

——科技创新动力不断激发。国家火炬韶关专用工程机械及关键零部件特色产业基地获科技部批复认定，天恒液压、萱嘉医品、龙飞数码等 68 家企业被认定为科技型中小企业，韶关市欧莱高新材料有限公司博士后工作站挂牌，武汉理工大学韶关研究院筹备办公室揭牌。

——产业发展后劲不断增强。工业投资增长114%，工业技改投资增长39.2%。新签约项目21个，总投资32.64亿元，其中亿元以上项目11个。鹰硕数据中心等11个产业项目新开工建设，萱嘉医品等一批新兴产业项目加快建设，莞韶众创（装备）中心项目等7个产业项目即将竣工。

——城市建设不断推进。广东南岭干部学院建成投入使用，芙蓉新城水系引水涵管工程、芙蓉山片区道路改造提升已完工，完成韶州大道（新区段）等13条（段）总长14.4公里道路和7.2公里污水管网建设，芙蓉新城污水主干管网连通成网。韶州中学等学校动工建设，韶关综合客运枢纽（二期）、市妇幼保健院新院等项目加快推进。城市配套设施建设进度不断加快，丽枫酒店开业运营，前海人寿韶关医院、保利商业综合体已完成主体结构封顶。

（三）河源市

1. 概况。

2020年，河源市地区生产总值1 102.74亿元，增长1.3%。三次产业结构调整为12.4∶34.0∶53.6。人均地区生产总值38 802元，增长1.8%。规模以上工业增加值284.91亿元，增长2.2%。社会消费品零售总额360.74亿元，下降6.7%。外贸进出口总额293.19亿元，下降3.2%。全体居民人均可支配收入为22 291元，增长5.9%，其中，城镇居民人均可支配收入为28 018元，增长3.3%；农村居民人均可支配收入为17 313元，增长8.0%。

2. 振兴发展情况。

——创新驱动显著增强。全市每万人口发明专利拥有量增至1.8件，是2015年的4.5倍；国家级高新技术企业达226家，是2015年的7倍多。全市拥有国家级高新区1家、农业科技园区1家，省级高新区2家、农业科技园区2家。鹏城实验室大湾区未来网络实验与应用环境河源节点、天津大学院士工作站、华南农业大学研究生院分院等一批院士工作站、研究院加快建设。产业发展提质增效，先进制造业、高技术制造业增加值占规模以上工业增加值比重分别为 51.0%、36.1%；现代服务业增加值占服务业增加值比重达 49.4%。

——基础设施不断完善。截至 2020 年底，全市公路通车里程达 1.66 万公里，高速公路里程达 707 公里，国省道里程达 2 266 公里。大力推动交通基础设施“硬联通”，“十三五”期间，新增高速公路里程 338 公里，汕昆等高速公路建成通车；高铁在建里程 207 公里，赣深高铁和梅龙高铁开工建设。能源基础设施建设积极推进，河源电厂二期项目开工建设，天然气管网惠州—河源支干线项目已具备通气条件，电网建设完成投资 65 亿元。信息基础设施建设成效显著，光纤入户率提高到 86.7%，新增 5G 基站1 143座。水利基础设施建设有序推进，完成水源工程一期建设和水产业园原水管网铺设。

——乡村振兴扎实推进。全域开展农村人居环境整治，基本完成“三清三拆三整治”任务，村庄保洁覆盖率达 100%，无害化卫生户厕全面普及。“三带一廊道”示范创建工作扎实推进，全市 514 个行政村达到美丽宜居村标准。2020 年，获评全国文明村 4 个，建成移民美丽家园示范点 10 个。建成“四好农村路”1 038.8 公里，100 人以上自然村通硬化路、行政村通客车。全面完成脱贫攻坚任务，“十三五”期间累计投入扶持资金 46.30 亿元，全市建档立卡贫困人口 38 568 户、107 372 人如期脱贫，255 个省定贫困村如期出列。成立深河扶贫服务中心，被省授牌为“省消费扶贫创业创新基地”。

——生态优势明显强化。市区空气质量优良率 98.9%、排名全省第一。第二次全国污染源普查工作获评省优秀。认真落实河（湖）长制，全面落实《新丰江水库水质保护三年行动计划》，基本消除建成区黑臭水体，地表水水质优良比例达到 100%。完成大尖山铅锌矿整治、龙川历史遗留稀土矿区周边受污染耕地治理，全市受污染耕地安全利用率为 95.7%，污染地块安全利用率为 100%，全市医疗废物、危险废物处置率均达到 99% 以上。完成森林碳汇重点生态工程造林 5.5 万亩、桉树林退改 2.4 万亩，成功创建省级林下经济示范基地 3 家、省级林业龙头企业 6 家、省级林业专业合作社示范社暨示范家庭林场 6 家。

——社会事业全面进步。2020 年，民生保障水平稳步提高，民生支出

286.60亿元，占地方一般公共预算支出的79.2%。高质量推进“粤菜师傅”“广东技工”“南粤家政”三项工程，新增城镇就业3.6万人，城镇登记失业率控制在2.6%以内。成功创建省教育强市，实现“广东省推进教育现代化先进县（区）”全覆盖，河源职业技术学院成为广东省示范性高等职业院校，广东技术师范大学河源校区一期建成招生。卫生强市建设稳步推进，市人民医院成功创建三甲医院，深河人民医院主体建筑完工，市县镇医疗机构远程医疗会诊系统实现互联互通。文体惠民提档升级，建成公共图书馆城乡一体化服务体系，成功举办河源万绿湖国际马拉松等文体赛事活动。

3. 推进区域合作情况。

“融深”“融湾”取得突破。一是体制机制“软联通”有序推进，在机构改革中单独设置“融湾”办，积极推进与粤港澳大湾区规则对接，着力打造与珠三角同等水平的营商环境。二是基础设施加快“硬联通”，开通河源至广州、深圳始发列车，启动市综合立体交通网规划和航空发展布局规划研究工作，广河客专、河惠汕高速、5个通用机场、东江流域水安全保障提升工程等重大项目纳入大湾区相关专项规划。三是开放平台建设稳步推进，市高新区台港澳青年创新创业基地、金地创谷等一批平台建设有力推进，河源跨境电商监管中心、盐田国际河源内陆港投入运营，无水港、区域物流分拨中心、综合保税区等平台建设进一步推进，实现国际贸易“单一窗口”全覆盖。四是深河产业共建规划研究加快推进，深河产业共建落地投资额超亿元工业项目连续3年居全省前列；万绿湖优质水直供深圳项目列入粤港澳大湾区水安全保障规划。

4. 县域经济发展情况。

河源市县域包括龙川县、和平县、连平县、紫金县、东源县，总面积15 292平方公里，占全市总面积的97.7%。2020年，全市县域地区生产总值665.14亿元，占全市地区生产总值的60.3%。

表 31　2020 年河源市县域经济发展情况

地区	地区生产总值（亿元）	社会消费品零售总额（亿元）	地方一般公共预算收入（亿元）	三次产业结构
东源县	138.49	40.59	11.89	16.6∶34.2∶49.2
龙川县	161.97	57.31	7.85	21.1∶22.0∶56.9
和平县	122.44	37.87	6.99	19.2∶26.9∶53.9
连平县	83.87	33.63	5.17	22.9∶24.9∶52.2
紫金县	158.37	52.83	8.45	21.1∶23.4∶55.5

——东源县。2020 年，东源县地区生产总值 138.49 亿元，增长 4.5%，年均增长 6.9%。人均地区生产总值 38 928 元，增长 9.6%。三次产业结构调整为 16.6∶34.2∶49.2。规模以上工业增加值 44.43 亿元，增长 8.2%，年均增长 7.8%。社会消费品零售总额 40.59 亿元，下降 6.2%，年均增长 7.1%。地方一般公共预算收入 11.89 亿元，增长 16.3%，年均增长 8.3%。城镇居民、农村居民人均可支配收入分别为 26 564 元、18 019 元，分别增长 0.2%、8.5%。“十三五”期间，东源县成功入选全国首批“绿水青山就是金山银山”实践创新基地、国家农业可持续发展示范区、广东率先基本实现农业农村现代化试点县，成功创建广东省县级文明城市、省卫生县城。

——龙川县。2020 年，龙川县地区生产总值 161.97 亿元，下降 2.6%，年均增长 4.6%。人均地区生产总值 26 796 元，增长 1.0%。三次产业结构调整为 21.1∶22.0∶56.9。规模以上工业增加值 24.87 亿元，与上年大致持平，年均增长 7.5%。社会消费品零售总额 57.31 亿元，下降 4.5%，年均增长 7.3%。地方一般公共预算收入 7.85 亿元，增长 0.1%，年均增长 5.5%。城镇居民、农村居民人均可支配收入分别为 24 751 元、17 531 元，分别增长 2.0%、7.5%。“十三五”期间，龙川县荣获“中国营商环境百佳示范县市”，完成市级新农村示范片和省级生态宜居美丽乡村示范镇建设。

——和平县。2020 年，和平县地区生产总值 122.44 亿元，下降 5.3%，年均增长 7.5%。人均地区生产总值 34 573 元，下降 5.2%。三次产业结构调整为19.2：26.9：53.9。规模以上工业增加值14.02亿元，下降19.0%，年均增长5.5%。社会消费品零售总额37.87亿元，下降6.3%，年均增长7.1%。地方一般公共预算收入6.99亿元，增长3.5%，年均增长5.3%。城镇居民、农村居民人均可支配收入分别为26 527元、16 428元，分别增长3.7%、7.6%。“十三五”期间，成功创建“广东省推进教育现代化先进县”，紧密型县域医共体建设经验在全省推广，在全省率先建立县域医疗六大中心；建成“一村一品、一镇一业”项目35个，和平猕猴桃获评国家地理标志保护产品。

——连平县。2020年，连平县地区生产总值83.87亿元，增长1.3%，年均增长2.2%。人均地区生产总值29 223元，增长2.3%。三次产业结构调整为22.9：24.9：52.2。规模以上工业增加值11.17亿元，增长0.3%，年均下降4.1%。社会消费品零售总额33.63亿元，下降6.4%，年均增长6.5%。地方一般公共预算收入5.17亿元，下降25.6%，年均下降5.0%。城镇居民、农村居民人均可支配收入分别为25 225元、16 615元，分别增长2.7%、7.6%。“十三五”期间，连平县成功创建国家级生态示范区、省林业生态县，恢复省级文明城市资格，获评省级慢性病综合防控示范区、省级“平安金鼎”等荣誉，持续获评省级双拥模范县。

——紫金县。2020年，紫金县地区生产总值158.37亿元，增长4.2%，年均增长7.1%。人均地区生产总值28 329元，增长6.3%。三次产业结构调整为21.1：23.4：55.5。规模以上工业增加值28.90亿元，增长7.7%，年均增长6.1%。社会消费品零售总额52.83亿元，下降4.1%，年均增长6.7%。地方一般公共预算收入8.45亿元，增长7.0%，年均增长6.8%。城镇居民、农村居民人均可支配收入分别为23 212元、17 457元，分别增长1.4%、8.5%。“十三五”期间，紫金县建成国家级电子商务进农村综合示范县、成功创建“四好农村路”全国示范县、城乡交通运输一体化全国示范县；跻身省卫生县城行列，入选省县级文明城市提名城市。

5. 河源江东新区规划建设情况。

河源江东新区位于东江东岸，规划面积434平方公里，常住人口15万，其中核心区规划面积50平方公里，起步区分为城市建设起步区和产业发展起步区。2020年，江东新区地区生产总值59.17亿元，增长9.0%，年均增长8.4%。三次产业结构调整为6.7：35.8：57.5。规模以上工业增加值17.57亿元，增长7.7%，年均增长4.9%。地方一般公共预算收入3.51亿元，增长14.0%，年均增长30.5%。社会消费品零售总额17.42亿元，下降7.4%，年均增长8.0%。固定资产投资增长52.0%，年均增长62.5%。

——“融湾”“融深”工作扎实推进。编制实施“融湾”第一个五年规划（2019—2023年），成功签约“双区”产业项目81个1 424.6亿元，动工投产项目18个258.9亿元。交通基础设施条件日趋完善，高铁综合枢纽即将投入使用，国道G205改线工程启动建设，积极对接广河客专、深河高铁、惠河城轨及河惠深、河惠汕高速规划实施。优化体制机制，对标“双区”水平，充分发挥数字政府改革的支撑牵引作用，深化审批制度改革，一体推进深化“放管服”改革、优化营商环境等重点工作，出台深化商事制度改革等制度。

——创新动能全面激发。培育高新技术企业19家、科技型中小企业35家，建有省级研发机构6家、市级研发机构27家、孵化器1家，“十三五”期间申请专利725件，专利授权量453件。创新投融资机制和模式，共融资80亿元。园区建设提质增效，深河科技园启动规划。累计签约项目101个2 290亿元，落户项目37个605亿元，动工投产项目31个289亿元，新增规模以上工业企业11家。

——“四组团”建设提效破局。“三点三带四组团”战略布局正由“蓝图”变为“实景”，城市功能品质不断提升。滨江都市经济带加速成型，绿色发展的底色不断擦亮。土地房屋征收、招商引资、项目建设“三大攻坚”行动成效显著，城市建成区从2平方公里拓展到8平方公里，常住人口增长到18万人，城镇化率达67.7%。入选第三批国家智慧城市试点，城市综合承载力大幅提升。

——民生福祉改善提升。教育“创强”“推现”工作通过验收，教育质量不断提升，2020年高考本科上线人数较2016年翻两番，公办及普惠性幼儿园学位超过80%，“5080”攻坚任务顺利完成。医疗体制改革稳步推进，村卫生站规范化建设全面完成，公共卫生服务能力全面提升。劳动者权益得到有力保障，2020 年城镇新增就业 1 340 人，城镇失业人员实现再就业 199 人。全面推行公路桥梁交通安全路桥长制，基本完成临江镇胜利桥、雁头桥等危桥改造重建，新紫金桥建成通车。

（四）梅州市

1. 概况。

2020 年，梅州市地区生产总值 1 207.98 亿元，增长 1.5%。人均地区生产总值 31 011 元，增长 2.6%。三次产业结构调整为 20.3：30.4：49.3。规模以上工业增加值 242.47 亿元，增长 0.2%。社会消费品零售总额 634.88 亿元，下降 7.9%。全体居民人均可支配收入 23 873 元，增长 4.2%。金融机构本外币存款余额、贷款余额分别为 2 438.24 亿元、1 588.81 亿元，分别增长 8.3%、17.5%。

2. 振兴发展情况。

——创新能力稳步增强。“十三五”期间，高新技术企业存量数达 242 家，培育科创板上市企业 2 家。省级以上各类创新平台增至 110 家，规模以上工业企业设立研发机构比例提高到 38%，其中，新认定国家企业技术中心 1 家、国家级科技企业孵化器 1 家、国家技术创新示范企业 1 家、省级重点实验室 3 家和省级新型研发机构 3 家。新组建市医学科学院、市农林科学院、梅州产业技术研究院，新认定省级农业科技园区 2 家，平远产业转移工业园被认定为省级高新区。

——产业结构持续优化。2020 年，规模以上工业企业总数增至 489 家；先进制造业、高技术制造业增加值占规模以上工业比重分别提高到 21.9%、15.3%；现代服务业增加值占服务业比重提高到 52.6%。农业基础地位不断夯实，新建 1 个国家级和 14 个省级现代农业产业园。传统支柱产业加快转型升级，粤电大埔电厂、塔牌 600 万吨熟料水泥生产线项目建成投产，电子信息、电力、建材产业产值超百亿元。新兴产业加快发展，115 科技总部回迁，

"客都人家"康养文旅综合体一期建成开放，"5311"绿色产业体系加速构建。

——改革开放全面深化。深入推进"放管服"和数字政府改革建设，完成年度改革重点事项 60 项，荣登中国城市政商关系排行榜进步最快城市榜首。新一轮市县机构改革和镇街体制改革顺利完成，蕉华管理区改革圆满完成。"十三五"期间，国企改革取得重大突破，市属国有"僵尸企业"全部出清，新组建 4 家市属国企集团。梅州综合保税区、中国（梅州）跨境电子商务综合试验区获国务院批复，国家级发展平台实现零的突破。跨境电商清关中心建成使用，与粤港澳大湾区合作交流日趋紧密，"三进一出"工程深入实施。

——基础设施明显改善。"十三五"期间，全市共完成交通投资 660 亿元，年均增长 15.5%；新增铁路通车里程 71.8 公里，新增高速公路通车里程 226 公里，新改建和改造国省道 800 公里。梅州至龙川高铁全线动工建设，兴华等高速公路建成通车，梅汕客专开通运营。梅州机场航线航班优化加密，年吞吐量突破 60 万人次。水利、能源等基础设施加快建设，梅州（五华）抽水蓄能电站一期主体工程基本完成，韩江高陂水利枢纽工程实现下闸蓄水；500 千伏五华输变电、闽粤联网工程启动建设，珠三角成品油管道二期工程揭阳—梅州段通过验收。"新基建"快速推进，建成 1 353 个 5G 基站，光纤入户率达 90.5%。

——城乡面貌显著变化。中心城区扩容提质，嘉应新区起步区"五年成规模"目标基本实现。"十三五"末，中心城区建成区面积扩大到 65.5 平方公里，比"十二五"末增加 11.8 平方公里。各县（市）县城和中心镇、专业镇建设提速、管理加强，综合承载能力持续改善。乡村振兴出新出彩，90% 以上村庄建成干净整洁村，农村生活垃圾有效处理率、村庄保洁覆盖率均达 100%；四好农村路、全域自然村集中供水、污水处理等基础设施短板加快补齐，新一轮农村电网改造全面完成，国家、省电子商务进农村综合示范工作实现全覆盖。

——生态优势持续巩固。"十三五"期间，生态文明先行示范区建设成效显著，获评"美丽山水城市"；在粤北地区率先成功创建国家森林城市，全市森林覆盖率达 74.48%；城区空气质量优良率连续五年居全省第一。河（湖）长制全面落实，治理中小河流 1 810 公里，城市黑臭水体全面消除，建成镇级生活污水处理设施 95 座，饮用水水源地水质达标率和国考、省考断面水质达标率均达 100%。生活垃圾分类稳步实施，农业面源污染治理得到加强。

——民生福祉显著提升。“十三五”期间，全体居民人均可支配收入年均增长 7.8%，新增城镇就业人数 13.02 万人。脱贫攻坚取得全面胜利，145 032 名建档立卡相对贫困人口全部脱贫，349 个省定相对贫困村全部有序退出。社会保障体系不断完善，基本养老保险、医疗保险参保率分别达到 98%、100%。成功创建“广东省推进教育现代化先进市”，五年新建 26 所公立中小学校、25 所公立幼儿园和改扩建一批中小学校，增加学位 6.9 万个。加快建设卫生强市，市人民医院、粤东医院入选省高水平医院建设单位，新增三甲医院 3 家，总数达到 4 家。

3. 推进区域合作情况。

主动融入“双区”建设。出台《梅州市服务融入粤港澳大湾区建设的意见》《梅州市关于支持深圳建设中国特色社会主义先行示范区的意见》等政策措施，重点推进交通互联、产业互补、人文互通、规则衔接。构建融入“双区”交通网络，梅汕高铁、兴汕高速五华至陆河段顺利通车，梅龙高铁全线开工建设。积极承接“双区”新增产能梯度转移，初步构建起与“双区”优势互补的区域产业分工格局。打造“双区”后方“大农场”，粤港澳大湾区“菜篮子”产品梅州配送中心成功挂牌运营，创建 45 个粤港澳大湾区“菜篮子”生产基地（加工企业）。深化与“双区”的文旅、商贸交流合作，与大湾区 9 市签订《区域旅游合作备忘录》，与南沙、前海、横琴自贸区签订改革创新协同发展合作框架协议。

4. 县域经济发展情况。

梅州市下辖兴宁市、五华县、平远县、蕉岭县、丰顺县、大埔县 6 个县（市）。2020 年，全市县域地区生产总值 721.48 亿元，占全市地区生产总值的 59.7%。

表 32　2020 年梅州市县域经济发展情况

地区	地区生产总值（亿元）	社会消费品零售总额（亿元）	地方一般公共预算收入（亿元）	三次产业结构
兴宁市	179.17	101.33	10.34	28.9：15.0：56.1
五华县	162.97	81.69	10.55	25.9：22.1：52.0
平远县	77.88	31.99	5.18	19.5：27.1：53.4
蕉岭县	100.13	38.00	6.44	17.5：44.3：38.2
丰顺县	110.23	55.34	7.36	23.9：35.7：40.4
大埔县	91.10	46.64	7.15	29.6：19.6：50.8

——兴宁市。2020 年，兴宁市地区生产总值 179.17 亿元，增长 0.4%，年均增长 3.1%。人均地区生产总值 22 701 元，增长 2.8%。三次产业结构调整为 28.9：15.0：56.1。社会消费品零售总额 101.33 亿元，下降 6.2%，年均增长 6.9%。地方一般公共预算收入 10.34 亿元，增长 1.2%，年均增长 0.6%。城镇居民、农村居民人均可支配收入分别为 27 947 元、19 241 元，分别增长 1.0%、3.1%。“十三五”期间，兴宁市获评国家级电子商务进农村综合示范县；成功创建省卫生城市、省县级文明城市提名城市，成功创建省推进教育现代化先进市。

——五华县。2020 年，五华县地区生产总值 162.97 亿元，增长 2.3%，年均增长 8.0%。人均地区生产总值 17 601 元，增长 3.9%。三次产业结构调整为 25.9：22.1：52.0。社会消费品零售总额 81.69 亿元，下降 8.1%。地方一般公共预算收入 10.55 亿元，增长 5.1%，年均增长 18.0%。城镇居民、农村居民人均可支配收入分别为 22 872 元、14 123 元，分别增长 1.5%、3.7%。“十三五”期间，五华县省级茶叶产业园获评“2020 年粤东粤西粤北省级现代农业产业园发展排头兵”。

——平远县。2020 年，平远县地区生产总值 77.88 亿元，增长 1.9%，年均增长 3.6%。人均地区生产总值 40 602 元，增长 4.1%。三次产业结构调整为 19.5：27.1：53.4。社会消费品零售总额 31.99 亿元，下降 8.9%，年均增长7.1%。地方一般公共预算收入5.18亿元，下降13.7%，年均下降4.6%。城镇居民、农村居民人均可支配收入分别为26 984元、19 156元，分别增长4.2%、6.5%。“十三五”期间，平远县成功创建省级高新区，成为全市首个获省级认证的县工业园区；获评全国休闲农业和乡村旅游示范县、广东省县（市）域旅游创新发展“十强”县。

——蕉岭县。2020年，蕉岭县地区生产总值100.13亿元，增长5.1%，年均增长5.8%。人均地区生产总值54 050元，增长6.5%。三次产业结构调整为17.5：44.3：38.2。社会消费品零售总额38.00亿元，下降2.0%，年均增长5.9%。地方一般公共预算收入6.44亿元，增长6.9%，年均下降1.8%。城镇居民、农村居民人均可支配收入分别为28 952元、18 900元，分别增长5.1%、8.2%。“十三五”期间，蕉岭县成功创建广东省全域旅游示范县，获评全国森林康养基地试点建设县，被中央文明办确定为全国县级文明城市提名城市。

——丰顺县。2020年，丰顺县地区生产总值110.23亿元，增长0.4%，年均增长2.7%。人均地区生产总值23 007元，增长0.6%。三次产业结构调整为23.9：35.7：40.4。社会消费品零售总额55.34亿元，下降7.8%，年均增长6.5%。地方一般公共预算收入7.36亿元，增长4.3%，年均下降2.7%。城镇居民、农村居民人均可支配收入分别为27 033元、15 626元，分别增长4.4%、7.5%。“十三五”期间，丰顺县电声产业基地被认定为国家外贸转型升级基地；丰顺高山茶获评中国气候生态优品，被国际茶叶委员会授予“国际茶叶魅力之乡”。

——大埔县。2020年，大埔县地区生产总值91.10亿元，增长1.7%，年均增长5.3%。人均地区生产总值27 408元，增长3.2%。三次产业结构调整为29.6：19.6：50.8。社会消费品零售总额46.64亿元，下降8.9%，年均增长4.6%。地方一般公共预算收入7.15亿元，增长1.5%，年均下降7.1%。城镇居民、农村居民人均可支配收入分别为26 013元、15 777元，分别增长3.0%、6.0%。“十三五”期间，大埔县成功创建广东省推进教育现代化先进县、国家级农村职业教育和成人教育示范县，获评“广东省最安全城市”。

5. 重大区域发展平台规划建设情况。

——梅州嘉应新区。2020 年，嘉应新区建成区面积 53.22 平方公里，常住人口 45.78 万人，地区生产总值 180.29 亿元。坚持规划引领，编制实施嘉应新区发展总体规划及产业发展、基础设施建设、低碳生态三个专项规划，优化方案将江南新城首期规划面积优化为 6.66 平方公里，江南新城二期征地拆迁正式启动。坚持项目支撑，江南新城 30 条、29.8 公里市政道路和 9 条、16.5 公里综合管廊基本建成，芹洋半岛 18 条、9.8 公里市政道路建成通车。坚持招商引资，围绕总部经济、中央商务、大数据云计算等产业，“十三五”期间先后引进万达、义乌商城等 24 个产业项目。坚持金融创新，成功争取 16 亿元中央预算内投资和省支持资金，7.79 亿元粤东西北振兴发展股权基金及 83 亿元国开行政策性贷款支持江南新城棚改、管廊等项目建设。

——广东梅兴华丰产业集聚带。2020 年，广东梅兴华丰产业集聚带工业总产值 283.73 亿元，规模以上工业增加值 61.24 亿元，工业固定资产投资 49.70 亿元，全口径税收 16.51 亿元。产业集聚效应凸显，承接粤港澳大湾区产业技术转移，引进广汽、王老吉等一批产业项目落地建设，初步形成电子信息、新能源新材料、现代服务等产业集群。发展条件大幅改善，产业带核心区 6 座污水处理厂 1 座已试运行、2 座加快建设、3 座正在开展前期工作，总投资 25.4 亿元的滨江商务区基础设施、公共服务设施和产业配套设施等项目纳入国家重大项目库。平台建设取得重大突破，梅州综合保税区获国务院批复设立，梅州高新区申报国家高新区工作、梅州经济开发区申报国家级经济开发区工作扎实推进。

（五）清远市

1. 概况。

2020 年，清远市地区生产总值 1 777.15 亿元，增长 3.8%。人均地区生产总值 44 828 元，增长 3.2%。三次产业结构调整为 16.8∶33.0∶50.2。规模以上工业增加值 546.58 亿元，增长 6.7%。社会消费品零售总额 520.09 亿元，下降9.4%。地方一般公共预算收入123.62亿元，增长4.3%。全体居民人均可支配收入26 055元，增长6.9%。金融机构本外币存、贷款余额分别为2 710.50亿元、2 218.01亿元，分别增长5.7%、17.6%。

2. 振兴发展情况。

——稳步提升产业发展质量。2020年，出台先进制造业、高技术制造业企业扶优计划，高技术制造业、先进制造业增加值占规模以上工业增加值分别提高至10.3%、29.8%。园区建设成效显著，2020年园区新落地企业90家，其中亿元以上企业57家；完成固定资产投资297.25亿元；实现规模以上工业增加值189.93亿元。农业发展势头良好，国家级现代农业产业园实现零突破，现有省级现代农业产业园12个，清远鸡入选首批国家级优势特色产业集群。文旅产业特色初显，开放接待的旅游景区（点）110多处，国家3A级以上旅游景区34家，2020年全市接待过夜游客570.75万人次，总收入90.93亿元。

——不断完善交通基础设施。“十三五”期间，交通区位加快改善，以“广清交通一体化”为导向，加快打造“三铁一通一航”和“六纵四横二联”综合交通运输体系。截至2020年底，公路和高速公路通车里程分别为2.05万公里和846公里，高速公路通车里程居全省第三；境内航道通航里程354公里。广清城际轨道清远至花都段开通运营、清远至职教城段如期开建，北江航道扩能升级目标基本完成，广州经清远至永州高铁前期工作扎实推进。

——全面启动城乡融合发展。成立市、县两级城乡融合发展工作领导小组，制定广清接合片区实施方案并报国家发展改革委，清远片区明确10项改革试验任务、145项重点项目，启动6个乡村振兴样板区建设。连樟样板区乡村振兴学院等项目建成使用，17个产业项目基本完工。乡村振兴57项硬任务进展顺利，大力实施“3个三工程”。扎实推进农村人居环境综合整治，建成美丽乡村7 775个，90.9%的村庄达到省级干净整洁村标准。如期打赢脱贫攻坚战，12.37万相对贫困人口达到脱贫标准，261个相对贫困村全部出列。

——筑牢北部生态屏障。加强林业资源培育修复，2020年完成造林和生态修复43.09万亩，森林覆盖率达69.63%。推进河流水体治理，80个建制镇污水处理设施实现全覆盖，全市国省考断面优良率达 100%，饮用水源水质全优。持续提升大气环境质量，扩大高污染燃料禁燃区范围，清理整治“散乱污”企业 5 050 家，空气优良率达 92. 8%。城市建成区 4 条黑臭水体整治完成销号，15 个国省考断面近五年来首次实现全面达标，水环境质量综合指数排名全省第六。

——改善社会民生服务能力。2020 年，全市民生投入 329. 70 亿元，占地方一般公共预算支出的 80. 1%。全力保障居民就业，2020 年城镇新增就业 3. 62 万人，城镇登记失业率控制在 2. 5% 以内，开展“粤菜师傅”等补贴性技能培训 6. 83 万人次。教育水平逐步改善，2020 年公办在园幼儿占比提升 27. 4%，实现全市公、民办义务教育标准化学校 100% 覆盖，新改扩农村寄宿制学校建设工程 110 所。医疗服务增资扩容，市中医院成为粤东西北首家“三甲”中医院，19 家县级公立医院升级建设基本完成，实现医共体县（市、区）全覆盖。文化服务补短出新，城市十分钟、乡村十公里文化体育服务圈基本建成，“三馆一站一中心”全部免费开放。

3. 融入粤港澳大湾区发展情况。

——高质量推进广清一体化发展。推进重大轨道交通基础设施互联互通，广清城轨广州北至清远段建成通车，北延线清远至省职教城段已正式动工，广清永高铁纳入国家和大湾区交通规划，“半小时通勤圈”和“1 - 2 - 3 工作圈”加快形成。全力探索产业建链补链，出台《广清一体化产业专项规划》，深化“广州孵化 + 清远产业化”“广州总部 + 清远基地”产业合作，共建粤港澳大湾区北部生态文化旅游合作区。着力加快营商环境规则衔接，共建广清一体化融合发展前台，实施广清政务跨城通办 15 项。广清经济特别合作区稳步起航，合作区范围拓展到“三园一城”共 112. 5 平方公里，智能家居、现代生物技术等产业集群初显成效，2020 年新引进产业项目 100 个，其中，亿元以上项目 58 个；累计落户企业 261 家，年产值超过 1 000 亿元。

——主动参与广州都市圈发展。深化经济圈建设，广佛肇清云韶六市发展改革部门联合印发《广佛肇清云韶经济圈发展规划（2019—2025 年）》。积极深化细化城乡融合试验区广清接合片区体制机制创新，编制印发《国家城乡融合发展试验区广清接合片区清远市实施方案》，明确建立城乡有序流动的人口迁徙制度等十项试验任务及一系列改革措施。建立健全有关工作机制，成立城镇化工作暨城乡融合发展工作领导小组，多次召开市县专题工作推进会，深入项目现场协调指导。

——加强与大湾区交流合作。编制印发《清远市全面融入粤港澳大湾区实施方案》和《清远市 2020 年全面融入粤港澳大湾区建设任务分工方案》，明确融入粤港澳大湾区 23 项建设任务。围绕“湾区所需、清远所能”，主动锚定大湾区核心城市，加大精准招商力度，积极承接大湾区产业转移。主动对接广深港、广珠澳科技创新走廊，加速引进科技成果在清远实现转化和产业化应用。持续推动北江扩能升级改造工程，加强与广州南沙港合作，积极参与沿海港口及大湾区沿江港口间“一港通”业务模式。全面提高对外开放水平，发挥紧邻大湾区优势，积极参与大湾区全球招商活动。积极参与“一带一路”建设，鼓励企业借助广交会等平台，有效开拓海外市场。

4. 县域经济发展情况。

清远县域共计 6 个县（市），包括 2 个县级市、4 个县，县域面积达 1.53 万平方公里，占全市总面积的 80.7%。2020 年，全市县域地区生产总值 862.48 亿元，占全市地区生产总值的 48.5%。

表 33　2020 年清远市县域经济发展情况

地区	地区生产总值（亿元）	社会消费品零售总额（亿元）	地方一般公共预算收入（亿元）	三次产业结构
英德市	348.42	88.67	22.17	21.1∶36.4∶42.5
连州市	161.21	36.21	6.57	29.5∶25.9∶44.6
佛冈县	132.95	34.02	10.58	15.4∶41.4∶43.2
连山县	38.13	4.99	1.62	29.0∶17.3∶53.7
连南县	57.00	9.69	1.79	20.4∶24.9∶54.7
阳山县	124.77	31.39	4.92	39.6∶13.7∶46.7

——英德市。2020 年，英德市地区生产总值 348.42 亿元，增长 5.2%，年均增长 7.7%。人均地区生产总值 37 021 元，增长 5.2%。三次产业结构调整为 21.1∶36.4∶42.5。社会消费品零售总额 88.67 亿元，下降 8.2%，年均增长 1.7%。地方一般公共预算收入 22.17 亿元，增长 7.0%，年均增长 6.8%。城镇居民、农村居民人均可支配收入分别为 30 675 元、18 399 元，分别增长 5.1%、9.0%。“十三五”期间，英德市荣获国家农产品流通现代化、农村电商和产销对接典型市县，国家级电子商务进农村综合示范县称号，获评为全国县域旅游发展潜力百佳县。

——连州市。2020 年，连州市地区生产总值 161.21 亿元，增长 3.3%，年均增长 5.2%。人均地区生产总值 42 721 元，增长 3.2%。三次产业结构调整为 29.5∶25.9∶44.6。社会消费品零售总额 36.21 亿元，下降 7.8%，年均增长 2.4%。地方一般公共预算收入 6.57 亿元，下降 8.5%，年均增长 1.9%。城镇居民、农村居民人均可支配收入分别为 31 558 元、15 736 元，分别增长 6.0%、9.1%。“十三五”期间，连州市获全国富硒农业示范基地、中国最佳宜居宜业宜游城市等荣誉称号，入选 2020 年全国县域旅游发展潜力百佳县。

——佛冈县。2020 年，佛冈县地区生产总值 132.95 亿元，增长 3.9%，年均增长 3.1%。人均地区生产总值 42 141 元，增长 3.8%。三次产业结构调整为 15.4∶41.4∶43.2。社会消费品零售总额 34.02 亿元，下降 8.1%。地方一般公共预算收入 10.58 亿元，增长 6.3%，年均增长 4.6%。城镇居民、农村居民人均可支配收入分别为 31 198 元、17 573 元，分别增长 5.9%、8.3%。“十三五”期间，佛冈县入选全国县域旅游发展潜力百佳县、国家旅游名片、全域旅游精品目的地，成功创建省全域旅游示范区。

——连山县。2020 年，连山县地区生产总值 38.13 亿元，增长 3.5%，年均增长 6.3%。人均地区生产总值 40 074 元，增长 3.3%。三次产业结构调整为 29.0∶17.3∶53.7。社会消费品零售总额 4.99 亿元，下降 6.4%，年均下降 5.7%。地方一般公共预算收入 1.62 亿元，增长 36.0%，年均增长 7.9%。城镇居民、农村居民人均可支配收入分别为 26 278 元、15 020 元，分别增长

5.6%、8.2%。“十三五”期间，连山县成为全省首批数字农业农村试点县，成功创建“四好农村路”省级示范县、省健康促进县。

——连南县。2020年，连南县地区生产总值57.00亿元，增长4.1%，年均增长4.7%。人均地区生产总值42 299元，增长3.9%。三次产业结构调整为20.4：24.9：54.7。社会消费品零售总额9.69亿元，下降9.0%，年均增长6.0%。地方一般公共预算收入1.79亿元，增长15.1%，年均增长2.0%。城镇居民、农村居民人均可支配收入分别为27 607元、15 456元，分别增长5.9%、8.4%。“十三五”期间，连南县获评全国民族团结进步示范县、全国森林旅游示范县、国家生态文明建设示范县、中国品牌节庆示范基地等国家级和省级荣誉称号。

——阳山县。2020年，阳山县地区生产总值124.77亿元，增长3.4%，年均增长4.1%。人均地区生产总值33 971元，增长3.3%。三次产业结构调整为39.6：13.7：46.7。社会消费品零售总额31.39亿元，下降8.7%，年均增长4.9%。地方一般公共预算收入4.92亿元，增长2.6%，年均下降0.9%。城镇居民、农村居民人均可支配收入分别为30 358元、16 819元，分别增长5.7%、8.2%。“十三五”期间，成功申报省级电子商务进农村综合示范县项目，成功创建国家出口食品农产品质量安全示范区、国家农产品质量安全县。

5. 清远燕湖新区建设情况。

——经济建设取得明显成效。经济指标稳步增长，2020年固定资产投资303.80亿元，增长16.7%；投资总额为132.50亿元，工业总产值749.30亿元，工业增加值为155.2亿元。“十三五”期间，累计完成固定资产投资约1 134.76亿元；投资总额为520.82亿元，工业总产值3 201.73亿元，工业增加值为719.21亿元。产业导入和产城融合进程加快，招商引资项目55个，计划总投资513.30亿元，在建项目45个，开展前期工作项目10个；现有企业总数11 542户，注册资本总额为944.50亿元人民币；个体户总数33 634户。“十三五”期间，新增企业总数、个体户数分别为4 260、13 160户，较“十二五”期间分别增长58.5%、64.3%。

——重要发展平台建设有序。2020 年，清远高新区 160 家规模以上工业企业共完成工业增加值 65. 90 亿元，增长 4. 3%；天安智谷、华南 863 等一批“双创”平台加快建设。省职业教育城建设步入快车道，广东建设职业技术学院等首期五所学校已建成开学，二期工程全面铺开，三期工程正式启动。长隆集团累计投入超过 35 亿元打造清远长隆国际森林主题公园，部分项目已投入使用，广清空港物流新城及华南声谷互联网 + 创新产业园等项目有序推进。

——燕湖新城建设持续推进。累计启动公共基础设施项目 62 个，已建成 33 个，续建项目 24 个，启动项目 5 个，累计完成投资约 163. 70 亿元，“十三五”期间完成投资约 87. 80 亿元。新城建成及在建市政道路里程达 125 公里，北江东路等一批主干道路先后建成，新城骨干路网基本成型，城轨清远站周边路网基本建成，湖城大道等在建项目有序推进，基本实现新城与国家高新区等重大平台及新区起步区互联互通。图书馆、城市馆和博物馆、科技馆和青少年活动中心前期施工基本完成，南岸公园正式动工、北岸公园前期工作稳步推进。

（六）云浮市

1. 概况。

2020 年，云浮市地区生产总值 1 002. 18 亿元，增长 4. 1%。人均地区生产总值 42 047 元，增长 4. 0%。三次产业结构调整为 19. 3 ∶ 31. 1 ∶ 49. 6。地方一般公共预算收入 65. 89 亿元，增长 8. 9%。社会消费品零售总额 337. 24 亿元，下降 6. 5%。外贸进出口总额 117. 55 亿元，增长 6. 9%。全体居民人均可支配收入 22 306 元，增长 6. 5%。

2. 振兴发展情况。

——科技创新能力显著提升。“十三五”末，全市专利申请量 2 674 件，增长 39. 78%；拥有国家工程技术研究中心 1 家、省级工程技术研究中心 35 家，省、市级新型研发机构 10 家，省重点实验室 2 家，院士工作站 2 家。云浮高新区孵化器获评省级孵化器，云浮高新区创建国家高新区和新兴新成工业园申报省级高新区加快推进。高新技术企业培育力度加大，2020 全年新增高新技术企业 17 家，总数达 96 家。人才引育留用机制效应凸显，“十三五”时期共引进市直综合类高层次人才 199 名，新创设博士后科研工作站 2 个、博士后创新实践基地 3 个、博士工作站 11 个。

——特色产业集群初具规模。2020 年，先进制造业、高技术制造业增加值分别占全市规模以上工业增加值的 25.0%、11.2%，比 2015 年分别提高 5.7、3.5 个百分点。“十三五”期间，广东金属智造科技产业园、省市共建信息技术应用创新产业园两大产业发展新载体获批建设，金属智造（绿色钢铁）等 8 个产业纳入全省“1+20”战略性产业集群重点培育产业。颂春药业等一批医药项目投产，生物医药企业达 66 家。省市共建信息技术应用创新产业园抓紧建设，已引进华为、同方股份等 22 个项目，计划总投资 46 亿元。氢能产业发展处于全国前列，氢能产业链初步形成。

——基础设施建设成果斐然。“十三五”期间，共有 384 个项目列入市重点建设项目计划，累计完成投资 1 065.43 亿元。全市高速公路建成总里程达 425 公里，阳罗高速等路段建成通车，广佛肇云高速等项目列入省高速公路网规划。广湛高铁（新兴段）、广梧高速云浮东出入口扩建，广州云浮国际物流港动工建设。云浮第一座 500 千伏变电站（卧龙站）建成投产，粤西天然气主干管网肇庆—云浮支干线云浮段项目具备通气条件，云浮水源山抽水蓄能等项目前期工作进展顺利。全市累计建成 5G 基站 1 160 座，20 户以上自然村 4G 网络覆盖率为 99.6%，光网覆盖率 100%。

——乡村振兴全面提速。实施现代农业产业园工程，“十三五”期间共获批 2 个国家级现代农业产业园和 9 个省级现代农业产业园，形成“2+9”现代农业产业园发展格局。全域推进农村人居环境整治，全市7 621个自然村完成“三清三拆三整治”，96.76% 的自然村实现集中供水，农村生活垃圾处理率和自然村村内道路硬化完成率均达 100%，电子商务进农村示范创建实现 100% 全覆盖。脱贫攻坚取得决胜成果，全市 105 个省定贫困村全部出列，11.13 万相对贫困人口全部脱贫，省定贫困村居民人均可支配收入提升至 20 201元，“两不愁三保障”全面实现。

——生态优势巩固提升。成功创建国家园林城市，森林覆盖率达67.25%。空气质量保持国家二级标准，2020年空气质量优良率达98.1%。深入推进河长制、湖长制，西江云浮段常年保持Ⅱ类水以上，2020年西江国考断面水环境质量排名居全国第六位、全省第一位，5个省考地表水断面水环境质量在全省排名第五位。“十三五”期间，全面完成中央环保督察反馈问题整改任务，主要污染物减排指标全面完成省下达任务，累计完成161家市级以上清洁生产企业审核和163家工业企业节能监察，固定污染源排污许可实现全覆盖。

——民生福祉持续增进。十件民生实事全面完成，2020年民生类支出196.96亿元，占地方一般公共预算支出的74.9%。就业形势稳中向好，“十三五”期间，全市城镇新增就业人数累计达到10.01万人，城镇登记失业率控制在4%以内，高质量实施“粤菜师傅”“广东技工”“南粤家政”三项工程。医疗卫生服务能力显著增强，市直3家医院全面启动15个重点专科建设，11家县级公立医院升级建设进展顺利。教育综合实力持续提升，“十三五”期间，全市学前、小学、初中教育分别新增学位17 989个、63 656个、5 893个，广东药科大学云浮校区项目二期工程竣工验收使用，云浮（新兴）中医药职业学院项目加快推进。

3. 推进区域合作情况。

“融湾”发展成效初显。一是“融湾”体制机制进一步健全。相继出台《云浮市全域融入粤港澳大湾区发展行动方案》《云浮市关于加快融湾发展推进“六地”建设实施方案》等政策，推动云浮与广州、佛山等大湾区城市深化交通互联、产业共建、生态共济、民生共享。出台《中共云浮市委、云浮市人民政府关于支持新兴县探索建设融湾发展先行示范县的意见》，支持新兴探索建设融湾发展先行示范县。二是积极承接大湾区产业转移。佛山（云浮）产业转移工业园、佛山顺德（云浮新兴新成）产业转移工业园、罗定产业转移工业园、郁南产业转移工业园、云安产业集聚地5个省产业转移工业园（集聚地）以及省市共建信息技术应用创新产业园、省市共建广东省生物医药产业培育园区、广东金属智造科技产业园等产业载体日趋完善，已吸引600

多家企业落户，总投资额超1 200亿元。

4. 县域经济发展情况。

云浮市辖云城、云安两个区，罗定市、新兴县、郁南县三县（市）。罗定市、新兴县、郁南县三个县（市）土地总面积分别是2 327.50平方公里、1 521.68平方公里、1 966.20平方公里，合计5 815.38平方公里，占全市的74.7%。2020年，全市县域地区生产总值673.27亿元，占全市地区生产总值的67.2%。

表34　2020年云浮市县域经济发展情况

地区	地区生产总值（亿元）	社会消费品零售总额（亿元）	地方一般公共预算收入（亿元）	三次产业结构
罗定市	279.31	121.20	15.74	20.2：27.8：52.0
新兴县	270.58	51.96	18.52	27.2：31.5：41.3
郁南县	123.38	40.47	5.59	24.6：22.7：52.7

——罗定市。2020年，罗定市地区生产总值279.31亿元，增长3.5%，年均增长9.5%。人均地区生产总值29 758元，增长3.6%。三次产业结构调整为20.2：27.8：52.0。社会消费品零售总额121.20亿元，下降6.7%，年均增长7.3%。地方一般公共预算收入15.74亿元，增长17.4%，年均增长6.5%。城镇居民、农村居民人均可支配收入分别为27 588元、17 242元，分别增长5.7%、6.9%。“十三五”期间，罗定市创建省级“一村一品、一镇一业”专业镇6个、专业村9个，建成精品旅游线路4条；成功创建广东省推进教育现代化先进县，获得广东省卫生城市称号。

——新兴县。2020年，新兴县地区生产总值270.58亿元，增长6.5%，年均增长5.6%。人均地区生产总值62 766元，增长6.5%。三次产业结构调整为27.2：31.5：41.3。社会消费品零售总额51.96亿元，下降5.6%，年均增长6.0%。地方一般公共预算收入18.52亿元，增长0.3%，年均增长3.0%。城镇居民、农村居民人均可支配收入分别为29 986元、19 846元，分别增长5.8%、6.9%。“十三五”期间，新兴县获评国家农村产业融合发展（多业态复合型）试点示范县，建设省级以上现代农业产业园4个；获评全国县域旅游综合实力百强县、中国十大特色休闲县等称号。

——郁南县。2020年，郁南县地区生产总值123.38亿元，增长2.9%，年均增长4.4%。人均地区生产总值33 110元，增长3.4%。三次产业结构调整为24.6∶22.7∶52.7。社会消费品零售总额40.47亿元，下降6.8%，年均增长5.9%。地方一般公共预算收入5.59亿元，增长17.7%。城镇居民、农村居民人均可支配收入分别为27 092元、17 103元，分别增长5.7%、7.0%。“十三五”期间，郁南县成功打造省级产业转移工业园，累计引进亿元项目78个；成功创建全国义务教育发展基本均衡县、广东省教育强县、广东省教育现代化先进县。

5. 云浮新区规划建设情况。

——西江新城起步区建设情况。“十三五”期间，经济体量不断攀升，规模以上企业增至43家，其中29家为规模以上工业企业。一是支持建设科技创新平台。全面提升企业创新能力，拥有省级或以上研发机构24家，2020年全年认定为省专精特新中小企业1家、省中小企业志愿服务工作站2家，推动3家企业通过知识产权贯标。二是积极推进孵化育成体系建设。截至2020年底，拥有在孵企业38家，其中，拥有有效知识产权的在孵企业11家，占在孵企业总数比例的29%。云浮高新区孵化器获评省级孵化器，实现零的突破；推动省级众创空间试点单位“H DESIGN众创空间”不断激发创新创业活力。三是鼓励大众创业、万众创新。在2020年“创客广东”云浮市中小企业创新创业大赛中获一等奖企业1个、二等奖企业2个、三等奖创客组1个并成功进入省复赛，广东溢康通空气弹簧有限公司的“空气弹簧项目产业化”项目获得省优胜奖。

——佛山（云浮）产业转移工业园（南园）起步区建设情况。一是加快重大项目建设。坚持“戴着口罩抓建设”，稳力高速空气压缩机产业化项目超额完成年度投资计划；亿航云浮生产基地（一期）项目、广东联悦氢能制氢（一期）项目、佛云污水处理厂（一期）项目相继竣工。二是做大主要产业影响力。氢能源产业主要企业稳步发展，2020 年国鸿氢能实现销售总产值 3.31 亿元，国鸿巴拉德、国鸿重塑和飞驰 3 家企业实现工业总产值 4.80 亿元，全口径税收达 0.28 亿元；产品研发成效显著，国鸿氢能发布鸿芯 GI 电推产品、鸿途 G 系列燃料电池系统两款完全自主知识产权产品，高速空压机智能化生产线投产暨 30 千瓦空压机量产正式启动。三是建强科创研发众平台。先进能源科学与技术广东省实验室云浮分中心建设稳步推进，培育壮大广东省绿色能源与材料工程技术研究中心、佛山（云浮）氢能产业与新材料发展研究院、云浮（佛山）氢能标准化创新研发中心、广东省氢能技术重点实验室和国家技术标准创新基地（氢能）等研发平台，现已申报专利超 100 项、获授权近 50 项，国家知识产权试点园区加快创建。

专项篇

一、重大区域发展平台建设

（一）综述

截至2020年底，广东省省级以上重大区域发展平台共38个，其中国家级重大区域发展平台6个，省级重大区域发展平台25个，合作区7个。在区域分布上，珠三角地区合计15个，粤东西北地区合计23个。重大区域发展平台已成为广东省促进产业聚集发展、推动改革创新发展和区域经济协调发展的重要载体。

——经济发展韧性日益增强。国家级区域平台发展成效显著，2020年，广州南沙新区地区生产总值1 846.11亿元，增长7.1%；珠海横琴新区澳资企业新注册1 132家，累计达3 496家；汕头华侨经济文化合作试验区固定资产投资总额661.85亿元，规模以上工业增加值43.23亿元。省级区域平台发展各具特色，肇庆新区社会消费品零售总额94.14亿元，增长7.4%；阳江滨海新区规模以上工业增加值174.06亿元，增长42.3%；韶关新区地方一般公共预算收入3.32亿元，增长37.6%；河源江东新区地区生产总值59.17亿元，增长9.0%；清远燕湖新区固定资产投资303.80亿元，增长16.7%。

——基础设施条件不断完善。广州南沙新区南沙港四期、南沙港铁路等加快建设，2020年完成集装箱吞吐量1 722万标箱。珠海西部生态新区洪鹤大桥、黄杨河大桥及鹤港高速（江珠高速至机场东路段）已建成通车。佛山中德工业服务区三龙湾自成立以来共打通道路32条，内联外通交通路网加快成型。惠州潼湖生态智慧区陆续启动建设智慧大道北、智慧东路、惠桥快线等一批对外联系的交通主干道。东莞粤海银瓶合作创新区爱民大道、粤海大道、莞惠路（S357）谢岗段已基本完工，大黎路和谢岗大道动工建设。潮州闽粤经济合作区完成临港产业园大佛山片区99亩土地征收储备，潮州港扩建货运码头完成工程竣工验收开港运营。河源江东新区高铁综合枢纽即将投入使用，国道 G205 改线工程启动建设。

——产业转型升级持续加速。深圳前海蛇口自贸片区注册企业累计达 15 万家，注册资本累计达 9.4 万亿元。惠州环大亚湾新区总投资 100 亿美元的埃克森美孚惠州乙烯项目开工建设，总装机 100 万千瓦的惠东港口海上风电项目正在加紧推进。中山翠亨新区持续跟进洽谈码头综合体、文旅生态城、数字经济产业园等 16 个项目，项目投资总体量超 1 000 亿元。揭阳滨海新区中石油 204 个主项已开工 166 项，同步引进吉林石化 ABS、昆仑能源揭阳 LNG 等配套项目。汕尾高新区中心园区规模以上工业企业累计实现产值 71.86 亿元，增长 113.49%。茂名滨海新区成为茂名临港产业发展新引擎，茂名高新区成为全国第二大环氧乙烷基地。韶关新区新签约项目 21 个，总投资 32.64 亿元，其中亿元以上项目 11 个。梅州广东梅兴华丰产业集聚带引进广汽、王老吉等一批产业项目落地建设，初步形成电子信息、新能源新材料、现代服务等产业集群。

——产城融合发展深入推进。珠海横琴新区建成投放 4 230 个中小学（幼儿园）公办教育优质学位，十字门小学项目、保税区第一小学开工建设。东莞水乡特色发展经济区设立 6 亿元专项补助资金池，推进水乡未来学校、水乡中心医院等一批高质量民生基础设施和人居环境整治项目。汕潮揭临港空铁经济合作区加快凤凰商业中心、华师教育城、碧桂园等一批重点项目建设，推动商贸服务、教育文化等配套服务设施有序嵌入。揭阳新区广建粤东总部大厦（揭阳）、绿地国际空港城、博胜汇金广场等区域总部和城市综合体项目快速推进。清远燕湖新区图书馆、城市馆和博物馆、科技馆和青少年活动中心前期施工基本完成，南岸公园正式动工、北岸公园前期工作稳步推进。

（二）广州南沙新区

“十三五”期间，南沙新区抢抓粤港澳大湾区建设重大机遇，战略地位持续跃升，形成“三区一中心”（国家新区、自贸试验区、粤港澳全面合作示范区和广州城市副中心）发展格局，新增广州期货交易所、南方海洋科学与工程省实验室、香港科技大学（广州）等重大发展平台。2020年，南沙新区地区生产总值达1 846亿元，比2015年增长71%；南沙新区在全国218个国家级经济开发区中综合排名第12位，较2019年上升4位。

——经济运行企稳回升。2020年，坚持不懈抓好疫情防控，经济运行强力回暖，疫情期间出台实施“关爱企业10条”“人才8条”“提振经济37条”等系列政策。全年新增企业4.5万户，新落户世界500强企业投资项目25个。“十三五”期间，累计落户企业15.8万家，增长8.5倍；引进197个世界500强企业投资项目。

——创新动能显著提升。2020年，全区高新技术企业比2015年增长8倍；高端领军和骨干人才比2015年增长7.9倍。推动南沙科学城纳入大湾区综合性国家科学中心主要承载区，明珠科学园一期建设加快推进，冷泉生态系统、高超声速风洞、极端海洋科考设施等大科学装置预研项目动工。华南技术转移中心线上平台已进驻774家科技服务机构，广东医谷获评国家级孵化器，国家级人力资源产业园南沙园区开园。

——现代产业体系加快构建。2020年，南沙新区规模以上工业产值2 845.27亿元，增长6.1%。汽车制造业支柱产业地位不断巩固，广汽丰田产值突破千亿大关，增长16.7%，广汽丰田四线五线等龙头项目顺利推进。现代服务业与战略性新兴产业蓬勃发展，新增金融（类金融）企业65家，集聚300多家人工智能企业和210多家生命健康企业。农林牧渔业快速发展，全年农业总产值103.33亿元，增长10.2%，南沙渔业产业园设施投入使用。

——改革创新全面深化。营商环境改革取得明显成效，商事登记确认制、财政管理、土地节约集约利用3项工作获国务院督查激励。粤港深度合作园起步区启动建设。推进与海南自贸港协同联动，落实与深圳前海合作区深化合作框架协议。“十三五”期间，形成689项制度创新成果，首创商事登记确认制、全球溯源体系等标志性改革品牌。

——枢纽能级进一步强化。国际航运枢纽功能显著增强，南沙港四期、南沙港铁路等加快建设，2020年完成集装箱吞吐量1 722万标箱，南沙保税港区获国务院批复升级为综合保税区。国家进口贸易促进创新示范区、广州期货交易所正式获批。南沙综合交通枢纽规划获省发展改革委、市政府联合印发实施，地铁18号线土建工程基本完工。

——城市建设不断加速。明珠湾起步区落户总投资约990亿元的35个总部型项目，庆盛区块综合开发建设全面启动。52个城市更新项目加速推进。宜居宜业宜游的优质生活圈正在形成，万达广场，南沙悠方天地等热门商业区发力追赶，水岸广场引入18家澳门知名餐饮品牌，明珠湾区规划打造美食水乡一条街。生态环境持续优化，唯一黑臭河涌潭州沼涌消除黑臭，城镇生活垃圾无害化处理率达100%。

——民生福祉持续改善。“十三五”期间，城乡居民人均可支配收入年均增长超10%。2020全年累计参保达13.18万人次，全区实现无“零就业家庭”；新增公办中小学（幼儿园）学位16 980个。图书馆新馆、档案信息规划展览中心等先后建成，广大附中南沙实验学校、市二中南沙天元学校、南沙区疾病预防控制中心和南沙中心医院二期后续工程投入使用。

（三）深圳前海深港现代服务业合作区

“十三五”时期，深圳前海深港现代服务业合作区在深港合作、制度创新、现代服务业发展等方面取得显著成效，基本建成基础设施完备、国际一流的现代服务业合作区和国内最高水平的自由贸易试验区。

——坚持高水平开放，深港合作步伐全面加快。“十三五”期间，累计注册港企1.2万家，港资企业增加值占比16.4%；实际利用外资中，港资占比91.0%；累计向港资企业出让土地39.55公顷，占比43.2%。打造前海深港创新中心、前海深港基金小镇等深港合作平台，汇丰前海证券、恒生前海基金、港交所前海联合交易中心、东亚前海证券等港资企业集聚发展。成立全国首个深港跨境电商安全示范区，推进“网购保税”等电商业务模式创新。出台实施支持港澳青年在前海合作区发展的若干措施，深港青年梦工场、粤港澳青年创业区等双创平台加快建设，累计孵化港澳台及国际青年创业团队

236 家。率先实现港澳居民免办就业证和缴纳住房公积金，深港人才流动便利程度逐步提升。

——坚持高标准改革，制度创新走在全国前列。在体制机制创新方面，借鉴中国香港、新加坡经验组建前海法定机构，负责前海深港合作区的开发建设、运营管理、招商引资、制度创新、综合协调等工作，探索建立责权法定、监督制衡、专业规范、公开透明的运作模式。积极推动投资便利化、贸易便利化、金融开放创新、事中事后监管、法治建设、人才管理改革、体制机制和基层党建八大板块制度创新，前海合作区累计推出 610 项制度创新成果，其中全国首创或领先 236 项，全国复制推广 58 项，全省复制推广 77 项，全市复制推广 165 项。中山大学评估结果显示，前海蛇口自贸片区制度创新指数连续三年在全国自贸片区中位居前二。

——坚持高质量创新，金融开放创新成果丰硕。打造跨境人民币贷款、跨境双向发债、跨境双向股权投资、跨境双向资金池、跨境资产转让、跨境金融基础设施“六个跨境”金融特色品牌。港交所前海联合交易中心、东亚前海证券、恒生前海基金公司等正式开业，CEPA 框架下金融业对港澳地区开放措施在前海全面落地。挂牌成立前海地方金融监管局，设立前海金融风险防控中心，打造“前海鹰眼系统”，前海持牌金融机构累计达 252 家。2020 年 12 月，前海管理局为前海华润金融中心授牌“前海深港合作区深港供应链金融创新基地”，首批 6 家优质港资供应链金融企业入驻前海，资产规模近 100 亿元。

——坚持高品质发展，加快构建现代产业体系。前海蛇口自贸片区注册企业累计达 15 万家，注册资本累计达 9.4 万亿元；世界 500 强投资企业累计达 315 家；内地上市公司投资企业累计达 927 家；注册资本 10 亿元以上企业 1 018 家。片区已基本形成产业结构合理、高端要素集聚、经济活跃度高的现代服务业体系。前海综合保税区获批，跨境电子商务、平行进口汽车等新兴业态加速集聚。四大主导产业增加值占比提升至 88.7%，培育出越海供应链等 11 家独角兽企业。充分发挥“五区叠加”的政策优势，对特色产业“固本”“补链”“强群”，拓展产业链条、完善产业配套，加快打造更多世界级产业集群。

（四）珠海横琴新区

——加快城市建设。一是城市建设框架全面拉开。高标准精细化推动城市新中心建设，启动《珠海城市新中心（马骝洲水道北岸）控制性详细规划维护》《横琴与澳门“两江四岸”公共空间景观风貌协调研究》等编制工作。制定出台《横琴、保税区、洪湾片区一体化新拓展区域工业和物流仓储用地整合处置方案》，收回土地面积约 49.35 万平方米。二是基础设施建设提质增效。广珠城际延长线横琴段通车运行，澳门轻轨延长线将在广珠城轨横琴口岸站形成有机衔接。直达珠海机场的洪鹤大桥顺利通车，横琴至蛇口客运航线开通。三是公共服务设施不断完善。2020 年，建成投放 4 230 个中小学（幼儿园）公办教育优质学位，十字门小学项目、保税区第一小学开工建设。珠海市人民医院横琴医院建成开业，广州医科大学附属第一医院横琴医院、至和国际生命科学中心等优质医疗项目加快建设。建成保障住房面积超过 31 万平方米。

——促进产业协同发展。2020 年，澳资企业新注册 1 132 家，累计达 3 496 家；粤澳合作产业园已有 25 个项目供地，24 个项目开工建设。一是高新技术加速发展。与中科院合作共建的先进智能计算平台投入使用，与澳门大学、澳门科技大学共建产学研示范基地，澳门 4 家国家重点实验室全部在横琴设立分部。累计引进院士 9 名，115 名国家级人才计划入选者。二是现代金融渐成规模。横琴实有金融类企业 5 476 家，澳门大西洋银行、澳门国际银行等 18 家涉澳跨境金融机构入驻粤澳跨境金融合作（珠海）示范区。324 家横琴企业设立 FT 账户，累计办理跨境人民币结算业务超 8 535.43 亿元。三是医疗健康发展态势良好。粤澳合作中医药科技产业园企业达 186 家，广药国际、丽珠圣美、以岭药业、盈科瑞等 89 家知名药企进驻，成立粤澳医疗机构中药制剂中心、大湾区中医药科技成果转化基地等产业平台。四是文旅会展快速发展。长隆国际海洋度假区自开业以来累计接待游客超 8 900 万人次，创新方狮门娱乐天地和国家地理探险家中心、横琴紫檀博物馆、星奇塔无动力乐园等一批文旅项目“串珠成链”。首次在横琴举办澳门国际文化美食节，吸引游客10万余人。五是跨境商贸方兴未艾。推进横琴新区跨境电子商务通关场所建设，横琴跨境电商监管查验场所通过海关验收，已出口约660万票，出口金额超18亿元。六是专业服务逐步发力。截至2020年底，已有34家港澳建筑业企业和142名港澳专业人士在横琴合法备案，589名港澳导游及领队获得横琴执业资格。

——民生合作进一步加深。一是推动对澳“跨境”政务服务创新。首创商事登记认证创新服务模式，实现澳门投资者前来横琴申请商事登记“一窗受理、一次办结”。推出全国首个个体经营台账备案系统，实现“一键备案、一趟不跑、一分钟完成”。率先推出港澳居民线上申请社保卡业务，实现申领社保卡“只跑一次”。二是社会民生合作步伐加快。截至2020年底，澳门居民在横琴办理居住证5 245张，参加跨境医保364人。澳门街坊联合总会广东办事处横琴综合服务中心累计为琴澳居民提供服务超过5.4万人次。首批4名澳门社工在横琴备案注册，累计为琴澳居民提供服务超2万人次。“澳门新街坊”综合民生项目动工建设。三是澳门青年在横琴创新创业活力迸发。横琴澳门青年创业谷累计培育澳门项目434个，每年为100名左右的澳门高校学生提供暑期实习岗位，为澳门创业青年及其他创业者服务1 100余人次，培训澳门创业青年逾320人。

（五）汕头华侨经济文化合作试验区

“十三五”期间，汕头华侨经济文化合作试验区地区生产总值累计达806.51亿元，年均增长7.2%；规模以上工业增加值累计达182.66亿元，年均增长7.2%；固定资产投资累计达2 053亿元，年均增长26.7%；登记注册企业6 555家，总注册资本601亿元。

——改革创新政策措施不断深化。编制完成总规、控规、专项规划、城市规划等20余项，出台实施全省首个改革创新规划和6个产业发展扶持政策。出台电信基础设施专项规划，实现区域电信基础设施统一规划、共建共享模式。省政府2020年印发《广东省人民政府关于支持汕头华侨经济文化合作试验区高质量发展的若干意见》，从简政放权、基础设施建设、现代服务业、人才发展、文化交流与合作、土地管理和用地保障、财税支持、组织领导八个方面提出24条支持政策。

——基础设施建设加快完善。截至2020年底，华侨试验区直管区基础设施建设及配套累计投入约232亿元。加快推进汕头大学东校区暨亚青会场馆、新溪片区地下综合管廊、国家示范性高中、新津片区C组团九年一贯制学校和津湾公园等重点民生项目建设。科学推进东海岸新城新溪、塔岗围片区控规修编，同步开展城市设计。启动珠港新城、东海岸新城规划提升工作，开展东海岸新城海岸带综合示范区建设试点项目工作。

——产业项目加快集聚发展。“十三五”期间，规划产业项目15个，投资总额约258.32亿元，完成投资200.51亿元。区域总部经济集聚效应初步显现，引进宝能、明园、雅士利和潮商等总部企业10个，投资设立泰盛科创园、明园国际科创金融城、天澜国际大厦、潮商中心大厦等一批总部项目。其中，中国航天大厦已建成投入使用并已有63家企业注册；雅士利总部已竣工并已有79家企业注册；太安堂总部已竣工并着手进行招商。

——“侨”字特色金融发展取得积极成效。“十三五”期间，“侨”字特色金融发展聚集区初步形成，吸引各类金融机构33家落户华侨试验区直管区，合计注册资本约24亿元。设立全国首个以“华侨”为主题的金融股权交易市场，截至2020年底，华侨板挂牌企业合计657家，9家挂牌企业实现股改和转板到“新三板”；“十三五”期间累计实现融资超7.5亿元，托管股本超82亿元。设立粤东首支政府引导基金，华侨产业母基金管理规模达50亿元。首创“助企贷”信贷风险补偿金运作模式，累计帮助83家企业取得约2.8亿元的银行贷款。设立广东华侨金融资产交易中心，截至2020年底，共有注册会员251家，实现融资101.02亿元。

——营商环境水平持续优化。组织实施《华侨试验区法治化营商环境三年行动方案（2018—2020年）》，积极建立与国际接轨的营商规则。全面推进商事登记领域企业准入、准营提速提质。拓宽证照办理渠道，大力推行“预约办”“线上办”“邮寄办”模式，对非关键材料采取“容缺受理”审批方式，全面实行登记注册“一人受理审核制”，招商引资的重点项目安排专人提供全程跟踪式服务和“一条龙”业务指导。

——通侨联侨和创新创业服务不断加强。一是推动对外经济文化合作交流。成功承办第二届侨商创新发展论坛系列活动，积极组团参展侨交会、侨博会等大型涉侨经贸活动。参与承办“创业中华·‘十四五’中国发展与华侨华人投资创业峰会”，组织举办峰会圆桌会、学术研讨会等平行专场活动。发挥中欧区域政策合作试点机制作用，赴德国、西班牙等欧洲多地考察学习，并在有关国家华侨商会设立经济文化联络处。二是不断提升创新创业服务水平。发挥华侨试验区、“侨梦苑”的平台作用，完善国家双创示范基地、新侨创新创业基地、中国科协“海智计划”汕头工作基地等优质平台建设。持续发挥试验区人才大厦示范引领作用，国家级孵化器清华科技园启迪之星在人才大厦已孵化服务企业 30 家。深入实施 6 项引才聚才优惠措施，吸引港澳台、海外华侨华人和海内外高层次人才创新技术与创业项目落地试验区。

二、海洋经济综合试验区建设

“十三五”时期，广东省按照省委、省政府部署持续推进海洋经济综合试验区建设，海洋强省建设取得突破性进展。2020 年，全省海洋生产总值 17 245 亿元，占地区生产总值的 15.6%，占全国海洋生产总值的 21.6%，连续 26 年居全国首位；海洋产业结构不断优化，海洋三次产业结构由 2016 年的 1.7∶40.7∶57.6 调整为 2020 年的 2.8∶26.0∶71.2，基本形成行业门类较为齐全、优势产业较为突出的现代海洋产业体系。

——海洋产业蓬勃发展。传统海洋产业加快转型升级，新兴海洋产业加速培育壮大。“十三五”时期，全省沿海港口集装箱吞吐量从 5 094 万标箱增长到6 044万标箱，其中，广州港从全球集装箱港口吞吐量第七名跃升至第五名，深圳港一直维持全球集装箱港口吞吐量前四名。巴斯夫、埃克森美孚、中海壳牌等超百亿美元重大临港产业项目先后落地，惠州、湛江、茂名、揭阳等石化基地加快建设，世界级沿海石化产业带逐步形成。省重点支持的海洋电子信息、海上风电、海洋生物、海洋工程装备、天然气水合物和海洋公共服务六大海洋产业迅速发展，成为推动全省海洋经济增长的新动能。截至2020年底，全省批复风电用海项目22个、用海面积86.75平方公里，核准海上风电总装机规模约1 735万千瓦，千亿级海上风电产业集群初见雏形。

——海洋科技创新能力显著增强。一是海洋创新平台支撑作用持续增强。聚焦“广—深—港—澳”科技创新走廊，在广州、珠海、湛江建设南方海洋科学与工程广东省实验室。2020年，筹划建设冷泉生态系统、南海海底科学观测网等大科学装置，开工建设中科院南海所新型地球物理综合科学考察船“实验6号”、中山大学6 000吨级海洋综合科考实习船。二是海洋科技领域专项成果丰富。省财政“十三五”期间支持海洋经济创新项目169个，涉及财政资金9亿元。截至2020年底，海洋经济创新项目完成发明专利288项，新产品、新技术、新装备170项，专著文章598篇，培养相关人才626人。三是海洋关键技术攻关获得重大突破。“十三五”期间，大型半潜式海洋波浪能发电技术与装备等技术研究获国家和省级科技奖励，水下无线通信控制网络系统解决了水下无线通信和组网的世界性难题，“蓝鲸一号”半潜式钻井平台圆满支撑我国首次海域天然气水合物试采任务，出口型大型多功能饱和潜水支持船在全国首次实现出口创汇，“海龙号”填补国内高端饱和潜水作业支持船自主建造的空白。

——海洋生态文明示范作用不断凸显。一是海洋生态保护制度不断完善。“十三五”期间，印发实施《广东省海洋生态文明建设行动计划（2016—2020年）》，出台《广东省海洋主体功能区规划》《广东省海洋生态红线》《广东省严格保护岸段名录》。逐步建立自然岸线保有率考核制度，深圳、惠州、湛江市和汕头市南澳县、茂名市电白区“湾长制”试点工作顺利推进。二是海岸带生态保护修复工作扎实有效。推进实施海岸线整治修复、魅力沙滩打造、海堤生态化、滨海湿地恢复以及美丽海湾建设“五大工程”。稳步推进深圳大鹏新区等国家级海洋生态文明示范区建设，推动东莞滨海湾新区等11个海岸带保护与利用综合示范区建设。三是陆海污染综合治理取得积极成效。“十三五”期间，开展粤港澳大湾区海洋环境联防联治，成立粤港海洋环境管理专题小组，建立海上垃圾通报警示系统，筹建粤港澳环境质量协同创新联合实验室。强化入海河流污染治理，创新性开展“一市一策一专班”督导服务，深化“一河一策”精准治理劣V类主要入海河流，全省27个入海河流国考断面全面消除劣V类。

——海洋综合管理先行区建设取得重要进展。一是海岸带保护与利用管理体系逐步健全。“十三五”期间，印发实施全国首个省级海岸带综合保护与利用总体规划，基本形成“一线管控、两域对接，三生协调、生态优先，多规融合、湾区发展”的海岸带保护与利用总体格局。出台《海岸线占补实施办法（试行）》，探索建立海岸线有偿使用和占补制度。二是海洋领域“放管服”改革再上新台阶。2020年，印发《广东省项目用海政策实施工作指引》，系统总结近年来国家和省项目用海政策55条相关经验，从细从简指引申请人办理海域使用申请手续。出台《省管用海项目审查审批工作规范》，实现用海项目审批时效提升50%以上。三是海洋监测预警能力显著加强。“十三五”期间，打造“海、陆、天”三位一体的海洋立体观测网，全省累计建成100个海洋监测站、2个平台站、38个浮标观测站点和1个海洋卫星数据应用中心。建立全国首个省级海啸监测预警全链条系统、广东近海海洋气象环境遥感监测应用平台（二期项目），建成42个长期验潮站、58个简易验潮站，在90个岸段设置警戒潮位标识物。

三、县域经济发展

（一）总体情况

广东县级行政区划历经调整变更，截至2020年底，全省共有57个县级市、县、自治县［本部分统称为“县（市）”］，分布在15个地级市，近八成的县（市）分布在粤东、粤西、粤北地区。其中粤北地区县（市）的个数最多，为27个，占全省近一半。珠三角地区只有惠州、江门、肇庆3市设置县级行政区划，共有12个县（市），占全省的21.1%。全省县域土地面积12.95万平方公里，占全省土地面积的72.1%，其中珠三角、粤东、粤西、粤北地区县域面积分别占全省土地面积的15.8%、5.9%、14.3%、36.1%。

表35　2020年各区域县域分布情况

地区		县（市）名称
珠三角（12个）	惠州（3个）	博罗县、龙门县、惠东县
	江门（4个）	台山市、鹤山市、开平市、恩平市
	肇庆（5个）	四会市、广宁县、怀集县、封开县、德庆县
粤东（8个）	汕头（1个）	南澳县
	汕尾（3个）	陆丰市、海丰县、陆河县
	潮州（1个）	饶平县
	揭阳（3个）	普宁市、惠来县、揭西县
粤西（10个）	阳江（2个）	阳春市、阳西县
	湛江（5个）	廉江市、吴川市、雷州市、遂溪县、徐闻县
	茂名（3个）	高州市、化州市、信宜市

（续上表）

地区		县（市）名称
粤北（27个）	韶关（7个）	乐昌市、南雄市、始兴县、仁化县、翁源县、新丰县、乳源瑶族自治县
	梅州（6个）	兴宁市、大埔县、丰顺县、五华县、平远县、蕉岭县
	河源（5个）	龙川县、连平县、东源县、和平县、紫金县
	清远（6个）	英德市、连州市、佛冈县、阳山县、连山壮族瑶族自治县、连南瑶族自治县
	云浮（3个）	罗定市、新兴县、郁南县

注：括号内为该地区县（市）个数。

——经济实力。广东省县域地区生产总值由2015年的9 987.45亿元增长至2020年的13 863.26亿元。2020年，县域地区生产总值占全省比重为12.5%，比2015年收窄0.9个百分点。分区域看，2020年，珠三角、粤东、粤西、粤北四大区域县域地区生产总值占本区域比重分别为4.6%、31.6%、50.2%、56.2%，与2015年相比，珠三角、粤东比重分别下降0.1、0.3个百分点，粤西、粤北分别提高1.7、1.9个百分点。各县（市）中，地区生产总值超过100亿元的县（市）共有47个，比2015年增加10个，其中高州市（633.58亿元）、博罗县（619.04亿元）、普宁市（613.58亿元）总量规模分列全省县域地区前三；地区生产总值占其所在市比重比2015年提升的县（市）共有39个，其中陆丰市（3.5个百分点）、饶平县（2.1个百分点）和英德市（1.9个百分点）占比提升幅度位列全省县域地区前三；地区生产总值增速高于全省水平的县（市）共有31个，其中新兴县（6.5%）、翁源县（6.1%）、新丰县（5.6%）经济规模增速位列全省县域地区前三。2020年，全省县域人均地区生产总值39 086元，仅相当于全省水平的44.3%。各县（市）中，人均地区生产总值高于全省水平的县（市）仅有四会市1个，达95 368元；人均地区生产总值增速高于全省水平的县（市）共有39个，其中东源县（9.6%）、新丰县（6.8%）、蕉岭县（6.5%）、新兴县（6.5%）人均地区生产总值增速位居全省县域地区前列。

——产业结构。2020 年，全省县域三次产业结构由 2015 年的 19.7：36.7：43.6 调整至 22.0：30.8：47.2。具体来看，第一产业占比高于全省县域水平的县（市）共有 32 个，但均高于全省水平，其中徐闻县（50.7%）、怀集县（43.2%）、雷州市（41.8%）第一产业占比位列全省县域前三；第二产业占比高于全省县域水平的县（市）共有 23 个，高于全省水平的县（市）共有 10 个，其中博罗县（50.0%）、四会市（49.8%）、鹤山市（46.8%）第二产业占比位列全省县域前三；第三产业占比高于全省县域水平的县（市）共有 32 个，高于全省水平的县（市）共有 4 个，其中普宁市（59.7%）、恩平市（58.1%）、乐昌市（58.0%）第三产业占比位列全省县域前三。纵观“十三五”期间产业结构变化情况，第一产业占比波动变化，2020 年较 2015 年提高 2.3 个百分点；第二产业占比逐年降低，2020 年较 2015 年下降 5.9 个百分点；第三产业占比波动上升，2020 年较 2015 年提高 3.6 个百分点。

——财政收支。2020 年，全省县域地方一般公共预算收入 651.50 亿元，增长 6.5%，占全省的 5.0%；与 2015 年相比，增长 17.7%，占全省比重下降 0.9 个百分点。各县（市）中，地方一般公共预算收入超过 10 亿元的县（市）共有 25 个，其中博罗县（50.39 亿元）、鹤山市（33.80 亿元）、台山市（32.57 亿元）财政收入规模位列全省县域前三；地方一般公共预算收入增速高于全省县域水平的县（市）共有 26 个，高于全省水平的县（市）共有 41 个，其中封开县（122.5%）、德庆县（85.4%）、连山县（36.0%）财政收入增速位列全省县域前三。2020 年，全省县域地方一般公共预算支出 3 014.28 亿元，增长 4.3%，占全省的 17.3%；与 2015 年相比，增长 45.3%，占全省比重提高 1.1 个百分点。全部县（市）地方一般公共预算支出均已超过 10 亿元，其中博罗县（98.55 亿元）、普宁市（97.45 亿元）、惠东县（97.31 亿元）财政支出规模位列全省县域前三；地方一般公共预算支出增速高于全省县域水平的县（市）共有 31 个，高于全省水平的县（市）共有 41 个，其中德庆县（22.0%）、遂溪县（19.5%）、封开县（16.5%）财政支出增速位列全省县域前三。

——固定资产投资。2020年，全省县域固定资产投资比2015年增长12.4%，年均增长2.4%；占全省投资比重由2015年的21.7%下降至2020年的17.5%。分区域看，珠三角、粤东、粤北地区县域投资增速较快，年均增速分别为5.0%、2.9%、3.9%，分别快于全省县域2.6、0.5、1.5个百分点；粤西地区年均下降5.1%。粤北地区县域投资占本区域比重57.7%，比2015年提高6.4个百分点；珠三角、粤东、粤西的相应比重则分别为8.8%、31.0%、45.4%。各县（市）中，固定资产投资年均增长速度快于全省水平的县（市）共有15个，其中连山县（53.3%）、陆河县（27.1%）、徐闻县（24.4%）增速位列全省前三。

——社会消费品零售总额。2020年，全省县域社会消费品零售总额5 652.48亿元，占全省的14.1%。分区域看，珠三角、粤东、粤西、粤北地区县域社会消费品零售总额占本区域比重分别为6.1%、28.6%、46.3%、53.1%。分县（市）看，社会消费品零售总额超过100亿元的县（市）共有19个，其中四会市（411.83亿元）、惠东县（363.34亿元）、普宁市（307.70亿元）社会消费品零售总额位列全省县域前三。

表36　2020年广东省各县（市）主要经济指标

县（市）	地区生产总值		人均地区生产总值		地方一般公共预算收入		地方一般公共预算支出	
	绝对数（亿元）	增长（%）	绝对数（元）	增长（%）	绝对数（万元）	增长（%）	绝对数（万元）	增长（%）
南澳县	32.57	1.8	50 618	1.4	2.79	4.6	15.31	5.4
乐昌市	122.98	3.3	32 026	3.7	7.25	1.6	43.28	0.5
南雄市	116.22	3.2	32 918	2.3	6.12	8.7	41.12	7.1
仁化县	103.51	2.9	55 638	3.2	5.94	-9.3	26.19	-7.5
始兴县	80.25	3.0	40 488	3.6	4.81	0.3	26.45	7.3

（续上表）

县（市）	地区生产总值		人均地区生产总值		地方一般公共预算收入		地方一般公共预算支出	
	绝对数（亿元）	增长（%）	绝对数（元）	增长（%）	绝对数（万元）	增长（%）	绝对数（万元）	增长（%）
翁源县	107.85	6.1	33 446	6.1	6.71	10.3	35.06	2.7
新丰县	71.78	5.6	36 631	6.8	4.58	8.2	27.97	-0.3
乳源县	95.03	2.3	50 875	1.8	5.65	-18.3	30.07	-2.7
东源县	138.49	4.5	38 928	9.6	11.89	16.3	53.49	6.2
和平县	122.44	-5.3	34 573	-5.2	6.99	3.5	45.60	-7.0
龙川县	161.97	-2.6	26 796	1.0	7.85	0.1	65.62	-9.8
紫金县	158.37	4.2	28 329	6.3	8.45	7.0	51.81	6.3
连平县	83.87	1.3	29 223	2.3	5.17	-25.6	39.23	-9.3
兴宁市	179.17	0.4	22 701	2.8	10.34	1.2	71.93	4.4
平远县	77.88	1.9	40 602	4.1	5.18	-13.7	31.13	9.0
蕉岭县	100.13	5.1	54 050	6.5	6.44	6.9	31.82	10.9
大埔县	91.10	1.7	27 408	3.2	7.15	1.5	48.56	5.7
丰顺县	110.23	0.4	23 007	0.6	7.36	4.3	54.60	5.0
五华县	162.97	2.3	17 601	3.9	10.55	5.1	83.64	4.2
惠东县	607.62	1.5	50 422	0.3	29.31	-7.7	97.31	4.5
博罗县	619.04	2.2	61 056	1.0	50.39	7.8	98.55	4.2
龙门县	165.80	2.1	51 950	1.9	16.37	29.9	48.82	14.5
陆丰市	364.71	4.7	29 383	5.8	8.68	8.1	88.41	0.3
海丰县	349.77	5.1	47 477	5.0	10.63	10.3	60.94	-12.3

（续上表）

县（市）	地区生产总值		人均地区生产总值		地方一般公共预算收入		地方一般公共预算支出	
	绝对数（亿元）	增长（%）	绝对数（元）	增长（%）	绝对数（万元）	增长（%）	绝对数（万元）	增长（%）
陆河县	89.09	2.9	35 785	3.7	3.77	6.1	32.23	-7.6
台山市	457.60	2.5	50 319	3.0	32.57	2.9	72.17	3.5
开平市	391.15	1.8	52 383	1.0	28.98	3.7	51.92	1.0
鹤山市	374.76	3.2	70 904	2.1	33.80	5.1	44.33	3.5
恩平市	191.73	1.0	39 621	1.1	12.68	4.9	40.05	9.9
阳春市	329.22	0.5	37 616	0.3	14.27	2.4	69.48	0.1
阳西县	203.51	4.3	46 796	4.8	8.53	7.9	36.07	-3.4
雷州市	327.36	0.2	24 735	0.6	6.71	14.1	73.52	3.7
廉江市	483.49	0.2	35 435	0.4	15.09	17.7	81.27	-9.0
吴川市	278.47	2.5	30 624	-4.9	11.16	10.6	51.37	1.0
遂溪县	386.77	2.3	46 703	4.7	10.13	26.3	59.70	19.5
徐闻县	198.14	0.7	31 130	1.5	6.03	11.6	38.42	-5.7
信宜市	488.09	0.9	48 417	-0.8	11.38	2.6	76.85	10.1
高州市	633.58	0.5	47 776	0.0	18.02	1.4	90.17	12.6
化州市	560.18	1.6	43 613	0.0	13.30	2.7	86.87	13.5
四会市	607.64	4.2	95 368	2.3	17.83	6.2	38.29	13.7
广宁县	159.28	0.2	38 969	0.6	5.92	9.6	34.85	11.0
德庆县	157.00	4.6	47 310	5.0	8.46	85.4	35.29	22.0
封开县	145.77	0.1	38 801	0.8	11.81	122.5	41.45	16.5

（续上表）

县（市）	地区生产总值		人均地区生产总值		地方一般公共预算收入		地方一般公共预算支出	
	绝对数（亿元）	增长（%）	绝对数（元）	增长（%）	绝对数（万元）	增长（%）	绝对数（万元）	增长（%）
怀集县	246.91	2.8	30 633	3.0	6.70	6.6	54.08	5.5
英德市	348.42	5.2	37 021	5.2	22.17	7.0	84.35	13.8
连州市	161.21	3.3	42 721	3.2	6.57	-8.5	36.85	-8.6
佛冈县	132.95	3.9	42 141	3.8	10.58	6.3	37.05	3.4
阳山县	124.77	3.4	33 971	3.3	4.92	2.6	38.12	15.2
连山县	38.13	3.5	40 074	3.3	1.62	36.0	18.77	6.5
连南县	57.00	4.1	42 299	3.9	1.79	15.1	21.00	16.2
饶平县	282.74	1.8	34 467	2.4	8.40	1.2	71.33	16.3
普宁市	613.58	0.1	30 559	0.6	20.98	-1.8	97.45	4.2
揭西县	240.01	1.6	35 202	4.0	4.71	0.2	57.51	15.6
惠来县	257.69	-3.5	24 622	-2.7	6.18	33.6	61.89	4.5
罗定市	279.31	3.5	29 758	3.6	15.74	17.4	80.98	15.6
新兴县	270.58	6.5	62 766	6.5	18.52	0.3	49.81	-8.7
郁南县	123.38	2.9	33 110	3.4	5.59	17.7	33.91	7.3

（二）省级财政促进县域经济社会发展情况

2020 年，省财政厅严格落实省委、省政府“一核一带一区”区域发展格局和“1+1+9”工作部署，从体制机制入手，深化预算改革，积极完善省以下财政体制和基本公共服务均等化推进机制，实施差异化的财政支持政策，确保县域财政运行总体平稳。坚持财力下沉，加大对县级转移支付力度，2020年省对市县一般预算和基金预算补助5 106.50亿元，增长16%。

——完善省级转移支付体制，县级保基本能力显著增强。一是出台均衡性转移支付制度，缩小全省县级财力差距。政策由激励型向保障型转变，资金向人口规模大、支出负担重、自身财力困难的地区倾斜，政策范围由60个县（市）扩大至86个县（市、区），突破性地将欠发达地区22个市辖区及珠三角6个困难县区纳入保障。二是完善生态保护区财政补偿转移支付制度。坚持“谁保护、谁得益，谁改善多、谁得益多”的原则，实现生态保护补偿与高质量发展绩效评价结果和生态环境质量状况指数挂钩。三是加大老区苏区、民族地区转移支付。为缓解上述地区财力困难，促进区域协调发展，省财政分别制定老区苏区、民族地区转移支付政策，通过加大转移支付力度提高当地基本公共服务水平。

——大力推进基本公共服务均等化，县级社会事业发展水平不断提升。一是深化省以下财政事权和支出责任划分改革，减轻县级支出负担。制定基本公共服务和医疗卫生、科技、教育领域省与市县财政事权和支出责任划分改革方案，将八大类18项与群众生活密切相关的事项确定为省级与市县共同财政事权，对城乡居民基本医疗保险等7项财政事权调整为统一分类分档，总体比原政策平均提高约10个百分点，切实减轻欠发达地区县级负担。二是完善基本公共服务均等化推进机制，推动县级基本公共服务总体均衡。突出尽力而为、量力而行原则，实施基本公共服务均等化重点工程，落实基本公共服务保障地区标准备案机制，打破城乡二元结构和户籍壁垒，形成覆盖十大领域共104个项目的基本公共服务体系，推动城乡、区域和不同社会群体之间基本公共服务制度统一、标准一致、水平均衡。三是强化社会民生领域投入，补齐县级社会事业短板。加大民生领域财政投入，“十三五”期间，全省各级财政对基本公共服务领域的投入约4.6万亿元，平均占全省地方一般公共预算支出近六成，并着力向粤东西北地区的县级基层倾斜，有力提升县级公共服务水平。

——加强对县域重点和薄弱环节支持，县域内生发展动力稳步增强。一是有效发挥债券资金作用，保障县级重点项目建设需求。牢固树立“先谋事、再排钱”的工作理念，促进资金分配与县级项目建设需求相匹配，提高资金使用效益。2018—2020 年安排县级新增债券额度 3 081.70 亿元，年均增长 67.8%，有效保障县级项目建设需求。二是加快推进基础设施建设，支撑县域经济高质量发展。持续深化基础设施投融资改革，2020 年省财政投入铁路、机场和高速公路项目资本金近 450 亿元，积极争取中央基建投资 65 亿元，统筹用好政府与社会资本合作模式（PPP）等投融资政策工具，推动广汕汕、广湛高铁等重大项目开工建设，畅通县域经济高质量发展的“主动脉”。三是支持产业提质增效，增强县域高质量发展内生动力。2018—2020 年省财政安排资金 27.59 亿元支持产业共建，对转移落户省产业转移工业园的优质企业项目给予奖补，促进珠三角产业向粤东西北地区高质量转移。支持县乡产业融合发展，“十三五”期间省财政安排 75 亿元支持全省创建 14 个国家级、161 个省级现代农业产业园，实现了涉农县全覆盖。

——深化财政管理改革，县级财政管理水平有效提升。一是推动预算执行监督管理改革在县级全面铺开，有效调动县级理财积极性。通过部门权责和财政管理重心“两转变”、项目审批和预算执行流程“两精简”，全面推广“大专项 + 任务清单”管理模式，增强县级资金分配自主权，推动县级从“等分配”向“主动谋划”转变，实现县级管财理财积极性和财政资金使用效益“两提高”。上述改革成果获财政部高度肯定，专门印发简报介绍广东省做法并上报中办、国办，向全国推广。二是完善县级财政管理绩效综合评价制度，有效提升县级财政管理水平。建立省市县齐抓共管工作机制，落实市县财政“一把手”负责制，健全广东省县级财政管理绩效评价办法，实施转移支付资金与财政管理水平挂钩，推动财政管理水平再上新台阶。在财政部组织的 2020 年度县级财政管理绩效综合评价中，广东省排名跃升至全国首位，27 个县（市）进入全国前 200 名，有效提升县级管财理财水平。三是完善县级“三保”管理体制机制，兜牢县级“三保”底线。牢固树立底线思维，切实履行省级主体责任，健全完善县级“三保”预算编制审核、执行监控、应急处置和库款保障四项机制，探索“三保”资金专户管理，严格落实“三保”支出的优先顺序。

四、产业园区扩能增效

“十三五”期间，广东省按照省委、省政府关于构建“一核一带一区”区域发展格局、推动制造业高质量发展、培育战略性产业集群的战略部署，积极推动省产业园规划建设和产业集聚发展，以园区为平台深化产业共建，园区发展不断提质增效。2020 年，93 个省产业园实现规模以上工业增加值 2 187亿元，增长 10. 6%；园区规模以上工业增加值占粤东西北地区比重提高至 36. 5%，较 2015 年提高 10. 7 个百分点，省产业园逐步成为粤东西北地区工业经济发展的主阵地。

——园区高质量发展导向不断强化。一是政策推动。立足打造发展制造业的高质量平台载体，经广东省人民政府同意，省工信厅联合省科技厅、商务厅印发《关于推动工业园区高质量发展的实施方案》，从构建发展新格局、优化发展空间、提高产业承载能力、推进产业提质增效、建立发展长效机制和强化组织保障 6 个方面提出 16 条政策措施，推动工业园区高质量发展。二是方案落实。以广东省制造强省建设领导小组办公室名义印发《关于组织申报省产业园和特色产业园的工作方案》，围绕战略性产业集群培育建设，新布局建设一批省产业园，并打造一批特色产业园区，推动省产业园提质增效。探索建立园区差别管理机制，制定《省产业园高质量发展综合评价工作方案（试行）》，科学研判园区发展阶段，针对不同发展阶段的园区分类施策，集中力量锻长板、补短板。

——园区承载能力稳步提高。“十三五”期间，全省新增 13 个省产业园，截至 2020 年底，粤东西北地区及江门、肇庆、惠州等 15 个市共规划建设 93 个省产业园，省财政下达专项资金 81 亿元支持园区开发建设，园区规划布局和开发建设不断完善。省财政 2020 全年安排工业园区高质量发展专项资金 9. 8 亿元，用于支持省产业园引进优质企业项目，以及支持汕头、湛江、茂名、揭阳等市省产业园基础配套设施建设。园区所在地政府通过专项债券、融资等多种渠道筹措资金，推动道路、水电、通讯、环保等配套设施逐步完善，产业承载能力得以进一步提升。省产业园积极引进中科炼化一体化、上海电气、益海嘉里、龙马高端装备制造基地、东华能源等一批优质项目投资建设。河源、江门、清远等地市加快推动省产业园标准厂房建设，支持中小企业抱团落户园区，为保障产业链完整提供有力支撑。

——园区产业加快集聚发展。省产业园立足产业基础和资源禀赋，发挥政策优势，加快项目引进，推动产业集聚发展。2020 年，省产业园新引进企业项目 1 038 个，其中亿元以上企业项目 449 个；新投产企业项目 686 个；25 个园区规模以上工业产值超过 100 亿元，其中 3 个园区产值超过 500 亿元。湛江产业转移工业园的钢铁、石化产业，珠海（阳江）产业园的合金材料、风电产业，深圳（河源）产业转移工业园的电子信息产业，佛山（云浮）产业转移工业园的氢能源汽车产业，中山火炬（阳西）产业转移工业园的食品、调味品产业等，均已具备一定规模，产业集聚度不断提高，产业链条逐步延伸，并保持稳定增长势头。截至 2020 年底，入园企业 7 800 多家、投产企业 5 800多家，其中规模以上工业企业 3 239 家。总体来看，河源、梅州、汕尾及惠州东北部园区逐步形成电子信息产业集群；韶关、清远、肇庆、江门、云浮、阳江等市的园区逐步形成珠江西岸先进装备制造产业集群；阳江、湛江、茂名市的园区逐步形成粤西临港风电装备、合金材料和重化产业集群；汕头、潮州、揭阳、汕尾等市的园区逐步形成粤东能源、轻工产业集群。

五、脱贫攻坚工作

2020 年是决战决胜脱贫攻坚和全面建成小康社会收官之年。广东省委、省政府始终高度重视脱贫攻坚工作，把打赢脱贫攻坚战作为重大政治责任和第一民生工程，持续深化扶贫开发体制机制改革，推动脱贫攻坚与全面实施乡村振兴战略有效衔接，省内脱贫攻坚与东西部扶贫协作“一场战役、两个战场”统筹推进。截至2020年底，省内现行标准下161.5万相对贫困人口全部稳定脱贫，有劳动力贫困户人均可支配收入16 817元，2 277个相对贫困村人均可支配收入达20 739元，村均集体收入达33.5万元，分别比2015年底增长3.23倍、2.45倍、1.58倍。

——高质量打好脱贫收官战。挂牌督战攻克贫困最后堡垒，6位省领导和省扶贫开发领导小组41个成员单位主要负责同志，挂牌督战8个地市、41个县（市、区）、133个村，实地督战265次，走访648个镇、1 898个村、4 205户贫困户，帮助基层解决困难923个。全面补齐“三保障”短板，贫困户子女免除学杂费、生活费补助全面落实，“十三五”期间补助建档立卡学生163.9万人次，发放补助资金56.3亿元；符合条件的贫困人口已全部纳入医疗保障范围，“一站式”医保结算省域内全部实现，医疗救助比例达到80%以上；贫困户危房改造任务全面完成，“十三五”期间累计完成危房改造34.4万户。巩固提升脱贫质量，组织开展脱贫攻坚“一看一访一查”，对贫困户、边缘户和不稳定户、普通农户、村“两委”干部、驻村帮扶干部五类对象，逐村走访、逐户访谈、逐项过账，确保脱贫质量经得起历史和实践的检验。狠抓突出问题整改，拓展“基层减负年”成果，深化扶贫领域作风问题专项治理，加强扶贫干部培训，提升干部政策水平和攻坚本领。显著改善贫困地区发展环境，“十三五”期间全省实施特色产业扶贫项目6.3万个，发放扶贫小额信贷23.21亿元。开发公益性岗位1.78万多个，建成扶贫车间、扶贫工作坊1 103个，推动全省50.8万农村贫困劳动力全部实现就业。贫困村200人以上自然村路面硬化全面完成，行政村和自然村集中供水实现全覆盖，贫困村公共服务站、标准化卫生站、快递物流覆盖率分别达99.8%、98.5%、80.2%。

——做好返贫监测与帮扶工作。建立监测帮扶机制，出台《关于建立防止返贫监测和帮扶机制的实施意见》，加强对已脱贫不稳定户和边缘易致贫户的监测，落实技能培训、小额信贷支持、临时救助等帮扶政策。强化民生兜底保障，将低保覆盖范围从收入型贫困家庭向支出型贫困家庭扩展，发放价格临时补贴 71 089 万元，补助低保对象、特困人员和低收入家庭等其他对象约 645 万人次。全省建档立卡贫困户纳入低保 25.9 万户、72.7 万人，纳入特困供养 16.5 万户、17.1 万人，实现建档立卡贫困人口应保尽保、应救尽救、应兜尽兜。扎实推进扶贫资产管理，创新实施“四权分置”的管理模式，全面加强扶贫资产“三类资产”的监管，全省有脱贫攻坚任务的 14 个地级市及 80 个县（市、区）出台扶贫资产管理文件，开展确权登记工作。加强扶贫项目库建设，截至 2020 年底，已入库项目个数 66 194 个，项目预算总投资 442.5 亿元；已实施项目个数 59 747 个，已实施项目金额 370 亿元。

——全面加力推进东西部扶贫协作。一是组织领导全面加力。2020 年，省委书记李希先后召开 5 次省委常委会，省长马兴瑞主持召开 3 次省政府常务会、2 次省政府党组会研究部署东西部扶贫协作工作。二是资金投入全面加力。省、市、县、镇四级累计投入东西部扶贫协作财政援助资金 59.11 亿元，募集社会帮扶资金 27.70 亿元。三是人才支援全面加力。保持扶贫协作地区挂职交流的党政干部 292 人次，接收协作地区挂职干部 563 人次来粤交流，举办 279 期培训班，培训党政干部 45 200 人次，派出专业技术人才 3 963 人次。四是产业合作全面加力。与四省（区）共建 131 个产业园区，基础设施和配套服务逐步完善。新增引导到扶贫协作地区投资企业数 610 家，实际到位投资额 324.80 亿元，带动贫困人口 51.80 万人。五是劳务协作全面加力。援建 711 家扶贫车间，吸纳贫困人口 15 789 人，促进“家门口”就业增收。帮助协作四省区贫困人口到粤就业 16.57 万人、就地就近就业 24.34 万人、到其他地区就业 5.62 万人。六是携手奔小康全面加力。组织全省 88 个经济较发达县（市、区、镇）与 93 个贫困县，307 个强镇、926 个强村（社区）分别与扶贫协作地区 370 个镇、1 100 个村结对开展帮扶行动。组织 1 951 家强企与扶贫协作地区 2 054 个贫困村，395 个社会组织与扶贫协作地区 475 个贫困村结对。动员 643 家企业和社会组织，结对帮扶 443 个国家挂牌督战贫困村。“十三五”期间，累计援助各类资金 671 亿元，派出党政干部 480 人，专业技术人才 9 598 人，引导 13 710 家企业到协作地区投资兴业，共建产业园 147 个，吸纳中西部地区贫困劳动力在粤务工者达 387 万人，东西部扶贫协作不断深化拓展。

六、粤港澳台合作

（一）粤港澳合作

——粤港澳三地紧密沟通，主动把握大湾区建设的重大机遇。从2017年习近平总书记见证《深化粤港澳合作推进大湾区建设框架协议》签署，到2019年中央发布《粤港澳大湾区发展规划纲要》，再到2020年习近平总书记出席深圳经济特区建立40周年庆祝大会并发表重要讲话，强调要积极作为深入推进粤港澳大湾区建设，广东省始终坚持“中央要求、湾区所向、港澳所需、广东所能”的原则，紧紧围绕《粤港澳大湾区发展规划纲要》的战略定位和重点任务，携手港澳共同推动粤港澳大湾区建设。粤港澳三地政府共同参与中央粤港澳大湾区建设领导小组，共同推动全体会议公布政策措施的落实。作为领导小组成员，粤港、粤澳多次举行高层会晤，协商推进粤港澳重点合作。建立健全粤港澳合作机制，先后召开粤港、粤澳合作联席会议年度会议，联合发布粤港、粤澳合作框架协议年度重点工作，贯彻落实粤港澳大湾区建设国家战略等粤港澳合作重点工作。

——大湾区现代快速交通网络逐步建成，通关便利化程度进一步提升。港珠澳大桥、广深港高铁等标志性工程陆续建成通车，广珠城轨延长线一期（拱北至横琴段）已通车运营，横琴口岸规划预留澳门轻轨走廊及站点空间。从香港乘车前往珠海、澳门从3小时缩短至半小时，从香港乘高铁前往广州最快仅需48分钟，大湾区1小时交通圈基本形成。口岸建设取得新成果。莲塘/香园围口岸于2020年8月18日正式开通货检，深圳湾口岸已实施24小时货运通关。新横琴口岸于2020年8月正式开通，全面实施“合作查验、一次放行”通关模式，粤澳日通行能力从75万人次提升到90万人次。粤港海关

"跨境一锁"项目实现大湾区全覆盖，稳步开展粤港海关间货车查验结果参考互认，更多口岸实施"一地两检""合作查验、一次放行"等通关新模式，港珠澳大桥通行政策持续优化，通关便利化水平进一步提升。

——深入实施粤港澳服务贸易自由化，粤港澳产业融合发展取得新进展。2020年，粤港服务进出口4 297亿元，占全省服务进出口总额的50.9%，香港仍是广东省最大的服务出口目的地和进口来源地；粤澳服务进出口227亿元，增长11.7%。认真落实CEPA开放措施，积极争取服务业扩大开放先行先试。积极促进港澳专业服务机构、专业人士发展和执业，加快专业服务要素集聚。在建筑、工程有关领域，已有1 630名香港专业人士通过互认取得内地注册执业资格，共有151名香港专业人士办理执业注册。港交所入股广州期货交易所；全省赴港上市企业276家，居全国第一；深港通累计交易金额超24万亿元人民币。

——推动与港澳创新资源对接，稳步推进国际科技创新中心建设。加快河套、横琴等重大科创合作平台建设。"十三五"期间，深圳市政府与香港特区政府合作推动河套地区发展，共同建设港深创新及科技园，共同打造深港科技创新合作区。深圳园区近37万平方米高品质科研空间已投入使用，支持香港科学园在深圳园区设立港方主导运营单元。积极建设粤澳横琴创新极点，珠海市与澳门大学、澳门科技大学签署合作协议，澳门大学、澳门科技大学产学研示范基地落户横琴，引进澳门4家国家重点实验室在横琴设立分部。实施科研资金跨境拨付和大湾区高端、紧缺人才个税优惠政策，大力推进创新资源跨境流动。"十三五"期间，广东向港澳开放1万多台大型科学仪器，与港澳合作新建20家联合实验室，支持港澳科研机构参与广东省重大科技计划，累计跨境拨付财政科研资金1.5亿元。

——强化广东自贸试验区示范引领，打造制度创新和粤港澳合作新高地。粤港澳共同加快推进广东自贸试验区建设，鼓励和支持港澳青年及有关方面积极参与广东自贸试验区建设。2020年，前海、南沙、横琴三大片区持续开展制度创新，扩大对港澳市场开放。南沙、前海制定推进港澳专业人才资格认可的实施方案和办法措施，降低港澳专业人士准入门槛。试点香港工程建设管理模式，前海、横琴实行香港工程建设专业机构和人士执业备案制管理，为港澳71家建筑企业和270名建筑专业人士进行备案。珠海发布港澳旅游从业人员在横琴执业规定，470名港澳导游及领队获得执业资格。在支持港澳青年创新创业方面，截至2020年底，广东自贸试验区累计入驻港澳创业团队695家，横琴澳门青年创业谷荣获国家级众创空间和科技企业孵化器称号。加强与港澳科技创新链产业链合作，打造科技要素和产业要素集聚平台和融合发展载体。南沙规划建设21平方公里的粤港深度合作园，香港科技大学（广州）等合作平台正在加快建设。截至2020年底，前海累计实际利用港资192.25亿美元，占前海实际利用外资的92.7%；落地香港城市大学太赫兹及毫米波国家重点实验室深圳研究院等重点项目。

（二）粤台合作

——粤台贸易稳中向好。2020年，粤台两地进出口贸易额接近780亿美元，其中，对台出口约90亿美元，自台进口约690亿美元，广东对台贸易逆差近600亿美元。“十三五”期间，对台进出口贸易额合计接近3 500亿美元；其中，对台出口额合计约400亿美元，自台进口额合计约3 100亿美元，对台贸易逆差合计近2 700亿美元。

——粤台投资持续增加。在台商来粤投资方面，2020年全省新增台资企业900多家，新增合同台资约26亿美元，新增实际使用台资超过13亿美元；截至2020年底，全省累计引进台资企业超过30 000家、合同台资约890多亿美元，实际使用台资690多亿美元。在粤企入岛投资方面，2020年新增广东企业在台投资设立企业（机构）12家，新增协议投资金额400多万美元；截至2020年底，在台设立企业（机构）累计达到100多家，赴台投资金额累计约3亿美元。

——粤台经贸交流不断加强。“十三五”期间，粤台重大经贸交流活动不断，每年举办广东“众创杯”创业创新大赛台湾区赛和中国创新创业大赛港澳台赛等活动。2020 年举办“台资企业拓内销”线上推介（广东专场）活动。粤台两地经贸类人员交流往来密切，“十三五”期间共有 5 100 多批次、23 000 多人次赴台开展经贸交流。其中，2020 年近 200 批次、900 多人次赴台开展经贸交流。

——助力台企转型升级。台企科技创新能力进一步提升，“十三五”期间，全省 400 多家台企获国家高新技术企业认定，一批台企建设省级企业技术中心，参与国家相关行业标准制定。台企内销市场进一步拓展，“十三五”期间，约 450 家台企参加中博会，广州等地举办台博会；2020 年，“台资企业拓内销”线上推介（广东专场）活动在东莞举办，促成各类采购合作意向共约 36 亿元。台企在大陆资本市场融资取得新进展，“十三五”期间，12 家在粤台企成功在大陆资本市场上市挂牌，其中，2020 年有 2 家台企在大陆资本市场上市或挂牌。

——助力台湾青年发展。“十三五”期间，为顺应台湾青年在粤发展实际需求，设立 9 个海峡两岸青年就业创业基地和示范点，全省共举办 870 多场次两岸青年交流活动，累计吸引台湾青年参与交流活动超过 12 300 人次，接收台湾青年实习就业创业 6 700 多人；累计有 1 000 多个台湾青年创新创业项目参加“众创杯”创业创新大赛台湾赛区和中国创新创业大赛港澳台赛，其中近 70 个项目获得各类奖项。

——粤台农业合作稳步推进。“十三五”期间，粤台两地共组织约 120 个涉农团组交流互访；其中，全省约 50 个涉农团组赴台交流考察，约 70 个台湾涉农团组受邀来粤交流考察。截至 2020 年底，累计引进台资农业企业近 1 100家，合同利用台资约 20 亿美元，实际利用台资约 16 亿美元，投资额超过 100 万美元以上的台资农业企业 200 多家；其中，2020 年新增台资农业企业 10 家，新增合同台资 1 900 多万美元，实际到位台资 900 多万美元。

——粤台金融合作持续深化。“十三五”期间，台湾玉山银行在广东省设立大陆地区总部，台湾玉山银行广州分行、永丰银行有限公司广州分行、富邦华一银行广州分行以及国泰世华银行深圳分行、中国信托银行深圳分行等金融机构陆续落地展业。截至2020年底，累计有49家台资金融机构落户广东，其中台资银行14家、保险公司8家、融资租赁公司25家、证券基金类公司2家。

七、泛珠三角合作

——发挥粤港澳大湾区、海南自贸港建设辐射效应。一是全面对接粤港澳大湾区，提升内地8省区与港澳合作水平。江西印发《关于支持赣州打造对接融入粤港澳大湾区桥头堡若干政策措施的通知》，湖南印发《湖南省对接粤港澳大湾区实施方案（2020—2025年）》，粤港澳三地全面贯彻落实《粤港澳大湾区发展规划纲要》。推动内地与香港、澳门签署《关于修订〈CEPA服务贸易协议〉的协议》，广东、福建、海南与港澳签署合作协议或备忘录。泛珠内地省区企业利用港澳专业服务优势发行美元债券，积极通过“走出去”参与“一带一路”建设。二是发挥海南自贸港建设辐射效应，推动泛珠三角区域协同发展。落实《海南自由贸易港建设总体方案》要求，协同推动制度创新和对外开放。建设完善中国（海南）国际贸易“单一窗口”，积极推动通关一体化作业模式，出台实施《中国（海南）自由贸易试验区上市等级管理条例》，广州南沙与海南洋浦签署战略合作框架协议。

——加快重大基础设施建设。广湛高铁正式动工，赣深高铁、龙龙高铁、贵南高铁、成昆铁路复线加快建设。寻龙高速、南湛高速（广西段）开工，玉湛高速全线通车，攀枝花至大理高速公路四川段、大潮高速与潮汕环线正式开通。黄茅海跨海通道开工，福建平潭海峡公路两用大桥、珠海洪鹤大桥、赤水河红军大桥建成通车，深中通道加快建设，中山港—南沙港“湾区一港通”模式成功通航，广澳港直达粤港澳大湾区航线顺利开通。广东湛江港徐闻港区南山作业区客货滚装码头开港运营，西江航运干线贵港航运枢纽二线船闸建成通航，大藤峡水利枢纽工程左岸工程、孟洲坝枢纽二线船闸投产运行，珠江三角洲、环北部湾等区域水资源配置工程建设进展顺利。昆柳龙直流工程全线贯通，云贵互联通道工程竣工，闽粤联网工程获国家核准。

——加强区域科技创新协同发展与经贸合作。一是区域科技创新和科技合作平台创新进一步加强。江西、广东两省科技厅共同签署《江西省科技厅、广东省科技厅科技合作框架协议》。粤港澳大湾区国际科技创新中心建设全面加速，建成 20 家联合实验室。第三届泛珠区域先进制造业创新发展峰会、第十四届泛珠区域知识产权合作联席会议成功举办。中科院广州分院携手海南省科技厅，共建中国科学院海南种子创新研究院、文昌国际航天城中科院科学城、中科院 STS 区域重点项目。二是成功举办第十三届泛珠三角区域合作与发展论坛暨经贸洽谈会。经贸洽谈会与广东 21 世纪海上丝绸之路国际博览会开幕式套开，泛珠各方商协会及企业共 296 家参展；同时开展网上经贸洽谈，集中展示泛珠三角区域各省（区）的投资政策、招商引资优质项目等。

——全面深化环境保护与社会事业合作。一是加强区域生态环境保护。泛珠内地 9 省区共同签订污染联防联治合作框架协议，四川联合贵州、云南加快推进建设赤水河流域国家气象公园，广东、湖南、广西、江西、福建协商拟定《上下游突发水污染事件联防联控合作协议》。建立健全流域生态保护补偿机制，持续推进粤桂九洲江、闽粤汀江—韩江、粤赣东江—湘赣渌水流域横向生态补偿。二是加强社会事业合作。疫情联防联控方面，泛珠各方携手开展泛珠区域健康码互认工作，加强各省区之间疫情防控信息共享，有效促进跨省区疫情联防联控和复工复产。社会保障方面，积极开展粤港澳大湾区创新型跨境医疗保险产品研究，为粤港澳三地跨境居民提供医疗保障；粤赣桂三省区共同签署旅居养老合作框架协议，逐步建立三省区旅居养老产业合作机制。人员交流方面，广东与广西、贵州、云南、四川等省区落实对口帮扶及人才培训等相关协议，强化与泛珠区域有关省区的交流合作。

——统筹推进跨省区合作重点平台建设。一是推动珠江—西江经济带创新绿色发展。持续推进粤桂合作特别试验区建设，园区产业承接能力不断增强。两广推进珠江—西江经济带发展规划实施联席会议第七次会议在海南三亚召开，共同研究部署珠江—西江经济带全面对接粤港澳大湾区建设有关工作。二是深化粤桂黔滇高铁经济带农业、旅游和环保等产业联盟的互动交流。深化粤桂黔高铁经济带高新区协同创新联盟合作，健全粤桂黔高新区之间创新资源共享和产业协作互补的长效机制。发挥广东金融高新区股权交易中心与广西北部湾股权交易所、贵州股权金融资产交易中心形成的区域市场互联互通机制，为沿线城市企业提供融资平台。三是推动珠江水运高质量发展。珠江水运发展第五次高层协调会议在海南省三亚市召开，会议审议通过《“十四五”珠江水运发展重大举措》并形成会议纪要，将加快推进红水河龙滩水电站、右江百色水利枢纽通航设施项目建设。

八、区域经贸合作

——加强东西部扶贫协作，推动脱贫攻坚。一是搭平台建机制，推动扶贫产业合作。与省内东西部扶贫协作地区建立“部门+工作队+商协会+企业”合作机制，通过招商合作、直接投资、平台落户、联盟推动等模式，促进产业合作对接。2020年，组织9次商务代表团200多家企业及商协会前往广西、云南、贵州、四川、林芝等地区开展扶贫协作和对口支援，促成30多亿元的投资合作意向，达成扶贫产品购销意向协议约6亿元，捐赠约200万元。二是线上线下相结合，促进消费扶贫。2020年，加大力度推广对接受援地区扶贫产品，促成购销意向协议超5亿元。在东西部扶贫协作产品交易市场举办广东省商务扶贫产销对接会，帮助扶贫产品签订购销协议合计6 000多万元；鼓励商超零售终端企业开展扶贫产品直采、设立长期销售专区（柜）；

借势借力直播电商活动，推动带货销售。

——发挥省际重点经贸活动平台作用，推动广东企业参与国内大循环。2020 年，先后组织广东省经贸代表团参加青海生态（产业）博览会暨藏毯展、辽宁国际投资贸易洽谈会、第 29 届中国食品博览会暨中国（武汉）国际食品交易会 3 场重点经贸活动，有效带动企业展示展销，通过召开对接会促成产销合作意向，协助地市及企业招引项目。组织第十三届泛珠大会经贸活动及配合做好泛珠联席会议有关工作，牵头组织建设“9 + 2”省区网上经贸洽谈会展馆，有效带动 500 多家粤企推广营销。加强与异地广东商会的联系，制定印发《广东省商务厅关于支持异地广东商会发展专项经费使用管理办法》，支持异地广东商会在省外开展各类拓展广货内销市场活动和赴粤西等地开展乡贤招商活动。除此之外，“十三五”期间还牵头组织广东经贸代表团参加第十二届新疆喀什·中亚南亚商品交易会、中国·天津投资贸易洽谈会暨 PECC 国际贸易投资博览会、中国国际西部博览会等多个重点经贸活动。

——拓展国内市场，促进广货内销。一是制定完善开拓内销工作制度，按照计划落实多项“拓市场、促内销”工作。“十三五”期间，充分发挥重大经贸活动的牵引作用，推进省际高层交流、部门协作和企业对接，带动签订一批省级战略合作协议和经贸合作项目，进一步拓宽广货销售渠道，促进区域间深层次合作，确保把推动“拓市场、促内销”工作落到实处。二是多措并举提升开拓内销成效。“十三五”期间，依托各地市商务主管部门、行业协会、驻外省办事处，开展广东品牌销售渠道建设，通过省里带动、省市联动、各市互动、商协会组织等相结合的方式，在省内外举办多场品牌推广活动，地点遍及国内 20 多个省（区、市），涵盖家居家具等 8 个行业。统筹用好拓内销专项资金，保障重点经贸活动，紧抓资金使用进度，切实提升资金使用绩效。

九、对口支援工作

2020年，广东省坚持以习近平新时代中国特色社会主义思想为指导，深入贯彻习近平总书记关于西藏、新疆工作系列重要讲话精神和党中央治藏治疆方略，坚持“一个龙头、两翼齐飞”（以民生支援为龙头，以产业和智力支援为两翼）援建工作思路，扎实推进、圆满完成援藏援疆援川各项工作。

——高位推动，凝聚对口支援工作强大合力。广东省委、省政府高度重视对口支援工作，不断完善“省级统筹、前方落实、部门协作、地市配合、社会参与”的对口支援工作格局。省有关单位、各有关地市及省前方后方工作机构认真贯彻落实省委、省政府决策部署，各司其职、协同共进，省直各部门在干部人才支援、交往交流交融以及专项支援任务等方面优化工作举措，各有关地市在招商引资、智力支援等方面持续用力，前方工作机构切实担负起落实对口支援工作部署的主体责任，省援藏援疆办充分发挥后方总协调机构职能，合力推动各项援建任务高效落实。

——计划引领，全面完成“十三五”援建任务。根据“十三五”对口支援规划，省前方后方工作机构会同受援地沟通协商，组织编制并经省政府同意下达2020年援建项目投资计划。2020年安排援建资金43.68亿元，实施项目278个。其中，安排援藏资金7.23亿元，实施项目51个；安排援疆资金28.35亿元，实施项目106个；安排援川资金8.1亿元，实施项目121个。2020年，援藏、援疆、援川均实现资金到位率、项目开工率、竣工验收通过率三个100%，圆满完成“十三五”援建规划目标任务。“十三五”期间，受援地生活条件明显改善，建成喀什安居富民房共计20.41万套，林芝小康示范村101个、边境小康示范村8个，甘孜乡村振兴示范村39个。受援地自我发展能力持续增强，协助受援地引进产业项目900多个，到位资金1 200多亿元。建成农特产品展销平台 55 个，帮助受援地新增就业岗位超过 16 万个。受援地人才支撑能力不断提升，为受援地培训党政干部 2.6 万人次、专业技术人才 16 万人次，受援地人才匮乏得到有效缓解。

——聚焦重点，有力助推受援地经济社会发展。一是智力援建夯实受援地内在发展动力。选派 220 名“组团式”医疗人才和 251 名教育人才支援林芝，组织省内 77 名三甲医院医疗专家和 519 名教师支援喀什，安排广东 32 所学校、6 所医院结对帮扶甘孜 29 所学校、6 所医院。二是民生援建改善群众生产生活条件。支持林芝建设 33 个小康示范村，甘孜改造农牧民群众危旧房 1 163 户、新建改建贫困家庭住房 799 户、综合整治贫困村 25 个，喀什建设安居富民房 5 600 户、实施庭院经济改造贫困村 40 多个。三是产业援建促进劳动力就地就近就业。林芝引进企业 82 家，总投资约 15.8 亿元。甘孜引进广东企业 4 家，总投资约 6.4 亿元。喀什引进企业 70 家，总投资约 128 亿元。四是深化“三交”增进民族团结融合。林芝 67 个县乡场全部实现与广东市县区结对，154 名援藏队员与 170 户 726 名农牧民群众结亲；喀什组织青少年足球交流发展等活动，粤新两地互访交流共 135 批次 3 251 人次；甘孜开创两地汉藏家庭亲子云结对、两地对口学校云结对工作。五是文教援建推动社会事业发展。投入教育援建资金 4.47 亿元，实施薄弱学校改造、标准化建设。新开通珠海—林芝航线，开行旅游包机、旅游专列，促进两地间人员交流。

——合力攻坚，统筹推进抗疫救灾和脱贫攻坚。一是紧急驰援，助力受援地灾后重建。喀什地区伽师县 2020 年 1 月 19 日发生里氏 6.4 级地震，省委、省政府第一时间发出慰问电并援助 300 万元，佛山市委、市政府紧急援助 200 万元，并调整援疆资金 1 200 万元用于灾后安置小区建设。甘孜州丹巴县 6 月 17 日发生泥石流灾害，惠州市立即行动，援助 300 万元。二是全面帮扶，助力伽师县脱贫摘帽。为帮助伽师县攻克脱贫攻坚的末端难题，省统筹安排援疆资金 5 亿元，佛山市计划外安排 1 000 万元，并广泛动员社会力量捐助 475 万元，大力开展教育、医疗、消费、产业、就业等扶贫工作，促使伽师县于 2020 年 11 月 14 日经国家验收如期脱贫摘帽。

——科学谋划，精心编制对口支援“十四五”规划。按照国家部署要求，在总结“十三五”规划执行情况基础上，省前方后方工作机构与受援地积极沟通对接，开展实地调研，召开专家座谈会，深入分析“十四五”工作条件和形势，形成广东省“十四五”对口支援规划征求意见稿。按照国家规定，“十四五”援藏、援疆、援川年度资金量保持2020年资金规模，具体额度根据财政部门有关规定执行。规划与受援地区国民经济和社会发展“十四五”规划充分衔接，充分征求对口支援工作领导小组成员单位意见，精准对接受援地所需，充分体现广东所能，提出了今后五年援建工作的目标任务，谋划了一批补短板、提质量、增效益的援建项目。

附　录

一、政策文件

（一）国家发展改革委关于加快开展县城城镇化补短板强弱项工作的通知

关于加快开展县城城镇化补短板强弱项工作的通知

（发改规划〔2020〕831号）

各省、自治区、直辖市及计划单列市、新疆生产建设兵团发展改革委：

县城是我国推进工业化城镇化的重要空间、城镇体系的重要一环、城乡融合发展的关键纽带。改革开放特别是党的十八大以来，县城建设日新月异，但新冠肺炎疫情暴露出县城公共卫生、人居环境、公共服务、市政设施、产业配套等方面仍存在不少短板弱项，综合承载能力和治理能力仍然较弱，对经济发展和农业转移人口就近城镇化的支撑作用不足，与满足人民美好生活需要还有较大差距。为加快推进县城城镇化补短板强弱项工作，现通知如下：

一、总体要求

以习近平新时代中国特色社会主义思想为指导，认真贯彻党中央、国务院关于统筹推进疫情防控和经济社会发展的重大决策部署，落实政府工作报告要求，抓紧补上疫情暴露出的县城城镇化短板弱项，大力提升县城公共设施和服务能力，促进公共服务设施提标扩面、环境卫生设施提级扩能、市政公用设施提档升级、产业培育设施提质增效，适应农民日益增加的到县城就业安家需求，扩大有效投资、释放消费潜力、拓展市场纵深，为坚定实施扩大内需战略和新型城镇化战略提供重要支撑。

二、主要任务

（一）明确目标区域。各地区要统筹配置城镇化补短板强弱项工作的公共资源，重点投向县城（县政府驻地镇或街道及其实际建设连接到的居委会所辖区域）新型城镇化建设，并在布局建设各类公共设施时，注重做好与邻近地级市城区同类设施的衔接配套。兼顾县级市城区（市政府驻地实际建设连接到的居委会所辖区域及其他区域），以及镇区常住人口 10 万以上的非县级政府驻地特大镇，将其一并纳入目标区域。

（二）明晰建设领域。各地区要瞄准市场不能有效配置资源、需要政府支持引导的公共领域，聚力推进 17 项建设任务。围绕公共服务设施提标扩面，优化医疗卫生设施、教育设施、养老托育设施、文旅体育设施、社会福利设施和社区综合服务设施。围绕环境卫生设施提级扩能，完善垃圾无害化资源化处理设施、污水集中处理设施和县城公共厕所。围绕市政公用设施提档升级，推进市政交通设施、市政管网设施、配送投递设施、老旧小区更新改造和县城智慧化改造。围绕产业培育设施提质增效，完善产业平台配套设施、冷链物流设施和农贸市场。

实施上述建设任务要区分轻重缓急，要响应疫情防控需求，优先支持公共卫生防控救治设施、医疗废物集中处置设施建设。抓紧落实《公共卫生防控救治能力建设方案》，加强公立医疗卫生机构建设，提高平战结合能力。抓紧落实《医疗废物集中处置设施能力建设实施方案》，健全医疗废物收集转运处置体系，推动现有处置能力提质扩容，防止疾病传播。

（三）界定项目范畴。各地区要坚持“缺什么补什么”，立足本地实际和发展急需，参照县城城镇化补短板强弱项项目范畴（附件 1），因地制宜研究确定本地项目范畴。加快确定一批弥补本地突出短板、契合群众迫切需要的项目，以及一批公共性平台性程度较高、惠及较多群众及市场主体的项目，特别是能够尽快见效并形成实物工作量的项目。

（四）加强项目谋划。各地区要综合考虑资金保障情况、财务平衡及收益状况，分阶段、有步骤地滚动谋划设计不同性质的固定资产投资项目，成熟一批、实施一批。着眼保障县城经济社会正常运行，加快谋划一批完善县城基本功能、无偿满足公共需要的公益性项目，以及有一定收益但难以商业化合规融资的公益性项目。着眼释放政府投资乘数效应，科学谋划一批具备一定市场化运作条件的准公益性项目；探索通过盘活存量资产、挖掘土地潜在价值等方式，推动公益性、准公益性与其他有经济效益的建设内容合理搭配，谋划一批现金流健康的经营性项目。

（五）严把项目标准。各地区要坚持“项目跟着规划走”，综合考虑县城地域特征、人口规模和发展潜力等因素，依据经济社会发展规划及国土空间规划，合理确定项目区位布局和规模体量。坚持合规开展项目建设，严格执行有关国家标准和行业标准，以及有关部门印发的规范性文件。

三、要素保障

（六）加大财政资金支持。各地区要坚持“资金跟着项目走”，落实政府投资重点支持“两新一重”建设的要求，针对县城公益性固定资产投资项目，设计多元化的财政性资金投入保障机制。县城公益性项目主要通过地方政府财政资金予以投入，符合条件的县城公益性项目可通过中央预算内投资予以适当支持。对其中有一定收益但难以商业化合规融资、确需举债的县城公益性项目，除上述资金支持渠道外，还可通过安排地方政府专项债券、抗疫特别国债予以支持。

（七）吸引社会资本投入。各地区要针对县城准公益性及经营性固定资产投资项目，设计市场化的金融资本与工商资本联动投入机制。对符合条件的大中型准公益性及经营性项目，可通过健全政银企对接机制，利用开发性政策性商业性金融或国家城乡融合发展基金予以融资支持。对符合条件的县城智慧化改造、产业平台配套设施建设等领域项目，可通过新型城镇化建设专项企业债券予以融资支持。规范有序推广 PPP 模式，带动民间投资参与投入的积极性。

（八）加强建设用地支撑。各地区要坚持“要素跟着项目走”，优化新增建设用地计划指标和城乡建设用地增减挂钩指标分配，保障县城城镇化补短板强弱项项目的合理用地需求。注重盘活存量建设用地和低效土地，优先用于县城城镇化补短板强弱项项目。积极组织农村集体经营性建设用地直接入市，分类推进就地入市或异地调整入市。

四、组织实施

（九）分区分类推进。依据《全国主体功能区规划》及各省级主体功能区规划，立足各地区发展基础和要素条件，建立分区分类的支持引导机制。

优先支持东部地区基础较好县城建设，率先实现城镇化高质量发展。有序支持中西部和东北城镇化地区县城（含边境地区重点县城）建设，加快增强人口经济承载能力。合理引导中西部和东北农产品主产区、重点生态功能区县城建设，提高对农业农村发展和生态环境保护的保障能力。

（十）强化示范带动。以发展基础扎实、财政实力较强、政府债务率较低为基本要求，在湖北、长江三角洲区域、粤港澳大湾区和其他东中部都市圈地区，兼顾西部和东北地区，选择120个县及县级市开展县城新型城镇化建设示范工作（附件2）。切实加大中央财政性资金等政策支持力度，支持其围绕县城城镇化补短板强弱项项目范畴，启动建设示范性项目，创新资金投入方式与运营模式。总结提炼典型经验，以现场会、典型案例推介等方式加以推广。

（十一）压实地方责任。省级发展改革委要周密组织、加强指导，科学制定本省份落实方案，指导县城新型城镇化建设示范地区制定示范方案，明确建设任务、要素保障和组织实施等事项，并加强项目检查督导。各市县要加快开展项目谋划与储备，注重加强关联项目之间的协同配套，做好项目审批核准备案和规划、用地、环评等前期工作，并将符合条件项目动态录入国家重大建设项目库，扎实推进项目建设实施，确保项目合规落地见效。

（十二）严格防范风险。各市县要尽力而为、量力而行，严防地方政府债务风险，审慎论证项目可行性，优选项目、精准补短板、不留后遗症。严防“大水漫灌”，确保精准投资、提高投资效益。严防“半拉子工程”，确保项目资金来源可靠、规模充足。严防“大拆大建”，优先采取改扩建方式，必要时采取新建迁建方式。严防“贪大求洋”，落实适用、经济、绿色、美观的新时期建筑方针。

附件：1. 县城城镇化补短板强弱项项目范畴

2. 县城新型城镇化建设示范名单

国家发展改革委

2020年5月29日

附件 1

县城城镇化补短板强弱项项目范畴

建设任务	项目范畴
一、推进公共服务设施提标扩面	
1. 健全医疗卫生设施	推进县城与邻近地级市城区、省会城市医疗卫生设施统筹布局和衔接配合。推进县级综合医院（含中医院）提标改造，以门急诊、住院、医技科室为重点增加业务用房并配备必要设备，增强传染病科室诊疗能力、重症监护室（ICU）救治能力，增加重要医疗物资储备，预留应急空间、强化平战结合。推进县级疾控中心标准化建设，配齐疾病监测预警、实验室检测、标本采集、现场处置等设施设备。完善县级妇幼卫生健康服务机构，补齐业务用房面积缺口。改造或新建大型公共设施时，应使之具备短期内改建为“方舱医院”或应急避难场所的条件，满足救灾应急需要。发展紧密型县域医疗卫生共同体。
2. 完善教育设施	按照县城常住人口规模配置教育资源。新建或改扩建公办幼儿园，引导社会力量建设普惠性幼儿园。按照义务教育学校基本办学标准，改善教学设施和生活设施，实现校舍和场所标准化。推动普通高中加强校园校舍设施建设，提高培养能力、提高教育质量。扩大职业教育资源供给。
3. 改善养老托育设施	大幅提高养老服务质量，扩充护理型床位，配置消防设施和辅助设施。加快建设县级特困人员供养服务设施（敬老院）。引导社会力量发展普惠养老。在家庭照护为主、托育补充前提下，大力推动婴幼儿照护服务发展，引导社会力量建设一批综合性托育服务机构和社区托育服务设施。
4. 发展文旅体育设施	改造商业步行街、地方特色街区及配套设施，加强老建筑活化利用，因地制宜发展新型文旅商业消费聚集区。根据需要改扩建或新建县级公共图书馆、文化馆、博物馆，完善公共文化场所功能，建设智慧广电平台。在重要旅游景区所在县和有条件发展全域旅游的县，完善游客服务中心、旅游道路和旅游厕所等配套设施，建设城市公园。建设全民健身中心、公共体育场、体育公园、全民健身步道和社会足球场地。

（续上表）

建设任务	项目范畴
5. 完善社会福利设施	加强困境儿童保障，健全儿童收养体系，提升儿童福利设施和未成年人救助保护设施水平。建设残疾人康复和托养设施，因地制宜配建残疾人综合服务设施。完善公益性殡葬服务，支持建设公共殡仪馆和公益性骨灰安放设施。
6. 建设社区综合服务设施	因地制宜布局社区综合服务设施，逐步实现城镇居民全覆盖。统筹卫生、就业、社保、文体、退役军人服务、儿童关爱保护等基本和非基本公共服务项目以及维稳、信访等管理职能，推进家政等便民服务进社区，打造综合性多功能的美好生活服务站。
二、推进环境卫生设施提级扩能	
7. 完善垃圾无害化资源化处理设施	全面推进生活垃圾分类，逐步建立分类投放、分类收集分类运输、分类无害化资源化处理的生活垃圾处理系统。完善生活垃圾收运体系，配备分类清运、密封性好、压缩式收运车辆，改造垃圾房和转运站。加快建设生活垃圾焚烧终端处理设施，逐步减少原生垃圾直接填埋。建立餐厨垃圾和建筑垃圾等回收及再生利用体系。加快建设医疗废物集中处置设施，完善医疗废物收转运设施。因地制宜建设危险废物处理设施。在有条件县城建设规范的回收网点和分拣中心，重点对废弃电器电子产品、报废汽车、废纸等进行回收利用。
8. 健全污水集中处理设施	按照“厂网配套、泥水并重”要求，建设污水集中处理设施。提高管网收集能力，积极推进管网“雨污分流”，实施混错接、漏接、老化和破损管网更新修复。因地制宜确定污水处理厂出水水质标准，结合实际对现有污水处理厂进行扩容提标改造。在缺水地区和水环境敏感地区推进污水资源化利用。加快建设污泥无害化资源化处理设施，减少污泥进入垃圾填埋场填埋量。
9. 改善县城公共厕所	重点在旧城区、人流密集区和主次干路等区域，配建补建固定公共厕所或移动式公共厕所，利用节能环保技术配置除臭设施。改造老旧公共厕所，分批进行拆除还建或改建。新区建设和商业开发要严格按标准配建公共厕所。合理增加无障碍厕位和第三卫生间，方便残疾人和儿童等使用。

（续上表）

建设任务	项目范畴
三、推进市政公用设施提档升级	
10. 优化市政交通设施	推进县城与邻近地级市城区交通设施互联互通，鼓励对公路等设施进行升级改造，增强对外交通保障能力。布局建设公共停车场和配建停车场，鼓励建设立体停车库，缓解医院、学校、大中型商场和办公区等人流密集区“停车难”问题。推进客运站改扩建或迁建新建，拓展客运站“运游”“运邮”功能。按照“窄马路、密路网”方式，完善机动车道、非机动车道和人行道“三行系统”，优化公交站点布设，改善群众出行条件。
11. 完善市政管网设施	实行“从源头到龙头”的全流程公共供水保障，扩大供水管网覆盖范围，更新改造供水水质不能稳定达标的水厂和老旧破损的供水管网。完善燃气储气设施和燃气管网，加快建设液化天然气、液化石油气局域供气网络。发展热电联产集中供热及清洁能源集中供热，推进燃煤锅炉集中改造。构建源头减排、雨水蓄排、排涝除险的排水防涝系统。在有条件县城推进路面电网和通信网架空线入地。
12. 发展配送投递设施	建设统一分拨中转的公共配送中心，鼓励发展共同配送等新模式，满足小微企业和群众日常物流分拨配送需要。支持社会力量面向家庭用户和单位职工等受众群体，布设不同类型的智能快件箱，提供便捷安全的“最后一百米”服务。
13. 推进县城智慧化改造	加快建设新型基础设施，推进5G网络向县城延伸覆盖，提升县城光纤宽带接入速率，建设深度覆盖的物联网。搭建城市信息模型（CIM）基础平台，部署智能交通、智能电网、智能水务等感知终端，推进市政公用设施智能化。整合市场监管、环境监管、应急管理、治安防控等事项，推行“政务服务一网通办”“云上政务”，推进社会治理精细化。整合教育、医疗、养老、就业、社保等信息数据系统，建设统一的基本公共服务平台，推进公共服务供给便捷化。

（续上表）

建设任务	项目范畴
14. 更新改造老旧小区	改善小区居住条件，完善小区水电气路信等配套基础设施和养老托育、停车、便民市场等公共服务设施，有条件的可加装电梯。加强对小区及周边闲置土地、房屋、地下室等存量资源的统筹利用。鼓励探索以社区乃至街区为单元进行改造的商业模式，吸引社会资本参与有一定盈利的改造项目。
四、推进产业培育设施提质增效	
15. 完善产业平台配套设施	培育县城内生增长动力和“造血”能力，引导县域特色经济和农村二三产业在县城集聚发展，促进农业转移人口就近城镇化。完善产业园区和特色小镇等产业集聚区配套设施，健全检验检测认证中心，提高产品质量标准；优化技术研发转化中心，提供共性技术公用研发设备；建设智能标准厂房，提供共用生产空间，降低企业成本、提高生产效率；建设便企政务服务中心，提供“最多跑一次”的一站式服务；结合公共资源交易平台建设村产权交易中心，盘活农村闲置资源资产。加大产业转型升级示范区建设力度，在有条件县城建设一批产业转型升级示范园区。
16. 健全冷链物流设施	结合实际在县城及周边建设冷库，配建理货和分拣等冷链配送设施，保障农副产品全程冷鲜冷冻保存和运输。在有条件县城建设面向城市消费的生鲜食品低温加工处理中心，推广“生鲜电商＋冷链宅配”“中央厨房＋食材冷链配送”等新模式。引导社会力量在大中型商场超市建设冷链物流前置仓，解决冷链物流“最后一公里”问题。
17. 提升农贸市场水平	因地制宜推进农贸市场改造或迁建新建，合理扩大规模和服务半径，改善交易棚厅等经营条件。在批发型农贸市场配置检测检疫设备，确保进场农副产品质量安全。完善零售型农贸市场和社区菜市场环保设施，解决卫生“脏乱差”问题。支持社会力量改造建设畜禽定点屠宰加工厂。

附件2

县城新型城镇化建设示范名单

区域	省份（24个）	县及县级市（120个）
东部（58个）	浙江	桐庐县、宁海县、海盐县、武义县、长兴县、岱山县、缙云县、诸暨市、乐清市、温岭市
	江苏	盱眙县、宝应县、沛县、东海县、沭阳县、建湖县、泗阳县、海门市、泰兴市、溧阳市
	广东	惠东县、博罗县、新兴县、佛冈县、东源县、海丰县、龙门县、饶平县、阳春市、台山市
	福建	霞浦县、闽侯县、永泰县、永春县、德化县、上杭县、长汀县、福清市、福安市、晋江市
	山东	郓城县、齐河县、桓台县、宁阳县、广饶县、海阳市、诸城市、龙口市、滕州市、新泰市
	河北	固安县、正定县、景县、魏县、迁安市
	海南	澄迈县、琼海市、万宁市
中部（31个）	湖北	阳新县、红安县、大悟县、南漳县、监利县、仙桃市、潜江市、天门市、赤壁市、宜都市
	安徽	当涂县、庐江县、蒙城县、灵璧县、天长市
	河南	兰考县、鄢陵县、新安县、南乐县、新郑市
	湖南	湘潭县、攸县、澧县、浏阳市、宁乡市
	江西	南昌县、奉新县、吉安县
	山西	清徐县、阳城县、孝义市
西部（21个）	四川	金堂县、乐至县、大英县、江安县、绵竹市
	重庆	垫江县、忠县、彭水县
	陕西	富平县、三原县、岐山县
	贵州	金沙县、清镇市

（续上表）

区域	省份（24 个）	县及县级市（120 个）
西部（21 个）	云南	大理市、腾冲市
	广西	横县、东兴市
	内蒙古	宁城县、满洲里市
	甘肃	榆中县、敦煌市
东北（10 个）	吉林	前郭县、珲春市、公主岭市、梅河口市
	辽宁	桓仁县、黑山县、盘山县
	黑龙江	五常市、肇东市、穆棱市

（二）中共广东省委关于制定广东省国民经济和社会发展第十四个五年规划和二〇三五年远景目标的建议

中共广东省委关于制定广东省国民经济和社会发展第十四个五年规划和二〇三五年远景目标的建议

（2020 年 12 月 14 日中国共产党广东省
第十二届委员会第十二次全体会议通过）

“十四五”时期是我国开启全面建设社会主义现代化国家新征程的第一个五年，是广东奋力在全面建设社会主义现代化国家新征程中走在全国前列、创造新的辉煌的第一个五年。中国共产党广东省第十二届委员会第十二次全体会议认真学习贯彻党的十九届五中全会精神，深入贯彻习近平总书记对广东系列重要讲话和重要指示批示精神，就制定广东省国民经济和社会发展第十四个五年规划和二〇三五年远景目标提出以下建议。

一、全面建成小康社会，在全面建设社会主义现代化国家新征程中走在全国前列、创造新的辉煌

1. 决胜全面建成小康社会取得决定性成就。“十三五”时期，在以习近平同志为核心的党中央坚强领导下，广东省委切实增强“四个意识”、坚定“四个自信”、做到“两个维护”，聚焦实现“四个走在全国前列”、当好“两个重要窗口”，抢抓粤港澳大湾区和深圳中国特色社会主义先行示范区建设重大机遇，团结带领全省广大干部群众扎实推进“1+1+9”工作部署，有力有序有效应对新冠肺炎疫情、中美经贸摩擦、香港“修例风波”等严重冲击，全省经济实力、科技实力、综合实力跃上新台阶。高质量发展迈出坚实步伐，预计二〇二〇年地区生产总值超过 11 万亿元，比二〇一〇年翻一番，以先进制造业和现代服务业为主体的现代产业体系初步形成。区域创新能力跃居全国首位，以企业为主体的产学研协同创新体系进一步完善，基础研究和应用

基础研究能力显著增强，基本达到创新型国家和地区水平。“双区”建设有力推进，港珠澳大桥建成通车，“湾区通”工程有效实施，深圳前海、广州南沙、珠海横琴等重大合作平台加快建设，深圳综合改革试点全面启动。改革开放不断深化，供给侧结构性改革深入推进，地方机构改革顺利完成，数字政府等创造型、引领型改革成效显著，营商环境进一步优化；深度参与“一带一路”建设，一批高质量外资项目相继落户，广东自贸试验区形成一批重大改革创新成果。“一核一带一区”区域发展格局渐次成形，珠三角核心区发展能级提升，沿海经济带产业支撑强化，北部生态发展区绿色发展优势凸显，交通基础设施通达程度、基本公共服务均等化水平明显提高，乡村振兴取得重大进展，城乡居民收入差距缩小，老区苏区、民族地区加快振兴发展。脱贫攻坚取得决胜成果，161.5 万相对贫困人口全部脱贫，2 277 个相对贫困村全部出列。生态环境明显改善，茅洲河、练江污染和城市黑臭水体等一批环境沉疴顽疾有效治理，大气环境质量全国领先，农村人居环境整治成效显著。人民生活水平和质量明显提高，城镇新增就业累计超过 700 万人，居民收入持续增长，教育、医疗、社保等民生事业显著进步，文化事业和文化产业蓬勃发展。社会保持和谐稳定，城乡基层社会治理效能显著提高，风险防范和应急处置机制不断健全，平安广东、法治广东建设成效明显，国家安全“南大门”更加牢固。广东“十三五”规划主要目标任务即将完成，全面建成小康社会胜利在望，这在广东发展历史进程中具有重要里程碑意义。全省人民要再接再厉、一鼓作气，确保如期全面建成小康社会，为开启全面建设社会主义现代化新征程奠定坚实基础。

2. “十四五”时期广东发展面临的新机遇新挑战。当今世界正经历百年未有之大变局，国际力量对比深刻调整，新冠肺炎疫情影响广泛深远，世界进入动荡变革期。中华民族伟大复兴战略全局统筹展开，我国已转向高质量发展阶段，经济长期向好的基本面没有改变，继续发展具有多方面优势和条件。进入新发展阶段，“两个大局”深度联动构成“十四五”时期广东发展环境的主基调。我省经济总量大、产业配套齐、市场机制活、开放水平高，转型升级、领先发展的态势更加明显，“双区驱动效应”不断增强，构建新发展格局打开更广阔空间。同时，经济结构性体制性周期性问题依然存在，处于“两个前沿”所面临的外部风险挑战更为直接，创新链、产业链、供应链存在明显薄弱环节，城乡、区域、精神文明和物质文明发展不平衡，生态环保、民生保障、社会治理、农业农村、安全发展等领域还存在短板弱项。要胸怀“两个大局”，深刻认识社会主要矛盾变化带来的新特征新要求，深刻认识错综复杂的国际环境带来的新矛盾新挑战，深刻认识广东经济发展面临所有的“危”都源自发展质量不高、所有的“机”都要通过高质量发展才能抓住，增强机遇意识和风险意识，保持战略定力，坚定必胜信念，发扬斗争精神，树立底线思维，笃定心志办好自己的事，努力在危机中育先机、于变局中开新局。

3. 到二〇三五年基本实现社会主义现代化远景目标。展望二〇三五年，广东将基本实现社会主义现代化，经济实力、科技实力、综合竞争力大幅跃升，经济总量和城乡居民人均收入迈上新的大台阶，人均地区生产总值达到更高水平，关键核心技术实现重大突破，携手港澳建成具有全球影响力的国际科技创新中心，在全面建设社会主义现代化国家新征程中走在全国前列、创造新的辉煌。率先建成现代化经济体系，基本实现新型工业化、信息化、城镇化、农业现代化。治理体系和治理能力现代化基本实现，人民群众平等参与、平等发展权利得到充分保障，法治广东、法治政府、法治社会基本建成，中国特色社会主义制度优势更加彰显。社会文明程度达到新高度，人民群众思想道德、文明素养显著提高，社会主义精神文明与物质文明更加协调，建成文化强省、教育强省、人才强省、体育强省、健康广东和更高水平的平安广东。人与自然和谐共生格局基本形成，绿色生产生活方式总体形成，碳排放率先达峰后稳中有降，生态环境根本好转，美丽广东基本建成。形成对外开放新格局，参与国际经济合作和竞争优势全面确立。人民生活更加美好，中等收入群体比重显著提高，基本公共服务实现均等化，城乡区域发展差距和居民生活水平差距显著缩小，人的全面发展、全体人民共同富裕率先取得更为明显的实质性进展。

二、“十四五”时期经济社会发展指导方针和主要目标

4. “十四五”时期经济社会发展指导思想。高举中国特色社会主义伟大旗帜，深入贯彻党的十九大和十九届二中、三中、四中、五中全会精神，坚持以马克思列宁主义、毛泽东思想、邓小平理论、“三个代表”重要思想、科学发展观、习近平新时代中国特色社会主义思想为指导，全面贯彻党的基本理论、基本路线、基本方略，深入贯彻习近平总书记对广东系列重要讲话和重要指示批示精神，统筹推进“五位一体”总体布局，协调推进“四个全面”战略布局，坚定不移贯彻新发展理念，坚持稳中求进工作总基调，以推动高质量发展为主题，以深化供给侧结构性改革为主线，以改革创新为根本动力，以满足人民日益增长的美好生活需要为根本目的，以在全面建设社会主义现代化国家新征程中走在全国前列、创造新的辉煌为总定位总目标，持之以恒实施“1 +1 +9”工作部署，加快推动粤港澳大湾区和深圳先行示范区建设，加快建设现代化经济体系，打造新发展格局的战略支点，推进治理体系和治理能力现代化，统筹发展和安全，实现经济行稳致远、社会安定和谐，为全面建设社会主义现代化开好局、起好步。

5. “十四五”时期经济社会发展必须遵循的原则。

——坚持党的全面领导。坚决维护习近平总书记党中央的核心、全党的核心地位，坚决维护党中央权威和集中统一领导，坚持和完善党领导经济社会发展的体制机制，坚持和完善中国特色社会主义制度，不断提高贯彻新发展理念、构建新发展格局能力和水平，为实现高质量发展提供根本保证。

——坚持以人民为中心。坚持人民主体地位，坚持共同富裕方向，始终做到发展为了人民、发展依靠人民、发展成果由人民共享，维护人民根本利益，激发全省人民的积极性、主动性、创造性，促进社会公平，增进民生福祉，不断实现人民群众对美好生活的向往。

——坚持新发展理念。把新发展理念贯穿发展全过程和各领域，率先探索构建新发展格局，切实转变发展方式，加快推动质量变革、效率变革、动力变革，实现更高质量、更有效率、更加公平、更可持续、更为安全的发展。

——坚持深化改革开放。以更大魄力在更高起点上推进改革开放，坚持

摸着石头过河和落实顶层设计相结合，加强治理体系和治理能力现代化建设，破除制约高质量发展、高品质生活的体制机制障碍，强化有利于提高资源配置效率、有利于调动全社会积极性的重大改革开放举措，持续增强发展动力和活力。

——坚持系统观念。加强前瞻性思考、全局性谋划、战略性布局、整体性推进，坚决服从服务国家发展大局，坚持全省一盘棋，更好发挥各级各方面积极性，办好发展安全两件大事，着力固根基、扬优势、补短板、强弱项，注重防范化解重大风险挑战，实现发展质量、结构、规模、速度、效益、安全相统一。

6. “十四五”时期经济社会发展主要目标。锚定二〇三五年远景目标，综合考虑国内外发展趋势和广东发展条件，坚持目标导向和问题导向相结合，坚持守正和创新相统一，今后五年要努力实现以下主要目标。

——经济发展更加高质量。经济在高质量发展轨道上稳健运行，在质量效益明显提升的基础上，增长潜力充分发挥，内需潜力充分释放，经济结构更加优化，创新能力显著提升，产业基础高级化、产业链现代化水平明显提高，农业基础更加稳固，“一核一带一区”区域发展格局持续深化，供与需、内与外、城乡区域发展更趋平衡、更加协调，现代化经济体系建设取得重大进展。

——改革开放更加全面深入。社会主义市场经济体制更加完善，高标准市场体系基本建成，市场主体更加充满活力，产权制度改革和要素市场化配置改革取得重大进展，公平竞争制度更加健全，制度型开放取得重要进展，高质量发展体制机制进一步健全。

——社会更加文明进步。社会主义核心价值观深入人心，人民群众思想道德素质、科学文化素质和身心健康素质明显提高，公共文化服务体系和文化产业体系更加健全，人民群众精神文化生活日益丰富，文化软实力明显增强，文化自信更加坚定。

——生态环境更加美丽。国土空间开发保护格局清晰合理、优势互补，生产生活方式绿色转型成效显著，能源资源利用效率大幅提高，主要污染物排放总量持续减少，生态环境持续改善，生态系统安全性稳定性显著增强，城乡人居环境明显改善。

——人民生活更加幸福。实现更加充分更高质量就业，居民收入增长和经济增长基本同步，分配结构明显改善，城乡收入差距持续缩小，基本公共服务均等化水平明显提高，全民受教育程度不断提升，多层次社会保障体系更加健全，卫生健康体系更加完善，脱贫攻坚成果巩固拓展，乡村振兴战略全面推进，人民群众的获得感成色更足、幸福感更可持续、安全感更有保障。

——治理效能更加显著。平安广东、法治广东达到更高水平，社会主义民主法治更加健全，社会公平正义进一步彰显，行政体系更加完善，政府作用更好发挥，行政效率和公信力显著提升，社会治理特别是基层治理水平明显提高，社会融合加速推进，防范化解重大风险体制机制不断健全，突发公共事件应急能力和自然灾害防御能力明显提升，发展安全保障更加有力，高效能治理与高质量发展相互促进。

三、坚持创新驱动发展，建设更高水平的科技创新强省

坚持创新在现代化建设全局中的核心地位，深入实施创新驱动发展战略，强化锻造长板与补齐短板齐头并进、自主创新和开放创新相互促进、科技创新和制度创新双轮驱动，建设具有全球影响力的科技和产业创新高地，加快推动科学技术现代化。

7. 强化战略科技力量。制定科技创新强省行动纲要，以深圳先行启动区建设为抓手，加快建设粤港澳大湾区综合性国家科学中心，打造世界级重大科技基础设施集群。加强基础研究、注重原始创新，强化应用基础研究主攻方向，完善共性基础技术供给体系，形成更多从“0”到“1”的突破。高标准建设国家实验室，推进全省实验室体系优化升级，推动省级创新平台重组整合。对标世界一流建设一批科研院所、研究型大学、应用型科技大学和前沿科学中心，推进科研力量优化配置和资源共享。加强国际科技创新合作，积极融入全球创新网络。

8. 打好关键核心技术攻坚战。积极探索关键核心技术攻关新型举国体制的“广东路径”，着力突破一批关键共性技术、前沿引领技术、现代工程技

术、颠覆性技术。围绕战略性支柱产业、新兴产业和未来产业发展，优化实施重点领域科技专项，加快在集成电路、新材料、工业软件、高端设备等领域补齐短板，着力在第五代移动通信、超高清显示等领域锻造长板，在人工智能、区块链、量子科技、空天科技、生命健康、生物育种等前沿领域加强研发布局，抢占战略制高点。

9. 提升企业技术创新能力。完善以企业为主体、市场为导向、产学研深度融合的技术创新体系，促进各类创新要素向企业集聚。发挥大企业引领支撑作用，推动产业链上中下游、大中小微企业融通创新，持续推动高新技术企业“树标提质”，高水平建设共性技术平台。支持企业牵头组建创新联合体，承担重大科技项目。发挥企业家在技术创新中的重要作用，鼓励企业加大技术研发投入，对企业投入基础研究实施税收优惠。

10. 激发人才创新创造活力。制定人才强省建设意见和三年行动方案，实施更加开放的人才政策，培养造就更多国际一流战略科技人才、科技领军人才和高水平创新团队，壮大具有国际竞争力的青年科技人才后备军。增强高等院校、科研院所基础研究领域人才培养能力，扩大研究生招生规模，提高研究生教育质量。把握全球人才流动新趋势，优化实施“珠江人才计划”“广东特支计划”等人才工程，完善人才优粤卡制度。加强创新型、应用型、技能型人才培养，壮大高水平工程师和高技能人才队伍。健全以创新能力、质量、实效、贡献为导向的科技人才评价体系。健全创新激励和保障体制，加快形成充分体现创新要素价值的收益分配机制，健全职务发明成果权益分享机制。大力弘扬科学家精神，加强作风学风、科技伦理和科研诚信建设。

11. 系统深化科技创新体制改革。加快科技管理职能转变，完善科技评价机制和科技奖励制度。改进科技项目组织管理方式，完善“揭榜制”，推动重点领域项目、基地、人才、资金一体化配置。深化科研院所改革，扩大高校和科研机构科研自主权，给予创新领军人才更大技术路线决定权和经费使用权。建设引领型知识产权强省，加大知识产权的保护力度，完善知识产权创造、运用、交易政策，大幅提高科技成果转移转化成效，建设珠三角国家科技成果转移转化示范区。健全政府投入为主、社会多渠道投入机制，加大对基础前沿研究支持。营造崇尚创新的社会氛围，弘扬科学精神，普及科学知识和创新文化。

四、加快发展现代产业，建设更高水平的现代化经济体系

坚持把做实做强做优实体经济作为主攻方向，坚定不移建设制造强省、质量强省、网络强省、数字广东，推动经济体系优化升级，提高经济质量效益和核心竞争力，夯实现代化建设的物质基础。

12. 提升产业链供应链现代化水平。加快推进稳链补链强链控链，分行业强化供应链战略设计和精准施策，强化要素支撑，壮大支柱产业链，打造新兴产业链。补齐产业链供应链短板，深入推进“广东强芯”等重大任务，积极参与国家产业基础再造工程，加快实现重要产品和关键核心技术自主可控。锻造产业链供应链长板，发展产业生态主导型企业、产业链“链主”企业，提高产业链根植性。推动传统产业高端化、智能化、绿色化，发展服务型制造和工业互联网。优化区域产业链布局，促进产业在省内国内有序转移。鼓励企业深度参与全球产业链供应链重塑，提高全球资源配置能力和防范国际市场风险能力。

13. 推动制造业高质量发展。坚持制造业立省不动摇，实施制造业高质量发展“六大工程”，保持制造业比重基本稳定，打造世界级先进制造业集群。建设强大制造业创新体系，加快核心基础零部件、先进基础工艺、关键基础材料、关键产业技术基础等工程化产业化。打造新一代电子信息、绿色石化、智能家电、汽车、先进材料、现代轻工纺织、软件与信息服务、超高清视频显示、生物医药与健康、现代农业与食品等十大战略性支柱产业集群，加快培育半导体与集成电路、高端装备制造、智能机器人、区块链与量子信息、前沿新材料、新能源、激光与增材制造、数字创意、安全应急与环保、精密仪器设备等十大战略性新兴产业集群。优化新技术产业化规模化应用政策环境，大力培育新技术、新产品、新业态、新模式。推动互联网、大数据、人工智能等同各产业深度融合，促进平台经济和共享经济健康有序发展。加快推动工业园区提质增效，建设一批承载大项目、大产业、大集群的专业化园区。

14. 促进现代服务业优化发展。对标国际一流水平，大力提升服务业发展能级和竞争力。推动生产性服务业向专业化和价值链高端延伸，大力发展研发、设计、会计、法律、会展、物流等服务业，壮大总部经济。推动生活性服务业向精细和高品质升级，加快发展健康、养老、育幼、文旅、体育、家政、物业等服务业。加强公益性、基础性服务业供给。推动现代服务业同先进制造业、现代农业深度融合，加快推进服务业数字化。

15. 建设现代金融体系。坚持以服务实体经济为导向，做大做强现代金融产业。优化金融空间布局，推进粤港澳大湾区金融市场互联互通，携手港澳共建国际金融枢纽。大力发展多层次资本市场，以深圳证券交易所和广州期货交易所为核心，推进资本、期货等要素市场建设，提升上市公司质量，提高直接融资比重。积极发展普惠金融、绿色金融、科技金融，强化金融对欠发达地区及中小微企业、科技企业的支持，积极稳妥发展创业投资等。推动金融数字化、智能化转型，开展数字货币试点，打造金融科技高地。支持中小银行和农村信用社持续健康发展。健全金融机构组织体系，理顺地方金融监管体制。

16. 加快数字化发展。加快推进数字产业化和产业数字化，推动数字经济和实体经济深度融合，建设具有国际竞争力的数字产业集群，打造全球数字经济发展新高地。推动数字化优化升级，建设“数字湾区”、数字政府、数字社会，建设国家数字经济创新发展试验区，提升公共服务、社会治理等数字化智能化水平。探索数字数据立法，建立数据资源产权、交易流通、跨境传输和安全保护等基础制度和标准规范，支持企业参与数字领域规则和标准制定。加强数字化发展的支撑保障，提升数字技术和数字基础设施水平。提升全民数字技能，实现信息服务全覆盖。

17. 树立“广东质量”新标杆。深入开展质量提升行动，加强全产业链质量管理和标准体系建设，增强“广东制造”“广东服务”“广东标准”“广东品牌”的国际竞争力和影响力。支持有条件的地市在重点行业推行广东优质标准。完善质量基础设施体系，对标先进建设公共技术服务平台，加强标准、计量、专利体系和能力建设。鼓励企业制定实施先进标准，推动优势特色行业标准成为国际标准。

五、打造新发展格局的战略支点，塑造更高水平的高质量发展新优势

坚持扩大内需战略基点，扭住供给侧结构性改革，同时注重需求侧改革，更好利用国内国际两个市场、两种资源，增强畅通国内大循环和联通国内国际双循环的功能，率先探索有利于促进全国构建新发展格局的有效路径，为现代化建设拓展新空间。

18. 推动畅通国内大循环。深度融入强大国内市场，使生产、分配、流通、消费各环节更多依靠国内市场实现畅顺循环。优化供给结构，改善供给质量，提升供给体系对国内需求的适配性。推动金融、房地产同实体经济均衡发展，实现上下游、产供销有机衔接，促进农业、制造业、建筑业、服务业、能源资源等产业门类关系协调。破除妨碍生产要素市场化配置和商品服务流通的体制机制障碍，降低全社会交易成本。强化扩大内需的政策支撑，形成需求牵引供给、供给创造需求的更高水平动态平衡。

19. 促进国内国际双循环。发挥湾区市场优势吸引全球资源要素，推动内需和外需、进口和出口、引进外资和对外投资协调发展。全面建设贸易强省，实施贸易高质量发展“十大工程”，加快发展服务贸易、数字贸易，促进跨境电商、市场采购贸易、离岸贸易等聚集发展，努力实现贸易新业态五年倍增。增加优质产品进口，建设大宗商品进口分销基地、广州南沙进口贸易促进创新示范区等。提高出口竞争力，引导一批本土企业发展成为世界一流的加工贸易企业和服务外包企业，高水平办好广交会、高交会、加工贸易博览会、“粤贸全球”等展会。推动内外贸一体化发展，优化国内国际市场布局、商品结构、贸易方式，促进内外贸监管体制、经营资质、质量标准等相衔接，推进同线同标同质。发挥广东华侨华人优势，在推动国内国际双循环中做好“侨”的文章。

20. 全面促进消费升级。支持广州、深圳建设国际消费中心城市，培育一批区域消费中心城市，建设一批高品质消费集聚区，打造一批省级示范特色商圈。大力发展消费新模式新业态，加快推动线上线下消费有机融合，发展无接触交易服务，推动实体商业创新发展。巩固提升传统消费，推动汽车等

消费品由购买管理向使用管理转变，促进住房消费健康发展。推动服务消费提质扩容，积极引导境外教育、医疗、旅游等高端消费回流。优化消费政策，落实带薪休假制度，扩大节假日消费。强化市场秩序监管和消费者权益保护，营造安全放心消费环境。

21. 积极扩大有效投资。优化投资结构，保持投资合理增长。加快补齐基础设施、市政工程、农业农村、公共安全、生态环保、公共卫生、物资储备、防灾减灾、民生保障等领域短板，支持建设有利于城乡区域协调发展的重大项目。加快推进建设第五代移动通信、工业互联网和大数据中心等新型基础设施。完善能源产供储销基础设施建设，实施天然气利用“县县通工程”。积极推进建设防汛抗旱水利提升工程和农村饮用水安全工程。推进建设综合性国家科学中心、广汕汕高铁、广湛高铁、深汕高铁、千万千瓦级海上风电基地、核能基地、公共卫生体系建设和能力提升工程等重大项目。引导企业设备更新和技术改造，扩大战略性新兴产业有效投资。深化投融资体制改革，发挥政府投资撬动作用，提升利用外资质量，激发民间投资活力，促进内外资一体化发展。

22. 加快建设现代流通体系。抓好交通强国建设试点，打造贯通全省、畅通国内、连接全球的“12312”现代化交通体系。加快推进铁路、高速公路、世界级机场群和港口群等重大交通设施建设，推动“市市通350高铁”，加快推进“5+4”骨干机场项目、通用机场和货运机场建设，大力推进珠江口跨江跨海通道、西部陆海新通道等项目建设，加强国际铁路货运和航空货运能力建设，加密国际航空、海运、铁路运输班次。加快农村公路建设提档升级。完善提升西江、北江、东江航运系统。完善现代商贸流通体系，推动商贸流通设施改造升级，推进物流标准化，发展智能物流，培育具有全球竞争力的流通企业。支持佛山建设生产服务型国家物流枢纽。加快建设重要产品追溯体系，建立以信用为基础的新型监管机制。加快建立应急物流体系。

23. 大力拓展经济纵深。加强与京津冀协同发展、长江经济带发展、长三角一体化发展、海南自由贸易港建设、黄河流域生态保护和高质量发展、成渝地区双城经济圈建设等战略对接、协同联动，推动与雄安新区深度交流合作，深化泛珠三角区域合作。提高交通通达和市场对接效率，支持粤东地区双向链接粤港澳大湾区和海峡西岸城市群，支持粤西地区打造粤港澳大湾区与海南自由贸易港的战略联动走廊，支持北部生态发展区加强与闽赣湘桂等周边区域的经济互动。支持广东优势企业在国内布局建设产业链和产业集群，支持外销产品转内销，推动“广货”深耕国内市场。

六、更大魄力更高起点推进改革开放，打造更高水平的改革开放高地

坚持和完善社会主义基本经济制度，充分发挥市场在资源配置中的决定性作用，更好发挥政府作用，推动有效市场和有为政府更好结合，推进更大范围、更宽领域、更深层次对外开放，构筑现代化建设的强劲动力。

24. 实施创造型、引领型改革。围绕制度建设，发挥“双区”建设重大平台作用，在要素市场化配置、创新链产业链融合发展、激发市场主体活力、优化营商环境、民生服务供给体制、生态环境和城市空间统筹等方面，实施一批战略战役性改革和创造型、引领型改革，不断深化供给侧结构性改革，推动改革举措系统集成、协同高效。全面激发基层改革创新活力，高标准推进广州、深圳、佛山、东莞等改革创新实验区建设，加快改革创新经验平行分享和复制推广，提高改革综合效能。

25. 全面激发市场主体活力。毫不动摇巩固和发展公有制经济，毫不动摇鼓励、支持、引导非公有制经济发展，巩固壮大一批具有强大竞争力的世界级企业，发展提升一批具有行业引领地位的创新型企业，培育打造一批具有高成长性的未来型企业。深化国资国企改革，做强做优做大国有资本和国有企业，探索省属企业集团层面混合所有制改革。加快国有资本布局优化、结构调整、战略性重组，开展区域性国资国企综合改革试验。健全以管资本为主的国有资产监管体制，深化国有资本投资、运营公司改革。优化民营经济发展环境，破除制约民营企业发展的各种壁垒，鼓励参与重大战略、重大项目、重大产业，健全执法司法对民营企业的平等保护机制。健全支持中小微企业和个体工商户发展政策体系。大力弘扬企业家精神、劳模精神和工匠精神。

26. 提高经济治理效能。强化发展规划的战略导向作用，促进财政、就

业、产业、投资、消费、环保、区域等政策紧密配合、协同执行，提高经济运行质量和经济发展韧性。深化政府投资管理体制改革，加大政府投资统筹力度，编制实施政府投资年度计划，提高政府投资效益。加强财政资源统筹，增强重大战略任务财力保障。深化预算管理制度改革，建立与规划相衔接的预算编制机制。建立健全各级政府事权、支出责任和财力相适应的制度，健全省以下财政体制，优化财政转移支付制度，增强基层公共服务保障能力。健全政府债务管理制度，完善地方税费征管机制。推进统计现代化改革。

27. 完善要素市场化配置体制机制。推进要素市场制度建设，健全土地、劳动力、资本、技术、数据等生产要素由市场评价贡献、按贡献决定报酬的机制，实现要素价格市场决定、流动自主有序、配置高效公平。完善土地管理体制，改革创新规划调整、土地供应、收益分配等制度机制，鼓励盘活存量用地，推进珠三角村镇工业集聚区升级改造。推进劳动力要素市场化配置，健全适应超大城市特点的劳动力流动制度。健全要素市场运行机制，发展各类市场化交易平台，完善要素交易规则和服务体系。完善市场出清机制，促进要素资源向优势产业、优势企业流动。

28. 打造市场化法治化国际化营商环境。以数字政府改革建设为先导推进营商环境综合改革，塑造营商环境新优势。积极参与国内统一大市场建设，实施高标准市场体系建设行动。强化竞争政策基础地位，落实公平竞争审查机制，加强反垄断和反不正当竞争执法。加快转变政府职能，深入实施“放管服”改革，全面实行政府权责清单制度，建设职责明确、依法行政的政府治理体系。实施涉企经营许可事项全覆盖清单管理，完善跨地区、跨部门、跨层级协同监管机制，对新产业新业态实行包容审慎监管。推进政务服务标准化、规范化、便利化，深化政务公开。健全重大政策事前评估和事后评价制度，畅通参与政策制定渠道。加快“信用广东”建设，构建覆盖全社会的征信体系。健全政商交往行为规范指引，构建亲清政商关系。深化行业协会、商会和中介机构改革。

29. 全面建设更高水平开放型经济新体制。对标国际最好最优最先进，加快规则、标准等制度型开放，大力推进投资贸易自由化便利化。制定实施广东自贸试验区 4.0 版方案，积极推动扩区，打造高水平对外开放门户枢纽。推动深圳、珠海、汕头经济特区在更高起点上深化改革开放，加大内外贸、投融资、财政税务、金融创新、出入境等改革力度。推动国家级新区、经济技术开发区、海关特殊监管区域等开放平台创新发展，加快推进中新（广州）知识城、中韩（惠州）产业园等国际合作平台建设。用好区域全面经济伙伴关系协定（RCEP）等自贸协定。加快实现高质量引进来和高水平走出去，深化对外投资管理体制改革，严格落实统一的外商投资准入前国民待遇加负面清单管理制度，依法保护外资企业合法权益。完善项目招商引资政策，打造吸引优质外资“强磁场”。

30. 深度参与“一带一路”建设。全面深化务实合作，优化贸易投资布局，更好发挥广东在“一带一路”建设中的战略枢纽、经贸合作中心和重要引擎作用。推进与沿线国家和地区基础设施互联互通，加强海港、空港合作，加快技术标准体系融通对接，拓展第三方市场合作。深化国际产能合作，加强产业链供应链协同合作，带动装备、技术、品牌、服务、标准走出去。高质量建设境外经贸合作区。深化公共卫生、数字经济、绿色发展、科技教育合作，促进人文交流。

七、深入推进“双区”建设，打造更高水平的高质量发展动力源

准确把握、全面贯彻中央战略意图，举全省之力推进粤港澳大湾区建设和支持深圳建设先行示范区，深化粤港澳高水平互利合作，把“双区”打造成为现代化建设的主引擎。

31. 以高水平软硬联通加快粤港澳大湾区世界级城市群建设。大力实施“湾区通”工程，提升市场一体化水平。优先在食品药品安全、环保、通讯、交通、通关、工程建设等粤港澳三地共识度高的领域实现突破。探索更多“一事三地”“一策三地”“一规三地”改革创新举措，推进与港澳在市场准入、标准认定、产权保护等方面接轨，促进人员、货物等各类要素高效便捷流动。实施基础设施互联互通专项规划，高水平打造“轨道上的大湾区”，协同港澳增强世界级机场群和港口群国际影响力，提升现代航运服务水平。携手港澳构建结构科学、集约高效的大湾区发展格局，完善城市群和城镇发展

体系，更好融入全球市场体系，增强全球资源配置能力。

32. 以改革创新推动深圳先行示范区建设。全力支持深圳聚焦“五大战略定位”“三个阶段目标”和“五个率先”重点任务，加快高质量发展，努力创建社会主义现代化强国的城市范例。支持深圳建设现代化国际化创新型城市，建设高层次国际人才集聚区，建设光明科学城、西丽湖国际科教城，强化战略性新兴产业优势。支持深圳加快推进综合改革试点，赋予深圳更大改革自主权，探索实施省级行政管理权限负面清单管理模式，加快构建与国际接轨的金融规则体系，推进人民币国际化先行试点，加快在新经济审慎包容监管等方面先行先试，在重要领域和关键环节改革取得标志性成果。以深圳综合改革试点为牵引，构建全省统筹、全域协同、全链条衔接的工作机制和改革生态，带动广东改革向纵深推进，为全国制度建设作出重要示范。

33. 以支持深圳同等力度支持广州建设国际大都市。支持广州实现老城市新活力和“四个出新出彩”，加快建设具有经典魅力和时代活力的国际大都市。支持广州强化省会城市功能，推动国家中心城市和综合性门户城市建设上新水平，打造国际综合交通枢纽、教育医疗中心和对外文化交流门户。支持广州大力发展新一代信息技术、生物医药、智能汽车等产业，高水平建设人工智能与数字经济试验区，提升总部经济发展水平，打造具有全球影响力的现代服务经济中心。支持广州深化城市更新，强化宜居环境建设，全面提升城市品质。

34. 以深化广深“双城”联动强化核心引擎功能。推动广州、深圳立足全局谋划城市功能布局和现代产业发展，完善发展联动机制，全面深化战略协同、战略合作，建设具有全球影响力的大湾区“双子城”，放大辐射带动和示范效应。着力建设“半小时交通圈”，推进建设广州至深圳高铁新通道。全面加强产业合作，协同布局一批重大科技基础设施，联合实施一批战略性新兴产业重大工程。加快推进生态环保、医疗卫生、教育文化、社会保障等领域深度合作，加强在超大型城市治理、营造国际一流营商环境等方面有效联动。携手增强链接国内国际双循环功能，共同提高对构建新发展格局战略支点的支撑作用。

35. 以强化区域协同创新打造国际科技创新中心。深化与港澳科技创新交流合作，构建开放型融合发展的区域协同创新共同体，打造全球科技创新高地和新兴产业重要策源地。更好发挥港澳开放创新优势和珠三角产业创新优势，强化国际创新资源集聚能力、科技成果转化能力，更好融入全球创新网络，加快形成开放互通、布局合理的区域创新体系。探索促进创新要素跨境流动和区域融通的政策举措，深化粤港澳创业孵化、科技金融、成果转化等领域合作，提高广深港、广珠澳科技创新走廊建设水平。强化珠三角国家自主创新示范区辐射带动作用，推动实现国家级高新区地市全覆盖。

36. 以共建重大发展平台拓展粤港澳协同发展空间。强化深圳前海、广州南沙、珠海横琴先导作用，探索粤港澳深度合作、协同发展新模式，为港澳经济发展提供新动能、创造新空间。优化提升深圳前海深港现代服务业合作区功能，创新发展金融、物流、文化创意等产业，建设国际化城市新中心。打造深港口岸经济带，推进河套深港科技创新合作区建设。打造广州南沙粤港澳全面合作示范区，加快建设大湾区国际航运、金融和科技创新功能的承载区。推进横琴粤澳深度合作区建设，助力澳门经济适度多元发展。加快粤港澳大湾区（珠西）高端产业集聚发展区建设，打造珠江口西岸新的经济增长极。推进建设粤港澳青年创新创业基地等一批交流合作平台。提升粤台产业合作水平。

八、优先发展农业农村，推进更高水平的乡村振兴

坚持把解决好“三农”问题作为工作重中之重，全面实施乡村振兴战略，强化以工补农、以城带乡，推动城乡融合发展，发展精细农业、建设精美农村、培养精勤农民，加快农业农村现代化。

37. 提高农业质量效益和竞争力。坚持科技兴农、质量兴农、品牌兴农，推动农业供给侧结构性改革，大力发展富民兴村产业。以保障粮食安全为底线，健全农业支持保护制度。落实最严格的耕地保护制度，持续推进高标准农田建设，推广设施大棚等装备技术。实施现代种业提升工程，健全动物防疫、农作物和森林病虫害防治体系。发展“跨县集群、一县一园、一镇一业、一村一品”现代农业产业体系，实施现代农业产业园能级提升行动，深入实

施“米袋子”“菜篮子”“果盘子”“水缸子”“茶罐子”系列培育工程，打造荔枝、菠萝、柚子等岭南优势产业带，提高农业绿色化、特色化、品牌化水平。保障重要农产品供给安全，提升收储调控能力。开展粮食节约行动。推动农村一二三产业融合发展，发展数字农业和智慧农业，依托互联网和现代物流打开农产品市场，拓展农民增收空间。

38. 实施乡村建设行动。统筹城乡规划、建设和发展，推动农村面貌全面提升。把乡镇建成服务农民的区域中心，推进城乡基本公共服务标准统一、制度并轨。推动农村基础设施提档升级，加快补齐乡村供水、供电、道路、信息网络、农田水利、冷链物流等基础设施短板。大力建设富有岭南风韵的精美农村，深化农村人居环境整治，全面推进农房管控和乡村风貌提升，全域推进农村改厕、生活垃圾处理和污水治理，提升农房建设质量，科学治理“空心村”，促进乡村民宿建设，发展乡村美丽经济。培养造就新型农民队伍，加强乡村人力资本开发，推动农民全面发展。

39. 深化农村改革。健全城乡融合发展机制，推动城乡要素平等交换、双向流动，增强农业农村发展活力。落实第二轮土地承包到期后再延长三十年政策。探索农村土地所有权、承包权、经营权分置有效实现形式，推动农村土地承包经营权有序流转。深化宅基地、农村集体产权等制度改革，发展新型农村集体经济。探索建立城乡统一的建设用地市场，积极探索实施农村集体经营性建设用地入市制度，强化土地出让收入优先支持乡村振兴政策。建立土地征收公共利益用地认定机制，缩小土地征收范围。构建新型助农服务体系，培育壮大农业龙头企业、农民合作社、家庭农场等新型农业经营主体。健全农村金融服务体系，发展农业保险。高水平建设国家城乡融合发展试验区广清接合片区。

40. 实现巩固拓展脱贫攻坚成果同乡村振兴有效衔接。健全农村低收入人口和欠发达地区帮扶机制，实施新一轮对口帮扶和“万企帮万村”行动。健全防止返贫监测机制，加强扶贫项目资金资产管理和监督，保持财政投入力度总体稳定，建立“三农”投入稳定增长机制，增强欠发达地区内生发展能力。健全农村社会保障和救助制度。全力落实国家关于东西部协作、对口支援、对口合作部署。

九、高质量加快构建“一核一带一区”区域发展格局，推进更高水平的区域协调发展

深入实施主体功能区战略和新型城镇化战略，优化资源要素配置与生产力空间布局，加快形成主体功能明显、优势互补、高质量发展的区域经济布局，建设更高水平的现代化区域协调发展体系。

41. 大力推动“一核一带一区”建设。珠三角核心区突出创新驱动、示范带动，推进深度一体化，延伸产业链创新链布局，加快构建以创新为引领的现代化经济体系。沿海经济带突出陆海统筹、港产联动，做强省域副中心城市，推动完善“双核+双副中心”动力机制，加快构建世界级沿海产业带。北部生态发展区突出生态优先、绿色发展，加强城市功能建设，建立以生态农业、绿色工业、生态旅游为主体的生态产业体系，打造生态经济发展新标杆。支持广清经济特别合作区、深汕特别合作区建设上新水平。加大政策支持力度，促进老区苏区、民族地区、老工业地区和资源型地区等加快振兴发展。推动基础设施互联互通、产业共建协作协同、生态环保联防联治、民生保障畅顺衔接，推动“核”“带”“区”在打造新发展格局战略支点中一体协同、各扬所长。

42. 深入推进以人为核心的新型城镇化。树立全周期管理理念，统筹城市规划、建设、管理，使城市更健康、更安全、更宜居。增强中心城市、城市群和都市圈综合承载能力，推动珠江口东西两岸融合互动，促进大中小城市和小城镇协调发展，建设发展一批产城融合、职住平衡、生态宜居、交通便利的郊区新城。实施城市更新行动，加强城镇老旧小区改造和完整社区建设，建立高质量城市生态系统，强化历史文化保护、塑造城市风貌，增强城市防洪排涝能力，建设海绵城市、韧性城市。提高城市治理水平，加强特大城市治理中的风险防控。推动广州、深圳加快城市治理体系和治理能力现代化，合理控制中心城区人口密度和开发强度，以“绣花”功夫提升城市管理科学化精细化智能化水平，努力走出一条符合超大城市特点和规律的治理新路子。坚持房子是用来住的、不是用来炒的定位，租购并举、因城施策，有效增加

保障性住房供给，促进房地产市场平稳健康发展。深化户籍制度改革，完善财政转移支付和城镇新增建设用地规模与农业转移人口市民化挂钩政策，完善基本公共服务与常住人口挂钩机制，加快农业转移人口市民化。

43. 推动县域高质量发展。制定推动县域高质量发展的政策，实施强县行动，推动更多县（市）迈入全国百强行列。推动县域产业发展提质，宜农则农、宜工则工、宜游则游。提高县城规划建设、服务管理水平，强化基础设施支撑和公共服务保障。支持一批基础好、潜力大、有特色的县城重点发展，加快补齐公共卫生、人居环境、公共服务、市政设施、产业配套短板。整体谋划和推进与闽赣湘桂四省（区）边界县（市）发展。

44. 建设海洋强省。打造具有国际竞争力的海洋产业发展高地，重点发展海洋油气、海洋高端装备、海洋生物等产业集群，培育天然气水合物等海洋新兴产业，推进海洋交通运输、船舶制造、临海石化钢铁等产业转型升级。积极建设海洋牧场。加快推进建设滨海旅游公路，发展国际邮轮母港，建设以海岛旅游为主的海洋旅游产业集群。推进海洋科技创新，支持深圳建设全球海洋中心城市。加强自然岸线资源管控，强化海岸带、近海海域和海岛等生态系统保护与修复。

十、推动文化大发展大繁荣，建设更高水平的文化强省

坚持马克思主义在意识形态领域的指导地位，坚定文化自信，坚持以社会主义核心价值观引领文化建设，推动“两个文明”协同发展，围绕举旗帜、聚民心、育新人、兴文化、展形象的使命任务，促进满足人民文化需求和增强人民精神力量相统一，努力塑造与经济实力相匹配的文化优势，进一步凸显文化在现代化建设中的地位和作用。

45. 提高社会文明程度。推动形成适应新时代要求的思想观念、精神面貌、文明风尚、行为规范。深入实施习近平新时代中国特色社会主义思想传播工程，引导全社会坚定主心骨。推动理想信念教育常态化制度化，加强党史、新中国史、改革开放史、社会主义发展史教育，加强爱国主义、集体主义、社会主义教育，深化中国特色社会主义和中国梦宣传教育。弘扬党和人民在各个历史时期奋斗中形成的伟大精神，推进公民道德建设。实施全域文

明创建工程，全面提升珠三角文明城市群创建水平，加快粤东粤西粤北文明城市建设，高标准推进新时代文明实践中心建设。健全志愿服务体系，广泛开展志愿服务关爱行动。弘扬诚信文化，推进诚信建设。提倡艰苦奋斗、勤俭节约，开展以劳动创造幸福为主题的宣传教育。加强家庭、家教、家风建设。加强网络文明建设和网络空间治理，培育积极健康的网络文化。

46. 大力发展文化事业。全面繁荣新闻出版、广播影视、文学艺术、哲学社会科学事业。大力实施作品质量提升工程，加强现实题材创作生产，推出一批反映时代新气象、讴歌人民新创造的文艺精品力作。推进媒体深度融合，加快构建网上网下一体、内宣外宣联动的主流舆论格局，扎实推进全媒体传播工程，做强新型主流媒体，建强用好学习强国广东平台、县级融媒体中心。实施岭南文化“双创”工程，推动岭南美术、广东音乐、粤剧、潮剧及岭南地方戏曲等繁荣发展，加强文物古籍、自然遗产、非物质文化遗产系统性保护，加强红色革命遗址保护利用，建设长征国家文化公园（广东段）。高水平建设国家版本工程广州项目、“三馆合一”等重点设施，打造岭南文化新地标。推进城乡公共文化服务体系一体建设，创新实施文化惠民工程，广泛开展群众性文化活动，推动公共文化数字化建设，推进全省基层综合性文化服务中心全覆盖全达标。筹办好第三届亚洲青年运动会。

47. 高质量发展文化产业。坚持把社会效益放在首位、社会效益和经济效益相统一，深化文化体制改革，完善文化产业规划和政策，壮大文化市场主体，扩大优质文化产品供给，全力推进粤港澳大湾区文化产业圈建设。深入实施广东卫视、珠影集团、文艺院团等振兴计划，做优做强国有文化企业，培育打造一批文艺高新技术企业。以数字化战略为牵引，大力发展新型文化产业、文化消费模式，带动中高端文化产品及服务发展。实施文化产业园区提质工程，推动建设珠江文化产业带。推进文化和旅游融合发展，建设粤港澳大湾区世界级旅游目的地和粤北生态休闲旅游高地，将港珠澳大桥打造成为世界级地标景点景区，大力发展红色旅游、工业旅游、乡村旅游、民族民俗旅游。办好深圳文博会、广州文交会。创新推进国际传播，讲好广东故事、大湾区故事、中国故事。

十一、推动绿色发展，建设更高水平的美丽广东

深入践行习近平生态文明思想，牢固树立绿水青山就是金山银山理念，深入实施可持续发展战略，巩固污染防治攻坚战成果，打好生态文明建设持久战，建设人与自然和谐共生的现代化。

48. 推动绿色低碳发展。统筹布局和优化提升生产、生活、生态空间，建立和完善生态保护红线、环境质量底线、资源利用上线和生态环境准入清单“三线一单”生态环境空间分区管控体系。培育壮大环保产业，推动绿色低碳技术创新和清洁生产，推进绿色化改造，发展绿色建筑。推进能源革命，积极发展风电、核电、氢能等清洁能源，建设清洁低碳、安全高效、智能创新的现代化能源体系。倡导简约适度、绿色低碳的生活方式，开展绿色生活创建活动。制定实施碳排放达峰行动方案，推动碳排放率先达峰。

49. 推进环境质量全面改善。坚持精准治污、科学治污、依法治污，深入打好污染防治攻坚战。构建碳排放和大气污染物协同防控体系，推动空气质量持续改善。加强水环境治理、水资源保护、水生态修复、水安全保障，推进国考断面水质达标攻坚，实现县级以上城市建成区黑臭水体全面清除、重污染河流全面达标，全面加强近岸海域污染防治。强化土壤污染源头管控，实施化肥农药使用量负增长行动。大力处置固体废物，加强白色污染、危险废物、医疗废物、新污染物治理。建立覆盖城乡的环保基础设施体系。

50. 提升生态系统质量和稳定性。统筹推进山水林田湖草系统治理，守住自然生态安全边界，打造以南岭山地、蓝色海岸带为屏障，以珠三角国家森林城市群为内核，连接珠江生态绿色水网的生态格局。实施生物多样性保护工程。加强外来物种管控。实施重要生态系统保护和修复重大工程，实施新一轮绿化广东大行动，建设广东南岭国家公园。高质量建设江河安澜、秀水长清的万里碧道，推进江河湖海生态保护与修复治理。

51. 全面提高资源利用效率。健全自然资源资产产权管理制度，建立生态产品价值实现机制，完善自然资源有偿使用制度和市场化、多元化的生态补偿。大力实施节水行动，强化水资源刚性约束。推动土地资源合理配置和集约高效利用。推进自然资源要素市场化，完善资源要素价格形成机制。推动

废旧物资循环利用，全面推进垃圾分类和减量化、资源化、无害化，建设“无废城市”“无废湾区”。

52. 构建现代环境治理体系。建立健全绿色发展法规政策体系，更好运用法律、经济、行政、技术等手段提高环境治理效能。实施最严格的生态环境保护制度，全面实行排污许可制，强化环境保护、节能减排降碳约束性指标管理，推进用水权、用能权、排污权、碳排放权市场化交易，加强生态环境保护督察。充分发挥河湖长制作用，推进林长制，建立完善生态监管体系。

十二、改善人民生活品质，建设更高水平的幸福广东

坚持以人民为中心的发展思想，尽力而为、量力而行，健全基本公共服务体系，不断提高社会建设水平，促进人的全面发展和社会全面进步，扎实推动全体人民共同富裕的现代化。

53. 普遍提高居民收入水平。坚持按劳分配为主体、多种分配方式并存，提高劳动报酬在初次分配中的比重，让更多普通劳动者通过自身努力进入中等收入群体。完善工资制度，健全工资合理增长机制和最低工资标准调整机制。建立健全科研、技术、管理等人才薪酬激励机制。健全各类生产要素由市场决定报酬的机制，探索通过土地、资本等要素使用权、收益权增加中低收入群体要素收入。多渠道增加城乡居民财产性收入。加大税收、社保、转移支付等调节力度和精准性，加快发展慈善等社会公益事业。规范收入分配秩序，着力提高低收入者收入，合理调节过高收入，取缔非法收入，改善收入和财富分配格局。

54. 实现更加充分更高质量就业。强化就业优先政策，坚持经济发展就业导向，扩大就业容量，提升就业质量，促进充分就业，保障劳动者待遇和权益。高质量推动“粤菜师傅”“广东技工”“南粤家政”三项工程，加快实施“农村电商”“乡村工匠”“高素质农民培育”重点工程。健全就业公共服务体系，大力培育和规范人力资源市场，完善重点群体就业支持体系，健全就业困难人员托底帮扶机制，健全终身职业技能培训制度。健全政府、工会、企业共同参与的新型劳动关系协调机制，构建和谐劳动关系。深入实施“大众创业、万众创新”，促进创业带动就业。健全就业需求调查和失业监测预警

机制。

55. 建设现代化教育高地。全面贯彻党的教育方针，落实立德树人根本任务，加强师德师风建设，培养德智体美劳全面发展的社会主义建设者和接班人。健全学校家庭社会协同育人机制，提升教师教书育人能力素质，重视青少年身体素质和心理健康教育。坚持教育公益性原则，办好办强公办义务教育，加大学位供给，推进义务教育优质均衡发展和城乡一体化。推动学前教育普及普惠安全优质发展，推进普通高中教育优质特色多样化发展，推动中等职业教育和普通高中教育协调发展，深化特殊教育公平融合发展，加强专门教育保障。增强职业教育适应性，深化职普融通、产教融合、校企合作，探索中国特色学徒制。加快世界一流大学和一流学科建设，扩大高等学校办学自主权，加快培养理工农医类专业紧缺人才。深化新时代教育评价改革，深化教育领域综合改革，完善中小学入学制度、高考选拔机制。建设粤港澳国际教育示范区，积极引进世界知名大学和特色学院来粤办学，探索优势院校海外（境外）办学。支持粤东粤西粤北地区提高教育水平。支持和规范民办教育发展，规范校外培训机构。完善终身学习体系。

56. 建设全覆盖可持续的多层次社会保障体系。加快发展以基本养老保险为基础、以企业（职业）年金为补充、个人储蓄性养老保险和商业养老保险相衔接的多层次、多支柱养老保险体系，对接养老保险全国统筹，实施渐进式延迟法定退休年龄。实现基本医疗保险、失业保险省级统筹，完善工伤保险制度。健全重特大疾病医疗保险和救助制度，完善异地就医结算，加快建立长期护理保险制度，发展商业健康保险。健全灵活就业人员社保制度。推进社保转移接续便利化，促进城乡、区域、群体间保障水平合理衔接。完善全省统一的社会保险公共服务平台。统筹健全社会救助、福利慈善、优抚安置等制度，加强对残疾人、孤儿、留守儿童等困难群众和特殊群体的关爱帮扶，完善基本民生保障兜底机制。贯彻男女平等基本国策，保障妇女儿童合法权益。健全退役军人工作体系和保障制度。

57. 全面推进健康广东建设。把保障人民群众健康放在优先发展的战略位置，贯彻预防为主的方针，深入实施健康广东行动，提高全方位全周期健康服务水平。完善公共卫生应急管理体系，建立稳定的公共卫生事业投入机制，加强人才队伍建设，完善突发公共卫生事件监测预警处置机制。坚持从以治病为中心转向以健康为中心，完善居民健康促进政策，深入开展爱国卫生运动，完善全民健身公共服务体系。推进优质医疗资源扩容和区域均衡布局，加快建设高水平医疗平台，打造国家医学中心和国家区域医疗中心，提升基层医疗服务能力。坚持基本医疗卫生事业的公益属性，深化医疗、医保、医药联动改革，完善分级诊疗制度、医防协同机制，深化公立医院改革，推进药品和耗材集中采购使用，发展具有自主知识产权的高端医疗设备。规范社会办医，发展远程医疗、网络医院。坚持中西医并重，大力发展中医药事业，建设中医药强省，打响南药品牌。提升健康教育、慢病管理和残疾康复服务质量，加强精神卫生和心理健康服务。

58. 实施积极应对人口老龄化国家战略。落实人口长期发展战略，强化生育政策的配套衔接，提高优生优育服务水平，发展普惠托育服务体系，降低生育、养育、教育成本，促进人口长期均衡发展，提高人口素质。推动养老事业和养老产业协同发展，健全基本养老服务体系，发展普惠型养老服务和互助性养老，支持家庭承担养老功能，培育发展养老新业态，构建居家社区机构相协调、医养康养相结合的养老服务体系，完善老年社会福利和社会救助体系，加强养老服务综合监管。支持广州深化国家医疗养老结合试点。积极开发老龄人力资源，加快发展银发经济，发展智慧智能养老产品和服务。

59. 加强和创新社会治理。健全党组织领导的自治、法治、德治相结合的城乡基层治理体系，完善基层民主协商制度，实现政府治理同社会调节、居民自治良性互动，建设人人有责、人人尽责、人人享有的社会治理共同体。全面促进社会融合，不断拓展外来人口参与社会治理的途径方法，发挥群团组织和社会组织在社会治理中的作用，畅通和规范市场主体、新社会阶层、社会工作者和志愿者等参与社会治理的途径，加强外国来粤人员服务管理和国际化社区治理。完善少数民族流动人口服务管理体系，全面深入持久开展民族团结进步创建工作。推动社会治理重心向基层下移，向基层放权赋能，加强城乡社区治理和服务体系建设，加强基层社会治理队伍建设，构建网格化管理、精细化服务、信息化支撑、开放共享的基层管理服务平台。加强和创新市域社会治理，开展市域社会治理现代化试点。完善“小切口大变化”民生实事办理制度，持续推进畅顺春运、平安高考、“厕所革命”、制止餐饮浪费等。

十三、统筹发展和安全，建设更高水平的平安广东

坚持总体国家安全观，把安全发展贯穿发展各领域和全过程，坚决防范和化解影响现代化进程的各种风险，守好国家安全“南大门”，把广东建设成为全国最安全稳定、最公平公正、法治环境最好的地区之一，筑牢现代化建设的安全基石。

60. 加强国家安全体系和能力建设。健全国家安全法治体系、政策体系、人才体系和运行机制，提升保障国家安全的能力。完善全国全省“一盘棋”应急响应机制和重大突发事件“四个一”应急处置机制。坚定维护国家政权安全、制度安全、意识形态安全，严密防范和严厉打击敌对势力渗透、破坏、颠覆、分裂活动。加强网络、高校、青年等重要阵地管理建设，深入实施网络意识形态安全“护城河”工程，强化网络安全保障体系和能力建设。加强国防动员能力建设，健全强边固防机制，加强国家安全宣传教育，增强全民国家安全意识，巩固国家安全人民防线。

61. 确保经济安全。加强经济安全风险预警、防控机制和能力建设，实现重要产业、基础设施、战略资源、重大科技等关键领域安全可控，推动稳增长和防风险长期均衡。实施产业竞争力调查和评价工程，加强产业全球布局和合作，打造具有更强创新力、更安全可靠的产业链供应链。确保粮食安全，保障能源和战略性矿产资源安全。维护水利、电力、供水、油气、交通、通信、网络、金融等重要基础设施安全。着力防范化解金融、债务领域风险，防止经济领域风险向社会、民生等领域传导。确保生态安全，加强核安全监管，维护新型领域安全。加强海外合法利益保护。

62. 保障人民生命安全。提高安全生产水平，完善和落实安全生产责任制，压实企业主体责任，加强安全生产监管执法，有效遏制危险化学品、矿山、建筑施工、交通等重特大安全事故。确保城乡居民饮用水安全，提高供

水品质。强化食品药品安全，健全质量追溯制度和体系。有效维护生物安全，支持广州创建国家生物安全治理试验区。提高防灾减灾抗灾救灾能力，发展巨灾保险，有效防范台风、洪涝等自然灾害。完善应急管理体系，健全重大疫情防控机制，提高基层应急管理水平和公众自救互救能力，加强重要物资保障体系和储备基础设施建设。

63. 维护社会稳定和安全。正确处理新形势下人民内部矛盾，坚持和发展新时代“枫桥经验”，健全规范群众诉求表达、利益协调、权益保障机制，深化信访制度改革，构建源头防控、排查梳理、纠纷化解、应急处置的社会矛盾综合治理机制。健全社会心理服务体系和危机干预机制。坚持专群结合，创新社会动员机制，形成更加开放、灵活、有效的群防群治格局。加强立体化、智能化社会治安防控体系建设，补齐政法基础设施短板，坚决防范和打击暴力恐怖、黑恶势力、新型网络犯罪和跨国犯罪，建立常态化扫黑除恶机制，保持社会和谐稳定。

十四、加强党的全面领导和党的建设，确保全面建设社会主义现代化沿着正确方向前进

实现“十四五”规划和二〇三五年远景目标，必须坚持党的全面领导，深入贯彻新时代党的建设总要求，推动全省党员、干部增强“四个意识”、坚定“四个自信”、做到“两个维护”，广泛凝聚推动发展的强大合力，把现代化建设更加有力地推向前进。

64. 把“两个维护”落实到全面建设社会主义现代化的全过程各方面。坚持把党的政治建设摆在首位，始终把学习贯彻习近平新时代中国特色社会主义思想作为头等大事和首要政治任务，坚持用党的创新理论“铸魂”，全面落实第一议题制度。坚决贯彻落实习近平总书记、党中央决策部署，严格执行坚决落实“两个维护”十项制度机制，进一步严明政治纪律和政治规矩，严守“三个决不允许”。更加自觉运用习近平总书记教给的世界观方法论谋划发展、推动工作，完善“大学习、深调研、真落实”工作方法，持之以恒实施“1+1+9”工作部署，用工作体现忠诚老实，用发展体现担当负责，用解决问题体现落实成效。

65. 以高质量党建引领全面建设社会主义现代化。落实全面从严治党主体责任、监督责任，提高党的建设质量。学习运用中国共产党一百年的宝贵经验，教育引导广大党员、干部坚持共产主义远大理想和中国特色社会主义共同理想，永葆初心与使命。全面贯彻新时代党的组织路线，织密上下贯通、执行有力的组织体系，实施新一轮加强基层党组织建设三年行动计划，优化提升“头雁”工程，扩大基层党的组织覆盖和工作覆盖，更高标准、更大力度推动基层党组织全面进步全面过硬。坚持党管干部原则，落实好干部标准，建设政治过硬、具备领导现代化建设能力的干部队伍，提高各级领导班子和干部落实新发展理念、构建新发展格局的能力，加强对敢担当善作为干部的激励保护，以正确用人导向引领干事创业导向。完善人才工作体系，培养造就大批德才兼备的高素质人才。把严的主基调长期坚持下去，锲而不舍落实中央八项规定精神，持续纠治形式主义、官僚主义，切实为基层减负。深化运用监督执纪“七个看”和问责“六字诀”，统筹推进纪律监督、监察监督、派驻监督、巡视巡察监督，加强政治监督，强化对公权力运行的制约和监督。一体推进不敢腐、不能腐、不想腐，深入整治群众身边腐败和作风问题，营造风清气正的良好政治生态。

66. 推进社会主义政治建设。全面建设社会主义现代化必须充分调动一切积极因素，团结一切可以团结的力量。坚持党的领导、人民当家作主、依法治国有机统一，推进中国特色社会主义政治制度自我完善和发展。强化党领导一切的工作机制，发挥党总揽全局、协调各方作用，支持人大、政府、政协、监察机关、司法机关依法依章程履职尽责。坚持和完善人民代表大会制度，加强人大对“一府一委两院”的监督，保障人民依法通过各种途径和形式管理国家事务、管理经济文化事业、管理社会事务。坚持和完善中国共产党领导的多党合作和政治协商制度，加强人民政协专门协商机构建设，发挥社会主义协商民主独特优势，提高建言资政和凝聚共识水平。充分发挥工会、共青团、妇联等人民团体的桥梁纽带作用，把各自联系的群众紧紧凝聚在党的周围。完善大统战工作格局，做好民族和宗教工作，充分发挥民主党派、工商联和无党派人士、新的社会阶层人士作用，凝聚港澳台同胞和海外侨胞力量，巩固和发展大团结大联合局面。

67. 推进法治广东建设。全面贯彻习近平法治思想，强化科学立法、严格执法、公正司法、全民守法，运用法治思维和法治方式深化改革、推动发展、化解矛盾、维护稳定、应对风险。加强市场经济、社会治理、民生保障等重点领域和新兴领域立法，严格规范公正文明执法，促进司法公正，深入开展法治宣传教育，建设德才兼备的高素质法治工作队伍，加快建设现代公共法律服务体系。有效发挥法治固根本、稳预期、利长远的保障作用，让法治成为社会共识和基本准则，努力建设更高水平的法治广东。

68. 健全规划制定和落实机制。制定省和各市“十四五”规划纲要和专项规划，形成定位准确、边界清晰、功能互补、统一衔接的规划体系。健全政策协调和工作协同机制，完善规划实施监测评估机制，把规划实施情况作为绩效考核重要依据，确保中央以及省委关于“十四五”发展的决策部署落到实处。

实现“十四五”规划和二〇三五年远景目标，意义重大，任务艰巨，前景光明。全省广大党员干部群众要更加紧密地团结在以习近平同志为核心的党中央周围，不忘初心、牢记使命、接续奋斗，以一往无前的奋斗姿态、风雨无阻的精神状态，推动广东在全面建设社会主义现代化国家新征程中走在全国前列、创造新的辉煌！

（三）广东省人民政府关于支持汕头华侨经济文化合作试验区高质量发展的若干意见

广东省人民政府关于支持汕头华侨经济文化合作试验区高质量发展的若干意见

（粤府〔2020〕33号）

各地级以上市人民政府，省政府各部门、各直属机构：

为深入贯彻落实《国务院关于支持汕头经济特区建设华侨经济文化合作试验区有关政策的批复》精神，推动华侨经济文化合作试验区（以下简称“华侨试验区”）全面深化改革扩大开放，更好地服务国家发展大局，促进海外华侨华人与祖国经济深度融合发展，现提出以下意见。

一、总体要求

以习近平新时代中国特色社会主义思想为指导，全面贯彻落实党的十九大和十九届二中、三中、四中全会精神，深入贯彻习近平总书记对广东重要讲话和重要指示批示精神，紧紧抓住“双区”建设战略机遇，总结经济特区建立40年来的宝贵经验和深刻启示，推动华侨试验区聚集华侨华人资源创新发展，建立健全符合广大海外华侨华人意愿和国际通行规则的跨境投资、贸易机制，打造稳定公平透明、可预期的营商环境，构建高质量发展的现代产业体系，建设华侨华人文化交流合作基地，为焕发汕头经济特区新活力，加快建设省域副中心城市、打造现代化沿海经济带重要发展极提供新动能，为新时代广东全面深化改革扩大开放探索新路径，把汕头经济特区建设成为21世纪海上丝绸之路重要门户。

二、大力推进简政放权

（一）依法赋予华侨试验区管理委员会（以下简称“华侨试验区管委会”）地级市经济管理权限，统筹负责华侨试验区范围内的经济管理事项，并承接省政府及其有关部门依法赋予的部分省级经济管理权限。

（二）对法律、法规和规章规定由省级人民政府及其有关部门行使的经济管理权限，除确需由省级统一协调管理的事项外，省政府依法赋予华侨试验区管委会实施。

（三）对法律、法规和规章规定不得委托或授权，以及需省政府及其有关部门综合平衡的其他省级经济管理权限，华侨试验区管委会与省政府及其有关部门建立直报制度。

（四）由中国（广东）自由贸易试验区等重大平台管理机构实施的省级管理权限，以及向其开通“绿色通道”的省级管理权限，同等适用于华侨试验区。

（五）除法律、法规和规章规定不得委托或授权外，汕头市及龙湖、濠江、澄海区政府将涉及华侨试验区的经济管理权限以清单形式依法赋予华侨试验区管委会行使。

三、加快基础设施建设

（六）支持加快建设广澳港区三期工程、广澳港疏港铁路项目，将汕头港打造成为商贸服务型国家物流枢纽港。加快推进在广澳港区规划建设粤电汕头 LNG 项目。统筹推进南澳联络线项目工作。

（七）支持华侨试验区构建多层次基础设施建设投融资机制，鼓励采取政府和社会资本合作等多种方式开展基础设施和公共服务设施建设运营，探索吸引华侨华人资本参与华侨试验区基础设施建设和运营的有效模式和支持政策。对华侨试验区符合条件的基础设施项目，支持其发行企业债券融资，并优先支持申报中央和省预算内投资计划及地方政府专项债券。

四、加快发展现代服务业

（八）支持华侨试验区与中国（汕头）跨境电子商务综合试验区融合发展，结合华侨试验区布局打造功能齐全的跨境电子商务产业园区，发挥华侨华人资源优势，在产业数字化、全球营商网络、跨境电子商务金融等方面先行先试，积极探索建立加快跨境电子商务发展的新体制新机制。

（九）加快推进汕头综合保税区建设，支持发挥其区位优势和政策优势，发展保税加工、保税物流、保税服务等业务，促进汕头综合保税区高水平开放高质量发展。

（十）支持华侨试验区依托汕头国际海缆登陆站及卫星地面接收站优势，规划建设国家数字经济创新发展试验区粤东片区，积极发展大数据产业，加快建设主导产业突出、创新能力强、体制机制先行先试的服务外包产业集聚区。

（十一）支持华侨试验区发展特色金融、商务会展、文化创意、旅游休闲、教育培训、医疗服务等现代服务业，支持华侨试验区探索建设面向全球华侨华人科技成果转化中心，搭建服务全球华侨华人技术交易市场和知识产权交易市场，积极引导侨资侨智创新创业，推动东南亚华侨华人传统品牌落地华侨试验区。

（十二）支持在华侨试验区发展邮轮、游艇旅游和配套产业链。规划建设国际邮轮停靠港，与广州南沙、深圳蛇口、福建厦门等邮轮母港合作开发面向港澳台、南太平洋岛国等地邮轮航线。

五、打造区域人才发展高地

（十三）加快集聚爱国奉献华侨华人人才，对标国际通行标准，争取适用国际人才管理改革试点政策，支持在人才引进、培养、使用、管理服务等体制机制方面先行先试，激励高层次人才在华侨试验区创新创业，促进高层次科技成果转化。

（十四）支持华侨试验区建设新型研发机构。鼓励华侨华人资本和社会力量兴办新型研发机构，对满足条件的新型研发机构，在项目申报、职称评审、人才培养等方面享受科研事业单位同等待遇。

（十五）支持以“侨”引才，探索与港澳在服务贸易相关的人才培养、资格互认、标准制定等方面开展合作，拓宽港澳专业人士在华侨试验区执业范围。

（十六）支持国（境）外高水平大学在华侨试验区建设涵盖本硕博人才培养体系的合作办学机构。对落地汕头省属公办本科高校，省财政按省属公办本科高校生均相关政策给予补助。

六、加强文化交流与合作

（十七）支持华侨试验区建设一批华侨华人文化产业示范项目，活化华侨华人传统文化，充分用好潮汕地区老字号、方言、侨批等丰富华侨文化资源，推动华侨华人文化产业集聚发展。支持在华侨试验区内设立华侨华人文化创意产品（含生产设计）交易市场。支持侨资影视文化企业集团注册落户华侨试验区，鼓励制作弘扬中华民族优秀传统文化的潮汕、客家等方言影视作品。

（十八）支持华侨试验区搭建多元文化交流合作事业发展平台。支持建设潮汕、客家方言教育培训中心。支持规划建设华侨文化资源展示平台。鼓励华侨华人社团、协会等民间组织注册落户华侨试验区，畅通华侨华人多途径参与文化交流合作渠道和机制，将华侨试验区打造成为凝聚华侨华人的精神纽带。

（十九）支持举办华侨华人经济文化国际交流合作会议或论坛。支持办好第三届亚洲青年运动会（以下简称“亚青会”），并充分利用亚青会体育设施举办一批具有影响力的国际国内体育赛事。支持加强乒乓球、跳水、帆船等项目国家和省训练基地建设。

七、强化土地管理和用地保障

（二十）加强对华侨试验区重大项目用地保障，支持华侨试验区在存量土地开发、土地立体利用等方面先行先试，推动自然资源节约集约高效利用，探索国土空间统筹利用新路径，在土地使用性质变更、土地开发、土地资本属性等领域探索新模式。优化国土空间规划实施管理机制，统筹协调辖区内国土空间规划编报工作。

（二十一）支持华侨试验区深化海岸带管理体制改革，建设汕头海岸带保护与利用综合示范区，优先在省级财政“海洋资源管理”专项资金中给予安排。

八、加大财税支持力度

（二十二）支持华侨试验区管委会按规定设立金库，并行使相关财政管理职权，享有相应财税收益权和留存部分支配使用权。在符合设立税务机构条件下，支持省级税务管理部门向上级主管机关申请在华侨试验区设立税收征管机构。

（二十三）强化省级财政支持力度，探索建立支持华侨试验区高水平建设财政扶持机制。统筹用好省财政安排的华侨试验区专项补助等各类转移支付资金，对华侨华人资本、技术、人才参与华侨试验区建设进行扶持奖励。

九、加强组织领导

（二十四）建立促进华侨试验区高质量发展省级协调机制，加强对华侨试验区开发建设统筹协调，解决华侨试验区发展过程中遇到的困难和问题。省有关部门要加强对华侨试验区指导和服务，研究制定具体可行的政策措施，支持华侨试验区更加紧密参与“双区”建设，复制推广“双区”建设制度经验；要加强与国家有关部门对接，争取国家对华侨试验区开发建设更多政策支持。汕头市要履行主体责任，切实加强领导，完善工作机制，明确工作责任，把握战略定位，聚焦重点任务，扎实推进华侨试验区高质量发展。

广东省人民政府

2020 年 6 月 9 日

二、2020 年广东区域经济发展大事记

1 月

1 月 5 日，中共广东省委十二届九次全会在广州召开。省委书记李希代表省委常委会作工作报告，省长马兴瑞就经济工作作具体部署。

1 月 7 日，省政府印发《取消和调整实施一批省级权责清单事项的决定》。

1 月 12 日，省政协十二届三次会议在广州开幕，省政协主席王荣代表代表十二届省政协常务委员会作报告。

1 月 14 日，省十三届人大三次会议召开，省长马兴瑞作政府工作报告。

2 月

2 月 14 日，省政府办公厅印发《广东省数字政府改革建设 2020 年工作要点》。

2 月 20 日，省政府印发《广东省进一步稳定和促进就业若干政策措施》。

2 月 28 日，全省启动“广东消费扶贫月网上行”活动，大力促进消费扶贫。

3 月

3 月 2 日，省政府召开省对口合作工作领导小组第三次会议，省长马兴瑞出席会议并讲话。

3 月 3 日，省政府印发《中国（汕头）跨境电子商务综合试验区实施方案》《中国（佛山）跨境电子商务综合试验区实施方案》。

3 月 25 日，全省科技创新大会在广州召开。省委书记李希出席会议并讲话，省长马兴瑞主持会议。

4 月

4 月 8 日，全省实施乡村振兴战略工作推进会在广州召开。省委书记李希

出席会议并讲话，省长马兴瑞主持会议。

4月13日，全省打赢污染防治攻坚战工作推进会在广州召开。省委书记李希出席会议并讲话，省长马兴瑞主持会议。

4月17日，经省政府同意，省发展改革委、省科学技术厅、省工业和信息化厅、省自然资源厅、省商务厅、海关总署广东分署联合印发《广东省开发区总体发展规划（2020—2035年）》。

4月23日，省委办公厅、省政府办公厅印发《关于完善珠三角地区与粤东粤西粤北地区对口帮扶协作机制的意见》。

5月

5月8日，省委、省政府印发《广东省建立健全城乡融合发展体制机制和政策体系的若干措施》。

5月18日，省政府印发《培育发展战略性支柱产业集群和战略性新兴产业集群的意见》。

5月22日，省政府转发《国务院关于同意在雄安新区等46个城市和地区设立跨境电子商务综合试验区的批复》。

6月

6月2日，省委书记李希、省长马兴瑞在广州会见澳门特别行政区行政长官贺一诚。

6月3日，省政府办公厅印发《广东省教育领域省级与市县财政事权和支出责任划分改革实施方案》。

6月9日，省政府印发《关于支持汕头华侨经济文化合作试验区高质量发展的若干意见》。

6月10—11日，省委书记李希、省长马兴瑞率广东省党政代表团赴四川，就做好凉山扶贫协作和对甘孜对口支援工作进行深入交流对接。

6月11—12日，省委书记李希、省长马兴瑞率广东省党政代表团赴广西河池考察对接扶贫协作工作。

7月

7月7—8日，省委书记李希、省长马兴瑞率广东省党政代表团赴云南，就深入推进两省扶贫协作工作进行进一步交流对接。

7 月 8—9 日，省委书记李希、省长马兴瑞率广东省党政代表团赴贵州毕节市，就进一步做好对毕节市和黔南州的扶贫协作工作进行交流对接。

7 月 14 日，省政府印发《中国（梅州）等 7 个跨境电子商务综合试验区实施方案的通知》。

7 月 17 日，第四届海峡两岸中山论坛在中山开幕。

7 月 21 日，省政府办公厅印发《广东省进一步做好稳外资工作若干措施》。

8 月

8 月 10 日，全国消费扶贫行动现场推进会在广州召开。

8 月 22 日，省政府转发《国务院关于同意全面深化服务贸易创新发展试点的批复》。

8 月 25 日，中共广东省委十二届十次全会在广州召开。省委书记李希代表省委常委会作工作报告，省长马兴瑞作工作部署。

8 月 30 日，省委、省政府印发《关于加大有效投资力度　加快构建“一核一带一区”区域发展格局的意见》

9 月

9 月 9—11 日，省委书记李希、省长马兴瑞率广东省党政代表团赴海南，就进一步加强与海南合作进行深入交流对接。

9 月 18 日，2020 年泛珠三角区域合作行政首长联席会议在海南三亚举行，福建、江西、湖南、广东、广西、海南、四川、贵州、云南、香港、澳门等“9 + 2”各方行政首长出席会议。

9 月 28 日，省政府印发《中新广州知识城总体发展规划（2020—2035 年）》。

10 月

10 月 3 日，省长马兴瑞率广东省党政代表团赴西藏林芝市，就进一步做好广东对口支援林芝“十三五”收官和“十四五”谋划工作，与西藏自治区、林芝市进行协商对接。

10月4—5日，省长马兴瑞率广东省党政代表团赴新疆喀什，就共同研究做好广东对口援疆“十三五”收官和“十四五”谋划工作进行对接。

10月12日，全省支持深圳开展建设中国特色社会主义先行示范区综合改革试点工作部署推进会在广州召开。

10月14日，深圳经济特区建立40周年庆祝大会在深圳举行。

10月15日，第128届中国进出口商品交易会在广州举行云开幕仪式。

11月

11月2日，省政府办公厅印发《广东省推进政务服务“跨省通办、省内通办”工作方案》。

11月3日，省政府印发《广东省建设国家数字经济创新发展试验区工作方案》。

11月7日，省委书记李希、省长马兴瑞在广州会见香港特别行政区行政长官林郑月娥。

11月11日，第二十二届中国国际高新技术成果交易会在深圳开幕。

11月24—25日，中共广东省委十二届十一次全会在广州召开。省委书记李希代表省委常委会作报告，省长马兴瑞出席会议。

12月

12月2日，省政府印发《广东省深化“放管服”改革优化营商环境近期重点工作任务》。

12月4日，广东、江西两省举行工作座谈，共商深化粤赣交流合作事宜。

12月5日，广东省与中央企业合作发展座谈会暨战略合作框架协议签约活动在广州举行。

12月13—14日，中共广东省委十二届十二次全会在广州召开，审议并通过《中共广东省委关于制定广东省国民经济和社会发展第十四个五年规划和二〇三五年远景目标的建议》。